KB214535

시인 이경렬의 구도자적 탐방 이야기

원효스님, 그 마음을 찾아서

일러두기

1. 이 책은 원효스님과 관련한 절 107개를 모두 탐방한 최초 기록이다.

2. 탐방하는 절마다 다음 내용으로 구성하였다.
   일주문 앞에 서서 : 탐방하는 절과 관련된 필자의 에세이.
   절로 가는 길, 절집 이야기 : 절의 역사와 현재 모습 등 사찰 안내.
   원효스님의 행적과 사상 : 원효스님의 모든 것.

3. 원효에 대한 호칭은 가장 친숙한 '원효스님'으로 썼으며
   문맥에 따라 원효 또는 성사 등으로 불렀다.

4. 사진 자료는 반드시 현장에서 직접 촬영한 것을 사용하였다.

5. 해당 절의 스님이나 신도, 현지인이 주는 현장 정보를 우선으로 하였다.

6. 순례를 원하는 분들에게 '가이드 북'이 될 수 있도록 구성하였다.

7. 원효 관련 설화, 전설 등 내용이 차이가 있는 경우 필자가 재구성하였다.

원효스님, 그 마음을 찾아서

머리말

원효스님의 발자취를 찾아서

한국인이라면 원효스님에 대해 모르는 사람이 없을 것이다. '원효'하면 무덤 속에서 자다가 해골물을 마시고 득도했다는 유명한 이야기를 잘 알고 있다. 또한, 요석공주와 결혼까지 하고 아들 설총을 낳았다고 하니, 많은 사람에게 신비감과 함께 호기심을 주기에 충분하다.

경기도 화성시 서신면 일대에 가면, 당성이 있고 백곡리 고분군과 사찰 유적이 많다. 이 모두가 원효스님과 관련이 있음을 알고 놀라지 않을 수가 없었다. 필자를 비롯한 화성의 역사와 문화를 연구하는 '화성지역학연구소' 회원들은 여기에 주목하게 되었다.

현장 답사는 물론이고 세미나를 개최하고 관련 자료를 수집하여 정리하기를 거듭하였다. 그러던 중 원효스님이 창건한 절과 중수 또는 수행하였다고 전해지는 절을 조사하였더니 무려 100여 개 사찰이 전국에 산재해 있었다.

원효스님과 관련된 전국의 절을 모두 탐방 또는 순례하기로 하였다. 거리가 먼 경상도, 부산 등은 1박 2일 또는 2박 3일씩 다니는 강행군을 하였다. 절과 가까운 곳에 주차장이 있는 곳도 있지만 몇 시간씩 산길을 등산하듯 올라야 하는 절도 많았다.

소요산 자재암을 시작으로 서울, 경기, 충청 지방으로 북에서 남으로 내려오며 탐방을 이어 나갔다. 탐방 대상은 절과 유적지, 절터, 기념관 등으로 모두 107군데에 이른다. 전라남도, 경상남도 맨 남쪽까지 마치고, 마지막으로 가장 험난한 설악산 봉정암을 2박 3일 일정으로 끝내고 보니, 탐방에만 1년 4개월이란 시간을 보냈다.

107군데를 모두 탐방한 사람은 필자가 최초이고 유일하다고 생각한다. 부족하거나 아쉬운 부분이 있으면 두 번 세 번 다시 가서 사진을 찍고 자료를 보충하였다. 물론 사전에 해당 절에 대한 자료를 조사하여 검토하고 떠났다. 훨씬 이해가 잘되고 더 자세히 보거나 조사할 수 있었다. 이러한 과정을 거치며 원효스님에 대한 모든 자료를 모아 정리하게 되었다.

폐사가 되어 절터만 남아 있는 곳이 13곳이 있는데 유물과 자료, 지면이 부족하여 이 책에 다 싣지 못한 아쉬움이 있다.

오로지 열정 하나로 누구의 후원도 없이 자비를 써가며, 많은 지원과 도움을 주신 '화성지역학연구소' 연구원님들께 감사 드린다.

2024년 4월 안인재(安人齋)에서

저자 이 경 렬

차 례

경상 중앙권역

🪷 팔공산 영천

🪷 팔공산 와촌

🪷 경산 삼성산

🪷 밀양·청도

부산·경남권역

🪷 부산 금정산

🪷 수영·기장

1.
서울·경기권역

자재암(自在庵), 자재무애의 깨달음에 이르는

白在庵

- **위치** 경기도 동두천시 평화로 2910번길 406-65(상봉암동 산1)
- **창건 이력** 657년 무렵 원효성사 창건
- **주요 관점** 원효굴, 원효폭포, 원효샘, 원효대, 나한전, 반야바라밀다심경약소, 요석궁터

❀

일주문 앞에 서서 - 나녀(裸女)의 유혹

거센 비바람 속에서 얼핏 여자의 음성이 들렸다.

"원효스님, 원효스님, 문 좀 열어주세요."

여인은 황급하게 문을 두드리며 스님을 불렀다. 스님이 문을 열자, 왈칵 비바람이 밀려들면서 방안의 등잔불이 꺼졌다.

"스님, 죄송합니다. 이렇게 어두운 밤에 찾아와서…."

여인의 간곡한 애원에 스님은 문 한쪽으로 비켜섰고 여인이 들어섰다.

"스님, 불 좀 켜 주세요. 너무 어두워요."

스님은 묵묵히 화롯불을 찾아 등잔에 불을 옮겼다. 방 안이 밝아지자 비에 젖은 여인의 육체가 눈에 들어왔다. 와들와들 떨고 있는 여인의 모습은 차라리 아름다웠다.

"스님, 추워서 견딜 수가 없어요. 제 몸 좀 비벼 주세요."

여인의 아름다움에 잠시 취해 있던 스님은 퍼뜩 정신을 차렸다. 하지만 비에 젖어 속살이 들여다보이는 여인의 모습이 더욱 뚜렷하게 나타나는 것이 아닌가.

'모든 것은 마음에 따라 일어나는 것. 내 마음에 색심이 없다면 이 여인이 목석과 다를 바 있으랴.'

원효스님, 그 마음을 찾아서

스님은 마음을 가라앉히려 애썼다. 그리고는 여인을 안아 침상에 눕히고는 언 몸을 주물러 녹여 주기 시작했다. 풍만한 여체를 대하자 스님은 일순간 흔들리는 느낌이 일어났다. 여인의 몸이 서서히 따뜻해지기 시작했다. 정신을 차린 여인은 요염한 웃음을 지으며 스님 앞에 일어나 앉았다. 흔들리면 안된다고 느낀 순간 스님은 밖으로 뛰쳐나왔다.

스님은 옷을 벗어 던지고 옥류천 맑은 물에 뛰어들었다. 뼛속까지 시원한 물속에서 무한한 희열에 빠져드는데 여인이 다가왔다.

"스님, 저도 목욕 좀 해야겠어요."

여인은 옷을 벗어 던지고는 물속으로 들어와 스님 곁으로 다가왔다. 스님은 마침내,

"나를 유혹해서 어쩌자는 거냐?"

"스님, 저는 유혹한 적 없습니다. 스님이 저를 색안(色眼)으로 볼 뿐이지요."

순간 원효는 온몸에 벼락을 맞은 듯했다. '색안으로 볼 뿐'이라는 여인의 목소리가 계속 귓전을 때렸다.

나한전과 원효샘 사진 오른쪽에 위치한 원효샘은 전국 최고의 찻물이라고 함.

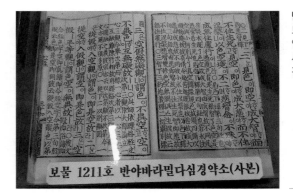

반야바라밀다심경약소(사본)
보물로 지정된 '반야바라밀다심경'
언해본을 고이 받들어 소장하고 있다.
세조 10년(1464)에 '금강경'과 함께
간경도감에서 발간했다.

원효가 문득 정신을 가다듬었다. 그러자 비로소 폭포소리가 들리기 시작했다.

'맞다, 바로 그것이었다.'

원효는 물을 박차고 일어나 발가벗은 몸으로 여인 앞에 섰다. 그리고 거침 없이 설했다.

"마음이 생겨 가지가지 법이 생겨나는 것이니(心生則種種法生) 마음을 멸하면 또 가지가지 법이 없어진다(心滅則種種法滅). 나 원효는 자재무애(自在無礙)의 경지에 이르렀으니 참된 수행의 힘이 있노라."

원효의 말에 여인은 미소를 머금었다. 여인은 어느새 금빛 후광이 서린 보살로 변해서 폭포를 거슬러 올라가 이내 사라졌다. 원효는 그 여인이 관세음보살임을 비로소 알았다.

원효는 관세음보살을 친견하고 자재무애 경지를 증득했기에 그곳에 암자를 세우고 자재암(自在庵)이라고 하였다.

🪷
절로 가는 길, 절집 이야기

소요산 전철역에서 자재암 일주문까지 걸어서 30분이면 도착하고, 이어서 잘 다듬어진 소요산 공원길을 따라 들어가면 원효굴과 원효폭포가 앞에 나

타난다. 원효성사가 요석공주와
세속의 인연을 맺은 뒤 떠나와
서, 이곳에 초막을 짓고 수행에
정진하고 있었다. 이 무렵 요석
공주는 아들 설총을 낳아 데리고
와서 자재암 아래에 머물렀다고
전한다.

자재암 전경 좁고 험한 계곡에 자리잡고 있다.

자재암 연혁에는 원효성사가 645년(선덕여왕 14)쯤 창건한 절로 적혀 있으
나, 요석공주를 만난 시점 등을 고려할 때, 657년 경(무열왕 4)이었을 것으
로 여겨진다.

현존하는 건물로는 대웅전·삼성각·나한전·일주문·백운암·요사채·속리교
(俗離橋)가 있는데 전부 1961년 이후 중창 때 세운 것이다. 1909년 중창 때
그린 불화도 많이 남아 있었는데 6.25전쟁 중에 대부분 소실되었고, 1914
년 무렵에 그린 칠성탱화만 가장 오래된 작품으로 삼성각에 봉안되어 있

원효대 원효폭포를 지나 백팔계단을 오르면 만나며 원효굴의 바로 위에 있다.

다. 유물로는 『반야바라밀다심경약소(金剛般若波羅蜜多心經略疎)』 언해본 (보물 1211) 등이 있다.

🪷 원효스님, 그는 누구인가

원효성사의 사상을 연구하는 학자 심재열(沈載烈) 교수는 저서 『원효사상』 윤리론에서, "용수보살* 이래 미증유의 대사상가이며 대종교가, 대선지식이고 대성자"라고 칭송하고 있다. 또한 "인도는 서론적 불교이고 중국은 각론적 불교인데 비해 우리나라 불교는 결론적 불교"라고 말한다. 원효성사가 불교를 크게 융합하고 하나로 정리했다는 의미. 원효는 법명이고, 속성(俗姓)은 설(薛), 속명은 사(思), 서당(誓幢) 또는 신당(新幢)이며, 호는 화쟁(和諍), 분황(芬皇)이다. 고려시대에는 원효보살, 원효성사(元曉聖師)라 존칭되었으며, 고려 숙종에 의해 대성화쟁국사(大聖和諍國師)라는 시호가 원효에게 내려졌다. 원효성사 스스로 지은 별명은 소성거사(小姓居士)이며, 한국에서는 보통 법명을 따라 원효대사(元曉大師)로 불리고 있다.

16세 무렵 출가한 이래 70세의 나이로 입적할 때까지 중생구제를 위해 치열한 삶을 살았다. 구도자로서 뼈를 깎는 수행을 하며 불교뿐만 아니라 유교, 노장사상 등 많은 책을 두루 섭렵하며 지적 깨달음을 넓혀 나갔다.

어려운 책은 쉽게 알도록 주석을 달아 자신의 깨우침을 전하였고, 수많은 저서를 남긴 철학가이다. 대략 100여 종류에 200여 권의 글을 썼는데, 거의 모든 경전을 공부했다는 뜻이다.

무엇보다 중생 구제를 위해 스스로 탈속과 무애의 경지에 이르러 머리를 기르고 법복을 벗어 던지고 일반 백성들과 어울리며 교화에 힘썼다. 그렇

---

* 용수보살 : 초기 대승불교를 확립한 논사. 남인도 출신이며 대승불교의 모든 학파에서 제2의 붓다로 추앙될 만큼 불교사에 커다란 족적을 남긴 인물

게 소성거사(小性居士)로서 25년을 저잣거리에서 살았는데, 아무리 훌륭한 법이라도 세상 사람과 나누지 못한다면 의미가 없기에, 글을 쓰던 붓을 던져버린 것이다. 대승불교의 "상구보리 하화중생"을 그대로 실천한 종교인이면서 참다운 스승이라 할 수 있다.

이 땅에 불법이 전래된 이래 헤아릴 수 없을 만큼 많은 고승석덕(高僧碩德)이 출현하셨는데, 그중 유난히 큰 빛을 주신 분을 한 분만 꼽으라면 많은 사람이 주저 없이 원효성사를 꼽는다. 이분은 석가모니의 훌륭한 후계자로 구세교화(救世教化)에 있어 실천적 선각자이고 위대한 사상가이며, 저술에 있어서도 타의 추종을 불허하신 분이시니 이 땅이 낳은 우리 민족의 위대한 스승임은 분명하다.

원효사(元曉寺), 깊은 계곡에 숨은 수행 도량

- **주소** 경기도 의정부시 호원동 229-149
- **원효 관련** 창건 연대 미상(선덕여왕 때). 원효의 수행처
- **주요 관점** 원효성사 동상, 나한전. 묘법연화경

일주문 앞에 서서_ '보살'이라는 호칭

절에 가면 느끼는 것 중 하나가 일단 신도들은 대부분 여자이며, "보살님"이라고 부르는 것이 너무나 자연스레 들린다. 여신도를 '보살님'이라고 부르는 곳은 우리나라밖에 없다고 한다.

대승불교에서 가장 이상적인 인간상을 '보살'이라 하는 데, 이는 '깨달을 중생', '깨달음을 구하는 중생', '구도자'라는 의미이기도 하다.

보살의 수행을 "위로는 깨달음을 구하고 아래로는 중생을 교화한다[上求菩提 下化衆生]."는 말로 표현하는 데, 이 말은 먼저 깨달은 다음 중생을 교화한다는 뜻이 아니라 깨달음을 구하는 그 자체가 중생 교화이고, 중생 교화가 곧 깨달음을 구하는 것이라는 의미이다.

보살은, 처음에는 깨닫기 이전의 석가모니 부처님만을 가리켰지만, 이후 모든 부처님의 전생으로 개념이 확장되고 미륵, 관음, 대세지, 문수, 보현, 지장 등의 여러 보살이 나타나는 등 그 종류와 성격이 다양하게 되었다. 그리고 대승불교와 함께 보살사상이 전개되면서 공덕이 높은 사람에게 보살이라는 이름을 붙이게 되었다. 우리나라에서는 여자 신도에게 일반적으로 붙이는 호칭으로 쓰이고 있다. 남자 신도들에게는 예전부터 처사님, 거사님이라고 한다. 원효도 스스로 '소성거사', '복성거사'라고 이름하였다.

원효스님, 그 마음을 찾아서

절로 가는 길, 절집 이야기

의정부시 호원동에 있는 원도봉 탐방지원센터에 차를 두고 계곡을 따라 올라간다. 찻길도 있으나 좁고 험하여 계곡 물길을 거슬러 순례하듯 걷는 방법이 오히려 편하다. 여유 있게 30분이면 일주문에 다다른다.

1956년 이래 중창불사로 현재는 대웅전과 미륵전 등의 전각과, 비구니 스님들의 수행처로 사용되는 송라선원(松羅禪院)이 있다. 원효사는 재창 때부터 쭉 비구니 사찰이었다.

송라선원 우측 편에 원효 동상과 소형 7층석탑이 세워져 있다. 동상은 젊고 훤칠한 원효의 청년 모습으로 조성되어 있다. 일본 승려가 원효 초상화 원본을 모사해 간 것이 현재까지 보존되어 있어 이를 참고해 제작한 것이라고 한다.

일주문과 극락교 험한 계곡길을 30분쯤 오르면 만난다.

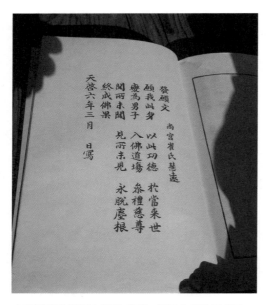

전국에 원효사, 원효암이라는 동명 사찰이 10개가 넘지만 도봉산 원효사는 도량에 원효 동상을 모시고 치적을 기리는 천년고찰이기에 더욱 각별하다. 이곳 나한굴에서 원효가 수도했다는 전설도 전해 온다.

묘법연화경 발원문 다음 생에는 비구가 되어 중생을 제도하길 기원한다는 발원문.

원효사는 경기도 지정문화재인 『묘법연화경』을 소장하고 있다. 『묘화연화경』은 도를 이룬 부처가 세상에 나온 뜻을 전하는 경전으로,

조선 인조 4년에 상궁 혜원이 조성했으며 다음 생에는 비구가 되어 중생을 제도하길 기원한다는 발원문이 수록되어 있다.

원효 동상 원효의 동상이 있는 유일한 사찰이다.

나한굴 원효는 이곳에서 수행했다고 한다.

원효가 태어날 무렵의 나라 형편

원효는 서기 617년에 태어났다. 『삼국사기』에 의하면, 616년 백제가 모산성 공격. 617년 신라가 모산성 탈환 등 해마다 백제와의 전투가 있었다. 629년에는 신라가 고구려를 치기도 했다. 삼국이 국가의 운명을 걸고 치열한 전쟁을 치루던 시기로, 7세기에는 무려 150여 차례 크고 작은 전쟁이 있었던 불안한 사회였다.

엄격한 신분제 사회였지만 원효는 신분이 육두품이라서 유년기에 화랑이 될 수 있었다. 기록에 의하면 건장하면서 무술에도 뛰어나 화랑 중에서 우수한 화랑도였다.

그러나 화랑도로서 전쟁에 참여하여, 전쟁터에서 죽어가는 친구, 죽은 적군, 부상병들을 목격하면서 큰 충격을 받았다. 부조리한 세상에 대해 회의를 느꼈을 것이다. 또 삶과 죽음의 경계에 대한 불교적 각성이 가능했을 것이고 이후 이런 사실들은 출가를 하게 되는 큰 동기가 되었다.

학림사(鶴林寺), 아늑하고 편안한 숲길을 따라

鶴林寺

- **주소** 서울특별시 노원구 덕릉로 129가길 241(노원구 상계1동 산1번지)
- **원효 관련** 서기 671년 원효 창건
- **주요 관점** 약사전 석불좌상, 상궁부도, 나한전 삼불좌상, 노송, 범종각

일주문 앞에 서서_『법구경』의 삼불 이야기

학림사 긴 계단을 오르다 보면 재미있는 원숭이 석상이 세 개 있다. 『법구경』의 삼불(三不) 이야기로 눈을 가리고, 귀를 막고, 입을 가린 원숭이다. 향일암, 장안사 등 전국 여러 곳에 있다.

불견 (不見)

남의 잘못을 보려 힘쓰지 말고
남이 행하고 행하지 않음을
보려 하지 마라.
항상 스스로를 되돌아보고
옳고 그름을 살펴야 하리.

불문 (不問)

산 위의 큰 바위가
바람에 흔들리지 않듯이
지혜로운 사람은
비방과 칭찬의 소리에도
평정을 잃지 않는다.

불언 (不言)

나쁜 말을 하지 마라.
험한 말은 필경에 나에게
돌아오는 것
악담은 돌고 돌아 고통을 물고
끝내는 나에게 되돌아 오니
항상 옳은 말들을 배워
익혀야 하리.

원효스님, 그 마음을 찾아서

절로 가는 길, 절집 이야기

학림사는 서울 노원구 수락산 남쪽 7부 능선에 있다. 당고개역 기점으로 덕
릉고개 1길 골목에서 1km 정도 산길을 올라간다. 군데군데 이정표가 있고
완만한 산길이라 올라가기에 무리가 없다. 약사전이 절 밖에 있고 그 앞에
주차장이 있다.

경내는 오랜 역사를 대변하듯 보호수인 노송(老松)을 중심으로 느티나무 고
목 숲이 에워싸고 있다. 정면으로 보이는 불암산은 부처님이 누워 계신 형
상을 하고 있다. 도량 좌측으로 계곡물이 청량하고, 경내는 학이 알을 품은
듯이 아늑하고 편안하다. 이를 학포지란(鶴抱之卵)의 지세라고 한다. 학림사
라는 사찰 명칭은 여기서 유래되었다.

문무왕 때인 671년에 원효가 창건했다. 고려 공민왕 때 나옹화상이 중창
하여 기도와 수행처로 이어오다가, 조선시대에 여러 차례 중창을 거듭하였
다. 이후 한국전쟁으로 피폐된 사찰을 도원(道元), 덕오(德悟) 두 스님이 중창
하여 현재에 이르고 있다.

석조약사여래좌상이 있는 약사전은 경내 밖 100여 미터 지점에 있다. 약사

학림사 전경 학포지란(鶴抱之卵)의 지세라고 한다.

약사전의 석불좌상

전을 지나 사찰 입구까지 곧게 뻗은 계단 백여 개를 오르면 해탈문이 있다. 여기에서 보현, 문수동자상이 내방객을 맞이한다. 석탑 2기와 석등 외에도 상궁부도 2기가 있어, 조선왕조의 자복사찰(資福寺刹)이었음을 짐작케 한다.

상궁부도 궁궐과 인연이 있는 자복사찰이었음을 알 수 있다.

원효가 살던 당시의 신분제

신라는 골품제도를 갖춘 견고한 신분 사회였다. 위에서부터 성골(聖骨)과 진골(眞骨)로 구분되었으며, 6~1두품까지 6개의 신분층이 있다. 진골 귀족들은 신분적 특권을 부여받음과 동시에 경제적으로도 막대한 토지와 노비를 소유한 특권층이다. 또한 중앙과 지방간 격차가 커서 지방 호족들이 중앙에 진출하거나 신분 상승의 기회를 갖기가 매우 어려웠다.

자장율사도 진골 출신이라서 당나라에서 7년 만에 귀국하자, 선덕여왕은 그를 대국통(大國統)으로 임명하여 의지하였다. 이후 황룡사(皇龍寺)에 9층탑을 세우고 제2대 주지로 취임하여, 국가적 행사나 국가 경영에 깊이 관여한다.

의상대사 역시 진골 출신이다. 당나라로 유학을 떠날 때 신분적 차원의 지원(경제적, 행정적)이 있었을 것으로 추측된다. 8살 연상인 원효에게 함께 가자고 권유했을 가능성도 있다고 본다.

염불암(念佛庵), 암벽 아래에 갖출 것 다 갖춘

- **주소** 경기도 안양시 만안구 예술공원로245번길 150 (석수동 241-52)
- **원효 관련** 창건연대 미상(원효, 의상, 윤필 등 3인의 창건 설화)
- **주요 관점** 미륵부처상, 염불전, 나한전, 미륵부처상, 보리수나무

일주문 앞에 서서_ 병고의 의미

며칠 전, 감기로 크게 앓았다. 코비드19(코로나)인 줄 알고 몹시 당황했었는데 그건 아니었다. 이렇게 회복하여서 다시 산을 찾고 사찰을 탐방할 수 있어서 얼마나 고마운 일인지!

경전에는 몸에 병이 없기를 바라지 말라고 하였다. 병을 앓을 때 건강의 의미를 알고 병고로서 양약을 삼으라는 말씀이다. 건강할 때는 미처 생각하지 못

미륵부처상 1964년부터 5년의 불사 끝에 완공된 것으로 전해 온다.

했던 일이 우리에게는 얼마나 많은가.

우리가 사는 사바세계를 산스크리트어로 풀면 "참고 견디어 나가는 세상"이란 뜻이라고 한다. 고해(苦海) 즉 고통의 바다인 것이다. 참고 견디어 나가면서 건강을 유지하고, 어쩔 수 없이 병이 생기면 그 의미를 생각하며 살아야 한다는 말씀이다.

절로 가는 길, 절집 이야기

안양시 예술공원 입구에서 1km 지점 왼쪽에 흔히 염불암으로 불리는 염
불사 이정표가 있다. 여기서부터 1.2km의 산길을 올라가야 한다. 염불암
바로 아래에 주차장이 있다. 능선 하나를 넘으면 삼막사로 갈 수 있어 염불
암-삼막사, 또는 삼막사-염불암 코스를 이용하면 매우 효율적이다.

염불암은 관악산 줄기인 삼성산(三聖山)의 웅장하고 가파른 암벽 아래에 자
리하고 있다. 연주암, 삼막사와 함께 관악산의 3대 사찰로 꼽힌다.

칠성각에서 내려다 본 염불사 멀리 망해암이 있는 비봉산과 너머에 수리산이 보인다.

원효스님, 그 마음을 찾아서

절벽 아래에 용왕, 약사불, 지장보살이 모셔져 있다.

염불암 창건은 삼성산의 전설과 연결되어 있다. 신라 문무왕 때 원효, 의상, 윤필 세 조사가 이 산에 들어와 원효는 삼막사, 의상대사는 연주암을 세웠다. 윤필거사도 염불암을 세워 각각 그 절에서 수도생활을 했다고 한다. 이후 조선 태종 때 왕명에 의해 창건했고, 지금까지 여러 차례 중건하였다.

기암절벽이 병풍처럼 두르고 있어 풍광이 뛰어난 염불암에는 현재 대웅전, 나한전, 염불전, 영산전, 칠성각, 독성각, 범종각 등의 전각이 있다. 그밖에 부도(3기), 미륵불, 오층

사리탑, 삼층석탑, 염불암 공덕비 및 사적비, 지장보살상, 용왕상, 포대화상상 등이 조성되어 있다. 좁은 공간임에도 불구하고 대사찰의 면모를 갖추고 있다.

보리수 고려 말인 14세기에 심었다고 알려져 있다.

원효가 태어날 무렵의 신라 불교

법흥왕 때 이차돈의 순교를 계기로 신라는 불교를 공인하게 된다. 이후 진흥왕에 이르러 대중국 외교는 학술·문화교류가 주목적이 되었다. 원효가 살던 진평왕 때에는 수나라에 이어 당나라와 교류하면서 신라의 외교는 청병(請兵), 군사외교 목적으로 활발하게 발전한다. 원광법사가 그 대표적인 인물이다.

이때 자연히 구법승이나 유학생들이 그 역할을 한다. 이들은 왕실에 통치이념을 제공하고, 나아가 호국불교를 확립하는 데 기여한다. 또 신라의 귀족 신분이거나 진골인 자장율사처럼 나라의 정치고문으로 활약하며 차차 불교 위상이 높아진다.

그러나 일반 백성들에겐 불교는 까마득히 높은 곳으로 감히 접근할 수가 없었다. 아무나 불교를 믿을 수 없었고 절에는 들어가지도 못하는 형편이었다. 그저 바라만 보며 소원을 비는 기복신앙의 형태로만 존재하였다.

원효는 '불교 민중화, 대중화'라는 큰 뜻이 필요한 이 무렵에 태어난 것이다.

망해암(望海庵), 왕실과 깊은 인연이 있는

望海庵

- ○ **주소** 경기도 안양시 만안구 임곡로 245(안양동 55-1)
- ○ **원효 관련** 655년 경 원효 창건
- ○ **주요 관점** 용화전, 석조미륵불, 일출일몰, 야경 조망지

일주문 앞에 서서_ 양녕대군 이야기

아침은 산 노을로 밥을 삼고

밤에는 달로 등을 삼고

외로운 암자에서 홀로 자는데

오직 탑 한 층만 있네

山霞朝作飯 蘿月夜爲燈 獨宿孤庵下 惟存塔一層
산하조작반 나월야위등 독숙고암하 유존탑일층

전통과 현대적 양식의 조화로운 당우들

태종의 장남인 양녕대군이 지은 한시다. 동생(세종)에게 왕위를 넘기고 한때 관악산에 들었다고 한다. 아버지인 태종의 명으로 지어진 망해암이니 양녕도 다녀가지 않았을까 하고 상상해 본다. 모든 것을 버리고 산에 들어 외로운 암자에서 지내며, 마음속 깊은 곳에 무엇이 뭉쳐 있었을까. '탑은 오로지 일 층'이라는 의미는 무엇일까.

특권층으로 살면서 평생 향락과 유흥으로 살아가는 그를, 원효가 보았다면 어떤 답을 주셨을까.

🪷
절로 가는 길, 절집 이야기

원효가 창건한 비봉산 망해암은 655년(문무왕 5년)에 미륵불을 봉안하고 '망해암'이라고 이름 붙였다. 삼막사, 염불암과 함께 삼성산, 관악산 지역의 원효 관련 사찰이다.

1407년(태종 7)에 왕명을 받아 중수하고, 1803년(순조 3)에 혜경궁 홍씨가 중건하였다. 이후 6·25전쟁으로 완전히 폐사된 것을 승려 유청봉이 용화전, 삼성각, 요사채 등을 재건하고 사적비를 세우는 등 사찰을 새롭게 정비하였다.

망해암에 전하는 설화가 있다. 조선 세종 때 삼남에서 한성으로 가는 곡물수송선이 풍랑을 만난다. 배가 뒤집히려 할 때 스님 한 분이 나타나 배를 안정시켰다. 거처를 물으니, 관악산 망해암이라고 하였다. 그 후 망해암을 찾아가니, 불상의 상호가 풍랑에서 생명을 구해준

용화전에 모신 석조미륵불
1479년(성종 10)에 조성한 불상이다.

삼성각에서 바라본 안양 시내와 수리산　　　망해암의 유명한 석간수 샘

스님과 똑같았다고 한다. 이후 세종대왕은 매년 공양미 한 섬씩을 올렸다고 전한다.

서당, 사라수 아래에서 태어나다

육두품인 아버지 담나(설이금)는 임신 중인 아내 덕만을 친정에 데려다 주려고 길을 떠난다. 오랫동안 아이가 없다가 별똥별이 품 안으로 들어오는 꿈을 꾸고 임신한 아이라서 더욱 조심스레 걸었다.

그런데 밤실 고개를 넘을 때 진통이 왔다. 당황한 담나는 근처에 보이는 밤나무 아래로 가서 옷을 벗어 나뭇가지에 걸어 자리를 만들었고, 여기서 태어난 아이가 바로 '서당'이다.

"털옷을 벌려 건 나무에서 새롭게 태어난 아이"라는 뜻이고, "동방에 태어난 성스러운 아이"라는 뜻도 된다.

이때의 밤나무를 '사라수'라고 불렀고 이곳을 부처가 태어난 땅이라 하여 '불지촌'이라 하였다. 지금의 <제석사>가 훗날 원효가 세운 <사라사터>로 알려져 있다.

원효 탄생 설화는 부처의 그것과 매우 유사하다. 원효의 위상을 높이고 불교와 원효의 인연을 강조하려는 뜻이 담겨 있다고 볼 수 있다.

부처님 탄생 설화와 비슷한 점을 보면 다음과 같다.

태몽	**마야부인**	흰코끼리가 호명보살을 태우고 도솔천에서 내려오는 꿈
	덕만부인	유성이 품속으로 들어오는 꿈
장소	**마야부인**	친정으로 가는 도중 룸비니동산에 이르러 산기를 느낌
	덕만부인	친정으로 가는 도중 밤실고개에서 산기를 느낌
탄생	**마야부인**	사라수 나무의 동쪽 가지를 잡고 출산
	덕만부인	밤나무 아래에서 출산
기이	**마야부인**	상서로운 광명이 아기에게 비추었다
	덕만부인	오색구름이 밤실 땅을 덮었다
어머니	**마야부인**	출산 후 7*일 만에 죽음
	덕만부인	출산 후 7일 만에 죽음

* 숫자 7은 불교에서는 번영, 많음, 완전 등의 의미로 쓰인다. 마야부인과 덕만부인이 7일 만에 죽었다는 의미도 실제로 7일이기보다는 모든 것을 완전히 처리 및 정리를 하고 죽었다는 의미라고 한다.

원효스님, 그 마음을 찾아서

삼막사(三幕寺), 선풍을 드날린 고승들의 자리

- **주소** 경기도 안양시 만안구 삼막로 478 (석수동 241-54)
- **원효 관련** 서기 677년 원효, 의상, 윤필 창건
- **주요 관점** 육관음전, 원효굴, 삼층석탑, 삼귀자, 마애산신도, 남·여근석

일주문 앞에 서서_ 소현세자빈 강씨

남편인 소현세자가 인조의 미움을 받고 억울하게 죽은 후, 소현세자빈 강씨도 모함을 당해 사약을 받고 죽는다. 심지어 그의 아들 삼형제는 제주도로 유배를 가고 두 아들이 죽게 된다. 무능하고 질투와 의심이 가득한 인조는 아들과 며느리, 손자들까지 가차 없이 죽이는 비정한 왕이었다.

세자빈 강씨는 청나라로 인질로 갔으나 여장부답게 경제활동을 벌려 크게

절의 남쪽에 위치한 학우봉에서 바라본 삼막사 전경

삼막사 삼층석탑
일명 살례탑이라 한다. 삼막사 스님인 김윤후가 여몽전쟁 시 용인 처인성 전투(1232년)에서 몽고군 원수 살리타이를 죽인 후 이를 기념하기 위하여 조성된 탑이라 전한다.

성공한다. 끌려온 우리 백성들을 보살피고 구해내서 고국에 보내곤 하였다. 그런 그녀가 꿈에도 그리던 고국에 돌아와서 온갖 모함 속에서 억울하게 죽은 것이다.

죽은 후, 73년이 지난 1718년(숙종 44)에 이르러 폐서인이 되었던 강빈은 복권되었다.

"내가 강빈의 옥사에 대해 마음속으로 슬퍼해 온 지가 오래되었다. 아! 원통함을 알고서도 그 억울함을 씻어주지 않는다면 이것이 옳은 일이겠는가?"라며 숙종은 강빈에게 민회빈(愍懷嬪)이라는 시호를 내렸다. 민회빈은 "백성들로 하여금 지위를 잃고 죽은 것을 슬퍼하고 가슴 아프게 만들게 되었다."는 의미가 담겨 있다.

강빈의 묘는 민회원(고종 때 영회원으로 개칭)으로 추승 되고, 이곳을 수호하는 사찰로 삼성산 삼막사가 지정된다.

※.
절로 가는 길, 절집 이야기

차량으로 가는 길은 경인교육대학교 앞을 지나서 포장도로를 따라 올라가면 삼막사 바로 앞까지 갈 수 있다. 입구에서 통제를 하니 유념해야 한다.

걸어서 오르는 길은 매우 다양하여 삼성산 등산지도를 참조하면 된다.

677년(문무왕 17) 원효, 의상, 윤필 등이 막사를 치고 수도를 한 것이 삼막사의 기원이다. 삼성산은 위의 세 조사가 이 산에 들어와 수도했다는 설이 있어 삼성산이라고 불렀다. 또한 삼막사에 지공, 나옹, 무학스님 등 세 분이 주석하였기 때문에 삼성산이라고 한다는 설이 있다. 그만큼 우리 역사와 밀접한 관계를 갖고 있음을 반증한다.

신라 말에 도선이 중건하고 관음사라 불렀고, 고려 태조가 중수하여 다시 삼막사로 고쳤다. 고려 충목왕 4년(1348) 나옹, 지공이 와서 선풍을 드날렸다. 조선 전기에는 무학대사가 한양 천도에 즈음하여 절을 중수하고 국운이 융성하기를 빌었다고 한다. 이때에 "한양 남쪽에는 삼막사가 으뜸[南曰三幕]"이라 하여, 남서울의 수찰(首刹)로서 서울 주변 4대 명찰의 하나로 꼽혔다.

이 절에는 불교가 민간신앙과 결합하여 공존해 온 유적도 많이 있다. 남·여근석, 칠성신앙, 마애산신상 등이 대표적이다. 특히 남·여근석은 선사시대부터 다산과 풍요, 무병장수를 가져다 준다는 믿음으로 숭배 대상이 되었다고 한다.

육관음전의 관세음보살님들

수도하는 원효의 석상

✿

원효의 가계

원효는 신라 개국공신이자 박혁거세를 추대한 6촌 촌장 중의 한 사람인 설거백 또는 설호진의 후손으로, 설곡(薛罄)의 4대손이다.

- 조부 잉피공(仍皮公, ?~634년): 경주 설씨 족보에는 이름이 광조(光祚), 일명 승무(承務)로 되어 있다. 적대공(赤大公)이라고도 하는 데, 고려시대 중기 김부식과 일연이 살던 시대까지도 경주 적대연(赤大淵) 옆에 잉피공의 사당이 있었다고 한다.
- 부친 설담날(薛談捺, ?~629년): 자는 건정(建正)으로 내말(奈末, 육두품 출신이 맡는 제11등급 관직) 관직으로 낭비성 전투 때 전사하였다.
- 모친 포회 조씨(浦會趙氏, ?~617년): 원효가 태어난 후 7일 만에 사망하였다.
- 형제: 형제가 몇 있었는데, 경주 설씨와 순창 설씨 족보에는 그의 형 중 1명인 설을신(薛乙臣)의 이름이 현재 전한다.
- 부인: 요석궁공주(瑤石宮公主, 생몰년 미상). 태종무열왕(太宗武烈王)의 둘째 딸이다.
- 아들: 설총(薛聰, 658년~?)이며 홍유후(弘儒侯), 신라 10현이며 대학자이다.
- 며느리: 광주 노씨(盧氏), 경주 설씨 족보에는 노씨가 아니라 단초 유씨(丹草庾氏)로 되어 있다.
- 손자: 설홍린(薛洪鱗), 설명린(薛命鱗), 설호린(薛好鱗)이 있다.

용궁사(龍宮寺), 원효스님의 가피가 바다에 이르고

- **주소** 인천광역시 중구 운남로 199-1
- **원효 관련** 문무왕 10년(670) 원효 창건
- **주요 관점** 흥선대원군 편액, 수월관음도, 용황각, 용궁사 느티나무

일주문 앞에 서서_ 쪽배로 건너던 그곳

서울 올림픽이 열리던 1988년에 필자는 신도라는 섬에 있는 학교로 발령이 났다. 인천 연안부두에서 배를 타고 영종도에 내려서, 다시 버스를 타고 영종도 서쪽 끝에 위치한 삼목도 선창에 가서, 또 작은 쪽배를 타고 신도에 가야만 했다. 꼬박 하루의 일정이다.

화면 중앙에 흰 옷을 입은 관음보살이 기암괴석 위에 앉아 정면을 바라보고 있다. 관음의 오른쪽 바위 위에는 버들가지가 꽂힌 화병이, 왼쪽에는 한 쌍의 대나무가 그려져 있는데, 이는 19세기에 유행했던 형식을 잘 보여주는 작품으로 도교적 요소를 수용하고 있다고 한다. 이 그림은 1880년에 근대의 저명한 화승인 축연과 종현이 함께 제작하였다고 전한다. <용궁사 안내문 참조>

지금은 어떠한가. 영종대교가 있고 인천대교가 있다. 세계적인 국제공항이 있고 넓은 도로가 그물망처럼 놓여 있다. 영종도 신도시는 현대적 건물로 빽빽이 들어차 있고 사람들은 그 풍요를 즐기며 살고 있다.

나는 용궁사에 들르기 전에 먼저 옛날을 생각하며 몰라보게 달라진 삼목항에 들러 보았다. 내가 쪽배를 타고 건너던 선창은 사라지고 자동차까지 실어 나르는 거대한 유람선이 떠 있고, 관광객이 배 위에서 유유자적하며 즐기고 있다.

다시 용궁사를 향해 차를 몰면서 혼자 중얼거려 본다.

'성사님, 당시에는 오지였을 이 섬까지 어찌 오셨나요? 물론 세월이 흐르면서 성사님의 불심이 여기에 이르렀겠지요?'

그리고 다시 묻는다.

'풍요로운 시대를 살고 있는 우리는, 예전만큼 행복한가. 예전만큼 따스한 가슴인가.' 하고.

2022년 11월 거의 완공을 앞둔 화려한 대웅보전 전경이다.

대원군이 쓴 현판
대원군의 호 석파(石坡)와 낙관이 그대로 보인다.

인천 영종도 백운산 자락에 있는 사찰로 한국불교 태고종 소속이다. 문무왕 10년(670) 원효가 지금의 용궁사 자리에 절을 짓고 이름을 백운사라 하였다. 이후 구담사로 칭하다가 철종 5년(1854)에 흥선대원군에 의해 중수되면서 용궁사로 부르게 되었다.

용궁사의 대표적 유물로는 흥선대원군 친필 편액 용궁사, 해강 김규진이 쓴 관음전 기둥의 주련, 그리고 관음전 안의 후불탱화인 수월관음도가 있다.

역시 섬에 있는 절이라서인지 용황각이 있다. 측면 출입문을 들어서면 정면에 해수관음도가 걸려 있고, 좌측에는 용왕탱화가 있다. 용왕탱화는 용왕의 좌우에 두 마리 용이 협시하는 모습이며, 앞에 용왕상이 봉안되어 있다. 물 위에 그려진 관음도를 일반적으로 수월관음도라고 하는 데 이곳에서는 해수관음도라고 부른다. 연꽃 위에 앉은 관음보살을 두 마리 용이 협시하는 모습이다.

용궁사에는 유명한 느티나무가 있다. 높이가 약 20m이고, 둘레가 5.63m이며, 수령이 대략 1,300년 정도이다. 대방(요사)의 오른쪽은 할아버지 나무, 왼쪽은 할머니 나무로 불린다.

순창 설씨의 족보

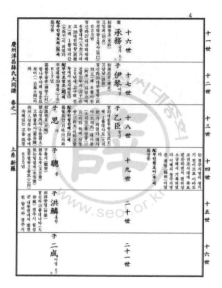

순창 설씨 시조로부터 11세는 원효의 할아버지 잉피공, 12세는 아버지 담날, 13세인 원효의 이름은 사(思)라고 하였다. 이어 아들은 14세 설총이며 손자인 설중업은 780년에 일본에 간 것으로 기록되어 있다. 원효 사후 거의 100년 후이며 설총 사후 37년이라서 실제로 손자인지 아니면 현손인지 알 수가 없다.

흥국사(興國寺), 상서로운 기운이 일어날 듯

- **주소** 경기도 고양시 덕양구 흥국사길 82(지축동 203)
- **원효 관련** 서기 661년 원효 창건
- **주요 관점** 원효성사 진영, 약사전, 흥국사대방, 만일회비

🪷

일주문 앞에 서서_ 백팔 배 한 번 올린 적 없는

국화 향이 그윽한 흥국사 약사전 앞. 40대 나이로 보이는 여인이 80대로 보이는 노인에게 묻는다.

"아빠, 무릎 괜찮아?"

"힘들지. 아프고."

불이문으로 들어서서 뒤돌아보면 '해탈문'이라 써 있다. 불이(不二)의 뜻인 '번뇌와 해탈이 둘이 아닌 하나'임을 알게 되면 해탈할 수 있으므로 해탈문이라고도 한다.

"그러게. 힘 드는 데 무슨 백팔 배야, 백팔 배는…."

분명 노인의 딸이 걱정과 안타까움이 어린 표정으로 하는 말이다. 힘들어 보였으나 약간 상기된 얼굴의 이 노인은 그런 딸을 향해 슬쩍 미소를 지었다.

어느 절이건 신도는 대부분 여자인데 남자인 것이 신기하였고, 이 노인이 백팔 배를 다하였는지 안 하였는지도 궁금하였다.

그런데, 무언가 성취한 것 같은 저 맑은 표정이 가슴을 울린다. 부처님께 절을 올릴 때 어떤 마음일까. 어떤 소망을 빌었을까. 상상해 본다. 그리고 부끄러웠다. 이렇듯 절을 탐방하면서도 백팔 배 한 번 올린 적 없는 나.

절로 가는 길, 절집 이야기

북한산과 노고산 사이의 창릉천을 가로지르는 사곡교(寺谷橋)를 지나, 작은 이정표를 따라가면 금방 일주문이 나온다.

문무왕이 즉위하던 해(661년), 원효는 천성산을 떠나와 북한산 원효암에서 수행 중이었다. 북서쪽에서 상서로운 기운이 일어나는 것을 보고 산을 내려와 지금의 흥국사 자리에 이르게 된다. 이곳에서 석조 약사여래 부처님을 발견한 원효는 인연도량이라 생각하여 본전에 약사여래상을 모신다. "상서로운 빛

원효 진영 왼쪽 상단에 海東初祖和諍國師元曉聖師眞影이라고 길게 썼다.

흥국사 대방 염불수행뿐 아니라 승방, 부엌 등의 부속 기능을 함께하는 독특한 전각이다.

흥국사 약사전 원효도 약사여래를 많이 모셔 백성을 위무하였다.

이 일어난 곳이라 앞으로 많은 성인들이 배출될 것이다."라고 하여 절 이름을 흥성암(興聖庵)이라 하였다고 전한다.

조선조 영조는 생모인 숙빈 최씨 묘인 소령원에 다녀오던 길에 흥국사에 들렀다. 직접 지은 시를 편액으로 하사하고, 숙빈 최씨의 원찰로 삼았다. 영조가 방문한 이후 흥국사로 개칭하고, 산 이름도 노고산(老姑山)에서 한미산(漢美山)으로 바뀌었다. 그 후 왕실 원찰로 삼아 약사전을 중창하고, 미타전을 신축하여 왕실의 안녕과 국태민안을 기원하였다.

🪷
서당, 가족을 모두 떠나 보내고

육두품 집안에서 태어난 원효이지만, 일찍이 어머니를 잃어 모정을 받지 못하고 자란다. 아버지 설이금(담날)은 위태로운 전시 상황에서 군인으로 서라벌에서 지내던 중, 서현(김유신의 아버지) 장군을 따라 참전했다가 고구려 낭비성에서 전사하여, 열두 살 때 고아가 된다.

부처님도 어머니를 일찍 여의었고, 동정녀 출생의 예수는 친아버지가 없었고, 이슬람교를 세운 무함마드는 유복자였다는 게 남다른 의미로 다가온다. 삶과 죽음, 존재의 상실을 깊이 체험하며 성장기를 보내게 된다.

그런 원효를 할아버지 잉피공께서 거둔다. 잉피공은 무예와 학문이 뛰어난 분이었고, 불교와 도교, 유교는 물론 고전과 역사에 대해서도 조예가 깊었다고 한다.

어린 시절부터 원효는 이런 환경에서 여러 학문을 섭렵할 수 있었다. 역사를 공부하면서 삼국 사이의 전쟁을 매우 비극적이고 고통스런 것으로 보았을 것이다. 그러다가 불교에 깊이 빠져 부처의 가르침에 서서히 눈을 뜨게 되지는 않았는지.

원효는 아버지를 여읜 열두 살 때 화랑이 되었다. 열여섯 살 때(선덕여왕 1년)는 무술 경연대회에서 장원을 할 정도로 무예가 상당히 뛰어났다.

그 무렵 조부도 세상을 떠나고, 원효는 화랑으로서 전쟁에도 여러 차례 참여하며 처절한 전장과 숱한 죽음을 목격하게 된다.

부모의 죽음, 조부의 죽음, 전쟁터의 죽음을 겪으면서, 삶을 무상함을 절감하며 마침내 출가의 길로 들어서게 된 것이다.

상운사(祥雲寺), 삼각산 정기가 다 모인 곳

- **주소** 경기도 고양시 덕양구 대서문길 197-22(북한동 370)
- **원효 관련** 창건연대 미상(661년 경 원효 창건)
- **주요 관점** 상운사 대웅전, 목조아미타삼존불, 불음각, 약사굴, 3층석탑

❀

일주문 앞에 서서_ 단순함에 대해

원효봉과 의상봉 사이를 지나 백운대에 올랐다

- 이 경 렬 -

원효가 의상을 부를 때는 참으로 단순하였으리라
의상이 원효를 부를 때도 참으로 단순하였으리라

그 단순함을 깨우친 후
1340년을 건너오며
지금도 마주 앉았느니

그랬구나. 백운대에 서서
나는 저 도시의 엉클어진 그물망을
탈출한 줄 알았구나

삼층탑 고려 석탑의 잔재를 모아서 다시 세웠다.

북한산성 계곡 초입에서 보면 의상봉(우)과 원효봉(좌)이 마주하고 있다. 상운사 뜨락에서 보면 남쪽에 의상봉, 서쪽에 원효봉이 보인다.

나는 아직도 그 '단순함'을 넘지 못하고 화두처럼 붙잡고 있다. 탐욕, 갈등, 관계, 청빈 등과 함께.

절로 가는 길, 절집 이야기

북한산성 입구에서 출발하여 북한천을 따라간다. 북한동 역사관, 보리사, 개연폭포를 차례로 지나가면 백운봉 갈림길에 이정표가 있다. 산성 입구에서 약 1시간이면 다다른다.

원효가 삼천사(三千寺)와 함께 창건하였다. 이 지역 일대에 전해지는 구전 자료에 의하면 원효가 당나라 유학을 포기하고 다시 돌아오는 길에 북한산에서 잠시 수행하였다고 전한다.

원효스님, 그 마음을 찾아서

조선 숙종 37년(1711년)에 북한산성을 축성한다. 산성에 승군을 주둔시켜 관리와 수비를 맡았다. 백운대 만경봉, 노적봉의 거대한 암봉이 정면으로 보이고 북한산성 둘레를 거의 모두 볼 수 있는 위치에 있어 승영사찰*(僧營寺刹)로서 제 역할을 다하였다.

상운사 입구 좁은 터라서 일주문이나 불이문은 없고 안내판이 대신 서 있다.

상운사 약사굴은 대구 팔공산 갓바위, 경주 백률사와 함께 한국의 약사여래불 성지(약사여래 부처님이 계시는 성스러운 곳)로서 알려져 있다. 이곳에서 기도하게 되면 그 어느 곳보다 약사여래의 가피를 잘 받는 곳으로 널리 알려져 있다.

약사굴 건물 뒤에 있는 굴
원효의 수행처로 추정되는 석굴이다.

원효, 마침내 불가에 입문

스님의 유년기나 청소년기 행적에 대해서는 어떤 자료나 알려진 것이 별로 없다. 이설이 많고 설화나 전설처럼 전해지는 이야기가 많은 것도 이 까닭이다.

---

* 승영사찰: 사찰에 승군을 주둔시키고 무기를 보관하는 창고를 두어 병영의 역할을 하던 사찰을 말한다. 1711년(숙종37)에 북한산성을 축성한 뒤 성내의 군사 요충지에 사찰 13곳을 건립하여 산성의 수비와 성곽 관리를 맡겼다.

가족과 지인들의 죽음에 충격을 받고, 삶과 죽음에 대해 오래 고민하다가 출가하였다. 황룡사에 들어갈 때 집을 희사하여 초개사(初開寺)를 세우게 했으며, 자신이 태어난 사라수 옆에도 절을 세워 사라사(娑羅寺)라 하였다.

그가 출가를 결심했을 때 그의 형 설을신이 처음에는 출가를 반대하였으나, 그의 뜻이 확고하자 허락하였다고 한다(아버지를 잃고 얼마 후 할아버지마저 돌아가신 뒤 불가에 입문하였으므로 17세 전후로 보기도 한다).

상운사에서 동쪽으로 보이는 암봉(우로부터 노적봉, 망경대, 백운대)

원효스님, 그 마음을 찾아서

영취산의 낭지(朗智), 흥륜사의 연기(緣起)와 반룡산(盤龍山)의 보덕(普德) 등을 찾아다니며 불도를 닦으니 뛰어난 자질과 총명이 드러났다.

이 시기는 고구려, 백제, 신라가 국운을 걸고 치열한 전투를 이어가던 때라서 젊은 스님은 개인적인 욕망이나 소망보다는, 전쟁이 없는 세상을 꿈꾸었고 전쟁으로 고통받는 백성에 대한 위안과 도움이 절실함을 알게 되었다. 전쟁으로 죽어간 사람들의 명복을 빌어주고 다친 사람을 돌봐주어야 한다는 마음도 생겼을 것이다. 이런 상황에서 불도를 닦는 것이 최선이라 여기지 않았을까 추측한다.

또 하나는 밖의 세상보다 나 자신에 대한 혁명적인 변화를 꿈꾸며 내면의 성숙이나 불교적 득도의 염원이 작용했을 수도 있을 것으로 보인다.

스님은 황룡사에 들어가 행자 생활부터 출발한다. 어디서나 그렇듯 행자 생활이란 계율을 받기 전까지 밥하고 빨래하고 청소하는 일상의 일을 하며 마음 준비를 하는 기간이다.

얼마 후 삭발을 하고 장삼을 입고 드디어 '원효'라는 법명으로 불리게 된다. '원효(元曉)', 첫새벽이다. 처음으로 부처님이 우리나라를 빛나게 한다는 의미다.

원효암(元曉庵), 암벽에 걸쳐 있는 천혜의 수도처

- **주소** 경기도 고양시 덕양구 북한산로384번길 19-40(덕양구 북한동 518)
- **원효 관련** 서기 661년 원효 창건
- **주요 관점** 원효암 원경, 대웅보전, 원효성사 진영, 산신각, 원효암 약수, 원효대

일주문 앞에 서서_ 앵두 따서 드세요

원효암은 매우 작고 가난해 보이는 절이다. 게다가 절벽에 매달린 듯 있으니 신도들이 찾아오기도 만만치 않을 것이다. 암자에서 막 나오려는데 마음씨가 착해 보이는 어느 여신도님께서,

"저기 저 앵두 따서 드세요. 맛있어요."

라고 하시며 손으로 가르킨다.

원효암은 일주문도 없고 여염집 대문 정도인데 그 옆에 앵두나무가 있다. '이런 높은 곳에 앵두나무가?' 하며 보니, 빨간 앵두가 열려 있다. 나는 서너 개 앵두를 따서 입에 넣고, 초라한 승방으로 들어가는 여신도님의 뒷모습을 보며, 법정스님의 '청빈'이란 말이 떠올랐다.

원효스님 진영 책의 글자는 이미 텅 비어 있고, 천진한 듯 여유로운 미소를 짓고 있다.

원효스님, 그 마음을 찾아서

<절제된 미덕인 청빈은 그 뜻이 나눠 갖는다는 뜻이다. 청빈은 그저 맑은 가난이 아니다. 청빈의 상대 개념은 부가 아니라 탐욕이다. 한자로 탐(貪) 자는 조개 '패' 위에 이제 '금'자이고, 가난할 빈(貧) 자는 조개 패 위에 나눌 '분'자이다. 탐욕은 화폐를 거머쥐고 있는 것이고, 가난함은 그것을 나눈다는 뜻이다. 따라서 청빈이란 뜻은 나눠 갖는다는 뜻이다.>

절로 가는 길, 절집 이야기

원효암으로 가려면 등산한다는 마음이어야 한다. 해발 380m(원효봉은 510.3m)의 산속 암벽에 있는 암자이기 때문이다. 효자원에서 서암문으로 들어와 성을 따라 오르거나, 북한산성 입구로 들어와 상운사를 거쳐 원효암에 오른 후 원효대를 거쳐 원효암으로 가는 방법이 있다.

원효암 대웅보전 암벽의 좁은 절개지에 붙어 있어 보통의 대웅전과는 사뭇 다른 모습이다.

원효 약수 암반수이며 스님이 지팡이로 뚫었다
는 전설이 있다.

성사께서 수도하던 곳
특이하게 여산신을 모시고 있다.

원효암은 661년 원효가 수행한 곳에 세운 암자이다. 1713년(숙종 39) 북한
산성을 축성하고 산성 수비를 위해 승대장(僧大將) 성능(性能)에 의해 작은
규모의 암자로 중창되었다.

전각으로는 대웅전, 산신각, 승방이 전부인 조그마한 암자이다. 사찰에 들
어서는 입구 문각 옆으로 바로 대웅전이 붙어 있고, 바위능선 사이 길게 형
성된 절개지를 따라 산신각까지 길이 이어진다. 이곳은 위아래로 바위능선
이 가파르게 이어지는 틈새 공간이어서, 비록 낭떠러지이기는 하지만 앉아
서 좌선할 만한 자리가 여러 군데 있다.

대웅전에는 원효스님 진영이 있다. 화면을 구성하는 진영의 색채와 존영은
초췌하고, 펴 놓은 경책의 글자는 이미 텅 비어 있지만, 염주를 잡고 있는
모습에는 여유로운 미소가 풍긴다.

대웅전에서 산신각으로 이어지는 암벽에는 스님이 지팡이로 뚫었다는 약
수터가 나온다. 그 물이 맑고 달다. 산신각 내부에는 바위가 있는데, 스님이
앉아 수행하던 바위라고 한다. 그 바위벽에 여산신(女山神), 그리고 대숲의
호랑이와 소나무를 그려 놓았다. 산신은 대개 할아버지 모습으로 그려지는

데, 이곳은 특이하게 여산신이 모셔져 있다. 이는 모계사회의 흔적이라고 한다.

🪷
원효, 초개사와 사라사를 짓다

스님의 청년기는 「발심수행장」에서 보듯이 구도와 수행에 대한 치열함의 극치를 보여준다. 전국 산천에는 그의 발길이 닿지 않은 곳이 없다. 그러면서 불교뿐만 아니라 유교, 도교 등을 구분하지 않고 섭렵하였다. 훗날 많은 저술을 할 수 있었던 바탕이 이때부터 다져진 것이라고 볼 수 있다.

다시 돌아온 스님은 어릴 때 살던 집을 고쳐 절로 삼았다. 태어난 이후 한 번도 울지 않았다고 하며, 한 살에는 장부처럼 의젓한 자태가 풍겼다고 한다. 7살이 되자 산에 있기를 좋아하여 조부가 초막을 지어주었는데, 그 초막을 초계사(草係寺)라 하였다. 또 『삼국유사』에는 스님이 출가한 뒤 속가집을 '초개사(初開寺)'라 하였다고 전하는 데, 한자의 뜻 그대로 (부처님의 법문을) 처음 연 곳이라는 의미이다.

스님의 가르침을 듣고자 많은 사람이 몰려들어 초개사가 너무 좁자, 그리 멀지 않은 곳에 또 절을 지었다. 스님이 태어난 밤나무 옆으로, 나무 이름을 따서 '사라사(裟羅寺)'라 하였다. 지금은 '제석사'로 이름이 바뀌었다.

오늘날 초개사와 제석사는 그 규모는 작지만 정갈하게 도량을 정비해 놓았다. 특히 제석사는 2003년 불교계 최초로 <원효성사전>을 건립하였고, 해마다 음력 5월 4일, <원효성사 탄생다례제>를 봉행하고 있다.

아미타사(阿彌陀寺), 석굴에 계신 원효스님은

- **주소** 경기도 고양시 덕양구 대서문길 145-63
- **원효 관련** 원효 수도, 창건연대 미상(1966년에 보수 재건)
- **주요 관점** 석굴 대웅전, 목조보살 좌상, 3층석탑, 미륵불입상

일주문 앞에 서서_ 가리키는 손 모양

필자는 아미타사를 여러 번 찾아갔다. 거대한 바위 아래에 석굴이 있고 이를 대웅전으로 삼은 독특함도 매력이지만, 무엇보다 원효스님 진영이 있기 때문이다. 이 진영은 조선 중기에 그렸다는 일본 고산사 진영을 가장 많이

닮았다고 해서 사진을 찍고 싶었다. 갈 때마다 진영 앞에 큰 화분이 있거나 다른 물건들이 있어서 찍지 못했다.

어느 날, 미리 전화를 드리고 주지스님을 만나 진영 촬영에 성공하였다. 한참 동안 이야기하며 탐방 목적을 설명했다.

헤어질 때, 스님께서 나에게 은근히 이런 말씀을 하셨다.

원효 진영 일본 고산사의 진영을 가장 많이 닮았다고 한다.

원효스님, 그 마음을 찾아서

"거사님, 앞으로 진영이나 부처님을 가리키실 때 손가락으로 하지 마시고 이렇게 해요."

하시면서, 오른손 손바닥을 위를 향하면서 왼손으로 공손히 받드는 모양을 해 보이셨다. 나도 모르게 '손가락질'로 가리키면서 이야기를 한 것이다.

나는 '둥!' 하며 머리를 맞는 느낌과 더불어 부끄러워, 황급히 합장을 하며 머리를 숙였다.

스님은 여전히 미소 띤 표정으로 합장을 해 주셨다.

석굴 대웅전과 뒤의 삼성각 석굴 지붕은 온전히 바위로 되어 있다.

아미타 삼존불 왼쪽에 원효의 진영을 모셨다.

미륵불입상과 범종각

☙ 절로 가는 길, 절집 이야기

아미타사는 옛 덕암사(德岩寺)를 개칭한 것이며, 원효봉 서쪽 아래에 있다.
가는 길은 두 가지가 있다. 하나는 북한산성 입구 둘레길 방향에서 원효암
으로 가다가 서암문에 이르는 길이다. 여기서 왼쪽은 원효암 방향이고, 직
진하면 바로 아미타사로 갈 수 있다. 또 하나는 북한산성 입구에서 계곡을
따라가면 원효교를 만난다. 다리를 건너면 이정표가 나온다.

1966년 '거북이 바위굴'이라 불리는 오래된 석굴을 보수해 대웅전으로 삼
아 창건하였다.

석굴 안에 석불 3구가 모셔져 있었던 사실로 미루어 덕암사 중건 이전에
사찰이 있었던 것으로 보인다.

원효가 이곳 석굴에서 좌선하며 삼국통일을 기원했다는 이야기가 전해온
다. 또 덕암사 사력을 보면 당나라에서 귀국한 의상대사를 맞은편 의상봉
석굴로 모셨다고 전한다.

원효스님, 그 마음을 찾아서

대웅전으로 이용되는 높이 3m, 면적 약 83㎡의 석굴 안에는 아미타삼존불이 봉안돼 있고, 좌우에는 협시보살인 대세지보살과 관세음보살상이 있다. 왼쪽 자리에 원효스님 진영이 모셔져 있다.

원효에게 영향을 준 자장율사

원효가 살던 무렵, 고구려와 백제의 잦은 침입으로 신라는 고립되어 당나라에 의존해야 했다. 정치, 군사적으로도 그러했지만 선진 문물을 배우기 위해 많은 유학생, 승려, 사신이 활발하게 오고 가던 때였다. 그 대표적인 인물이 화랑도의 '세속오계'를 설한 원광법사다. 『삼국유사』 기록에 의하면, 용을 항복시키고 왕후의 병을 고치는 등 신통력을 발휘한 스님으로 혜통화상도 있다.

그중 자장율사는 진골 출신이면서 국통으로서 왕을 능가할 정도로 정치적 권력이 막강하였다. 자장율사가 중국에서 유학을 마치고 돌아오던 때 원효는 겨우 27세 청년이었다. 당시 신라 불교 체제로 보아 자장이 유학을 가기 전, 원효와 같은 젊고 신분이 높은 승려들은 분황사나 황룡사에 머물게 하였을 것이다. 원효는 여기에서 수많은 경전을 접했을 것이라고 학계에서는 말한다.

당연히 자장의 영향을 많이 받았을 것으로 추측하며, 원효가 구족계*를 받은 것도 이 무렵이었을 것이라고 본다.

---

* 구족계: 비구·비구니의 자격을 주는 것으로 구족계를 받으려면 20세가 넘어야 하고, 부모의 허락이 있어야 하며, 부채가 없고 전염병에 걸리지 않아야 하며, 불교의 기본 교육을 받아야 한다는 것 등의 요건이 있다.

삼천사(三千寺), 화려한 대가람으로 거듭난

○ **주소** 서울특별시 은평구 연서로 54길 127(진관동 산25-2)
○ **원효 관련** 서기 661년 원효 창건
○ **주요 관점** 삼천사 해탈문, 대웅보전, 종형사리탑, 마애불 , 산령각, 팔상도

일주문 앞에 서서_ 상을 깨뜨려라

삼천사는 매우 현대적이다. 전각마다 내부든 외부든 매우 화려하게 장엄되어 있어 '불교의 모든 것'이 있다는 느낌이다. 특히 근래에 그려진 부모은중경, 팔상도, 심우도가 눈길을 끈다.

이 중 팔상도는 부처님 일대기를 여덟 장면으로 나타낸 것이니 팔상도(八相圖)라고 써야 되는데, 팔상도(捌相圖)라고 쓰는 이유가 있다고 한다. 팔(捌)은

해탈문 해탈문으로 들어가 탑돌이 3회를 한 후 들어갈 수 있게 하였다.

원효스님, 그 마음을 찾아서

심우도 심우도를 한 장으로 그려놓은 것으로는 국내 유일한 것이 아닐런지.

여덟의 뜻도 있지만 '깨뜨리다'라는 이중의 의미가 있다는 것이고, 상(相)은
그림이나 장면을 의미하는 것이다. 그래서 '팔'은 고정관념인 '상'을 "깨뜨
려라, 상을 내려놓아라, 없애라"라는 깊은 뜻을 담고 있다.

절로 가는 길, 절집 이야기

북한산 삼천탐방지원센터에서 출발하여 미타교를 건너고, 산길로 고개 하
나를 넘어서 올라가면 바로 삼천사 앞 주차장에 다다른다.

북한산의 비로봉과 노적봉을 병풍처럼 뒤에 두르고 응봉능선과 의상능선
아래로 흐르는 삼천사 계곡에 있는 삼천사는 661년(문무왕1) 원효가 창건
하였다. 『동국여지승람』과 『북한지(北漢誌)』에 따르면 3천여 명이 수도할
정도로 번창했고, 사찰 이름도 이 숫자에서 유래한 것이라 한다.

1970년대 현재의 주지 평산 성운화상이 부임하여 30여 년 중흥불사를
통해 대웅보전, 산령각, 천태각, 연수원 등 전각과 종형사리탑, 관음보살상,

마애여래입상(보물)

5층석탑 등을 조성하였다. 1994년에는 사회복지법인 인덕원을 설립하여, 노인복지와 어린이보육 그리고 지역복지에 힘쓰고 있다.

삼천사 마애여래입상(보물)은 삼천사 경내 대웅전의 위쪽으로 30m 지점 계곡의 병풍바위에 새겨져 있다. 불상의 어깨 좌우에 큰 사각형의 구멍이 있는 것으로 보아 마애불 앞에 목조전각이 있었던 것으로 보인다. 마애불은 통일신라시대 양식의 불상으로 전체 높이는 3.02m, 불상 높이는 2.6m에 달한다. 얼굴과 윗몸은 돋을새김을 하였으나 하

부처님 사리 3과를 봉안한 석종형 부도

반신과 광배 그리고 대좌는 볼록한 선새김을 하여 마치 강한 선묘화(線描畵) 같은 느낌을 준다.

종형사리탑은 가로 3.1m, 세로 3.1m의 4각 대석 위에 놓여 있다. 미얀마 성지 순례할 때 사원의 아판디타 대승정(大僧正)으로부터 전수받은 부처님 사리 3과를 88올림픽의 성공 기원을 담아 종 모양의 돌탑[石鐘塔] 속에 봉안하였다. 대웅보전 위쪽 계단을 오르면 마애불전 앞에 있다.

원효에게 영향을 준 혜공스님

포항의 오어사는 원효와 혜공스님의 법거량 이야기는 아주 유명하다(오어사 참조).

혜공은 스님과 거의 동시대 사람으로 스님보다는 나이가 조금 많지 않을까 추측한다. 매우 절친했던 사이다. 스님이 글을 쓰다 막히면 오어사의 혜공에게 가서 상의하고 토론했다고 한다. 귀족불교 시대임에도 불구하고 일반 백성과 술도 마시고 춤추고 노래하는 스님, 삼태기를 지고 거리에서 춤추고 노래하는 스님, 그는 분명 당대의 파격으로 이단아였다. 삼태기를 짊어지고 다닌다고 해서 부궤화상(負簣)이라는 별명도 있다.

젊은 스님의 눈에 보이는 세상은 호화롭고 민중을 멀리한 불교가 아니라, 백성과 하나 되어 함께 어우르는 혜공이 더욱 매력적이었을 것이다.

원효스님은 왕실불교를 민중불교로, 호국불교를 민생불교로, 오로지 힘없고 고통받는 백성을 위해 포교를 하였는데, 이에는 혜공스님의 영향이 매우 컸을 것이다.

묘적사(妙寂寺), 승군의 기합 소리가 들리는 듯

- **주소** 경기도 남양주시 와부읍 수레로661번길 174(와부읍 월문리 223)
- **원효 관련** 원효 창건, 연대 미상
- **주요 관점** 무영루, 팔각칠층석탑, 나한전 석굴, 찰피나무

일주문 앞에 서서_ 이판 사판

'이판사판'이란 말이 있다. 이판(理判)과 사판(事判)이 붙어서 된 말이다. 조선시대 불교는 억불정책으로 인하여 스님들의 삶이란 매우 험난하였다. 이런 어려운 환경에서 사찰을 유지해야 하기에, 어떤 스님은 주로 절의 살림살이를 맡아야 하는 데 이를 사판승(事判僧)이라 부르고, 어떤 스님은 법맥을 이어 나가야 하기에 불경 공부와 참선을 주로 하여서 이를 이판승(理判僧)이라 불렀다.

묘적사의 명물인 팔각칠층석탑과 대웅전

원효스님, 그 마음을 찾아서

석굴 내부 벽에는 16나한상을 모셨다.

조선시대에서 스님은 최하위 신분이다 보니 무시당하고 핍박받는 서러움
이 이루 말할 수 없었을 것이다. 그래서 스님이 된다는 것은 "바닥, 마지막,
끝"이라는 절망적 의미로 쓰이게 되었다.

이곳 묘적사는 그런 스님들이 모여 살던 곳은 아닌지. 성을 쌓고 보수하기
위해 동원된(부역) 스님들의 한이 묻힌 곳은 아닌지. 여기를 승병들의 훈련
장이라고는 하지만, 사연 많은 스님들의 이야기를 품고 있는 곳이다.

절로 가는 길, 절집 이야기

월문천을 따라 거슬러 올라가면 음식점과 찻집이 많은 묘적사 계곡 유원
지이다. 묘적사까지는 약 1km 거리로 포장도로이며 묘적사 앞이 주차장
이다.

신라 문무왕 때 원효가 창건하였다고 하지만, 이를 뒷받침할 만한 아무런
기록이나 유물이 없는 상태이다. 일설에 따르면 이 절은 국왕 직속의 비밀

대웅전과 넓은 마당 승군의 훈련장소는 아닐까. 건물의 보수가 시급해 보인다.

요원들이 군사훈련을 하던 곳으로, 국왕이 필요한 사람을 뽑아 승려로 출가하게 한 뒤 이곳에 머물게 하였다. 임진왜란 때는 유정(惟政)이 승군을 훈련하는 장소였으며, 임진왜란과 병자호란이 끝난 뒤에는 승려들이 무과(武科) 시험을 준비하는 훈련장으로 쓰였다고 한다. 특히 절 앞 동쪽 공터에서 화살촉이 자주 발굴되어 이곳이 당시 활터였음을 추정하게 한다.

유물로는 팔각칠층석탑이 유명하다. 월정사 팔각구층석탑·수종사(水鐘寺) 오층석탑과 양식이 비슷하여 조선 초

석굴 근래에 조성한 석굴이다.

에 세워진 것으로 추정된다. 3층과 4층 사이의 체감률이 부자연스럽고 절에서 동쪽으로 30m 가량 되는 곳에 탑재가 많이 남아 있는 것을 보면 본래 7층은 아니고 대략 11층이었을 것으로 보인다.

대웅전 좌측으로 20m 지점에 산령각과 함께 석굴암이 있다. 이 석굴은 나한전이며, 근래에 조성한 인공석굴로 경주 석굴암 본존불을 모방하여 조성하였다. 뒤쪽 벽면에는 반원의 형태로 16개의 감실을 만들어 그 속에 16나한상을 모셨다.

원효에게 영향을 준 대안법사

대안법사는 구리로 만든 발우를 치며 저잣거리를 다니는 괴상한 스님이었다. 그는 항상 "대안(大安), 대안" 하며 외치고 다녔다고 한다. 원효는 그의 법력과 도력을 이미 알아보고 그를 존경했다.

이광수의 소설 『원효대사』에 이런 장면이 있다.

원효는 지극정성으로 염불하는 대안을 바라보다가 그가 대중을 위해 행하는 일을 생각하며

"행(行)이다. 행이다. 오직 행만이 값이 있는 것이다."

라고 중얼거린다.

소설에는 원효와 대안법사에 관련된 많은 에피소드가 있다. 원효를 시장거리나 술집으로 데려가서 일반 백성의 삶을 들여다보게 한다. 직접 체험하게 하는 이야기다.

원효스님의 스승이거나 친구이면서 선배의 역할을 하고 있는 것이다. 훗날 백성들 속으로 들어가 불법을 대중화하는 역할을 이미 시작한 것이라 볼 수 있다.

신륵사(神勒寺), 많은 보물 유적에 담긴 뜻은

- **주소** 경기도 여주시 신륵사길 73 (천송동 282)
- **원효 관련** 진평왕 때 원효 창건
- **주요 관점** 중요문화재 보물 6개, 전탑, 강월헌

일주문 앞에 서서_ 견고한 신라 불교

나지막한 산(봉미산) 아래 여강(남한강)을 끼고 위치한 대사찰로, 강변에 있는 사찰로는 유일하다. 확실한 근거는 없지만 진평왕 때 원효가 창건하였다고 하며 다음과 같은 설화가 전해진다.

어느 날 스님의 꿈에 흰옷을 입은 노인이 나타나 지금의 절터에 있던 연못

강변의 삼층석탑 나옹화상이 신륵사에서 입적하신 후 이 자리에서 다비식을 하였다.

원효스님, 그 마음을 찾아서

아미타 삼존상을 모신 극락보전과 앞의 다층석탑 (보물)

을 가리키며 신성한 가람이 들어설 곳이라고 일러주었다. 그 말에 따라 연
못을 메워 절을 지으려 하였으나 뜻대로 잘되지 않았다. 이에 스님이 7일
동안 기도를 올리며 정성을 다하니 용 아홉 마리가 그 연못에서 나와 하늘
로 승천하였다. 그 후에 절을 지을 수 있게 되었다.

이와 비슷한 창건 설화는 많이 남아 있다. 아마도 기존 세력들이 자리 잡고
있어서 이들과의 대립이거나, 토속신앙과의 대립, 반불교적인 세력과의 충
돌 등을 상상해 볼 수 있다.

고구려와 백제가 왕권 강화나 정치적 이념으로서 불교를 수용한 반면,
신라는 순교라는 역경을 딛고 수용하게 된다. 기존 세력과 많은 다툼과
갈등을 극복하였기에 더욱 견고한 '신라 불교'가 된 건 아닌지.

종 모양의 **나옹화상 사리탑**(보물)**과 석등**(보물)　　**신륵사 전탑** (보물) 벽돌을 구워 쌓은 고려시대의 탑

🪷
절로 가는 길, 절집 이야기

신륵사는 고려 말인 1376년(우왕 2) 나옹선사(懶翁禪師)가 머물렀던 곳이다. 200여 칸에 달하는 대찰이었다고 한다. 1472년(성종 3)에는 영릉(세종)의 원찰로 삼아 보은사(報恩寺)로 불렀다. 고려 우왕 때 마암이라는 바위 부근에서 용마가 나타나자 나옹선사가 신력으로 다스렸다 하여 신력의 신(神)자에 륵(勒)자를 합쳐 신륵사라는 이름이 지어졌다고 한다.

고려 때에는 벽절(甓寺)이라 불려지기도 하였는데, 이는 경내의 동대(東臺) 위에 있는 다층전탑(多層塼塔)을 벽돌로 쌓은 데서 유래한 것이다.

이 절은 보물이 많은 곳으로도 유명하다. 조사당, 다층석탑, 다층전탑, 보제존자석종(普濟尊者石鐘), 보제존자 석종비(普濟尊者石鐘碑), 대장각기비(大藏閣記碑), 석등이 모두 보물로 지정되어 있다. 유형문화재로는 주법당인 극락보전(極樂寶殿)과 그 외 부속건물로 구룡루, 명부전, 시왕전, 산신당, 육각정 등이 있다. 조사당에는 무학, 지공, 나옹의 진영이 봉안되어 있다. 강변에 세운 강월헌(江月軒)이라는 유명한 정자도 있다. (지금은 보물, 국보에 몇 호라는 지정은 하지 않는다.)

원효스님, 그 마음을 찾아서

원효와 의상이 당나라에 가려고 한 까닭

7세기 동아시아는 국운을 건 전쟁도 많았지만, 수나라를 멸하고 들어선 당나라는 세계 문명의 중심이라 할 정도로 국력과 문화가 크게 발전하고 있었다.

신라 진골이나 귀족 집안 자제들이 당나라로 유학을 가는 것은 모두의 꿈이었다. 우리가 잘 아는 원광법사나 자장, 의상, 최치원 등이 그 예라고 할 수 있다.

더구나 당시 당나라에서는 불교의 종주국인 인도에서 19년간 공부하고 돌아온 '현장'이 있었다. 그는 많은 불경을 대대적으로 번역하는 '역경사업'을 이끌며 제자를 양성하고 있었다. 원효와 의상도 당연히 유학을 가고 싶어 했을 것이다. 새로운 불교사상인 유식사상을 강설한다고 하니 직접 눈으로 보고 배우고 싶어 했을 것이다.

첫 번째 유학길은 육로를 택하여 고구려 영토를 지나야 했다. 이때가 서기 650년인데 당태종이 고구려를 치러 왔다가 실패한 지 5년쯤 되던 무렵이니, 국경의 경계가 매우 삼엄할 때였을 것이다. 원효와 의상은 고구려 수비대에 붙잡혀서 간첩으로 몰렸다. 조사를 받다가 겨우 풀려나 신라로 돌아올 수밖에 없었다.

유학의 꿈을 버리지 못한 두 스님은 11년 만에 두 번째 시도를 한다(서기 661년). 백제가 멸망하면서 신라 땅이 된 지금의 화성시 서신면에 있는 당성과 그 일대 포구는 당나라로 가는 뱃길로 이용되었다. 유학생, 유학승, 상인 등이 분주히 오가는 곳이었다. 원효와 의상은 오랜 꿈을 이루기 위해 출발하였다.

수도사(修道寺), 깨달음의 현장을 재현한 修道寺

- ○ **주소** 경기도 평택시 포승읍 호암길 58 (평택시 포승읍 원정리 85-3)
- ○ **원효 관련** 661년 원효 득도처
- ○ **주요 관점** 깨달음 체험관, 영상관, 원효팔상도, 진신사리

일주문 앞에 서서_ 너는 아직도 그 여인을

어느 날 원효와 행자승이 길을 걷다가 개울을 만났다. 마침 장마철이어서 물이 불어나 있어서 쉽게 건널 수가 없었다. 거기엔 젊은 여인이 강을 건너지 못하고 난감하게 서 있었다.

그런데 스님은 서슴없이 아래 옷을 벗더니 여인에게 말했다.

"저에게 업히시구려. 건네다 드리오리다."

진신사리 3과를 2011년에 모셔와 봉안한 사리탑

원효스님, 그 마음을 찾아서

원효의 일대기를 석조부조로 만든 팔상도

스님은 망설이는 여인을 들쳐업고 개울을 건넜다. 무사히 개울을 건너자 아무 일도 없었다는 듯이 다시 옷을 입고 가던 길을 걸었다.

한참을 걸어가던 행자승이 발걸음을 멈추고 스님께 물었다.

"스님, 거의 벌거벗은 몸으로 여인을 업다니, 계율을 어긴 거 아닌지요."

그러자 원효가 답했다.

"너는 아직도 그 여인을 업고 여기까지 왔단 말이냐?"

원효의 이야기라고 단정할 수 없지만 이와 비슷한 이야기는 여럿 있다. 근세의 경허선사와 사미승의 일화에도 이와 비슷한 이야기가 있다.

스님은 이미 초탈의 경지에서 평정심 그대로 여인을 대했지만, '이건 아닌데' 하며 계율에 매달려 있던 행자는 한참을 지나온 지금까지 그 사실을 떨치지 못하고 있는 모습에 한 말이다.

절로 가는 길, 절집 이야기

852년(문성왕 14) 염거(廉巨)가 창건하였다. 염거가 창건하기 전에도 작은 암자가 있었을 것으로 추정된다. 창건 이후 사세가 크게 번창하였으나 도적이 들끓고 노략질이 심해 절을 비울 정도였다. 산사태까지 나서 끝내 폐사 되기도 하였다. 이후 조선 중기까지의 연혁이 전하지 않으며, 1965년부터 정암(靜庵)이 중수되어 오늘에 이른다.

수도사는 661년 원효가 해골물을 마시고 득도한 곳으로 비정한다. 그러나 당시 대당 교역의 중심지였던 당성의 지리적, 역사적인 상황으로 보아 화성시 당성 인근이었을 가능성이 훨씬 더 설득력이 있다.

수도사는 성사의 깨달음에 대한 중요성에 가치를 두고 여러 가지 불사를 진행하고 있다. 매우 고무적이다. 원효 깨달음 체험관, 기념관, 석조부조 원효팔상도, 원효 진영, 탱화 등이 그것이다. 현존하는 건물로는 대웅보전과 산신각, 삼성각, 요사채 등이 있고 대웅전 북쪽에 정토선원이 있다. 2011년에 모셔 온 부처님 진신사리를 대웅전에 봉안하고 있으며, 일반인도 쉽게 친견할 수가 있다.

원효 깨달음 체험관 원효스님의 일생, 사상, 체험영상관 등으로 꾸며져 있다.

체험관에 들어서면 바로 만날 수 있게 모셔져 있다.

'한국전통사찰음식문화연구소'가 있고 채소밭이 많다. 산신각은 전각 없이 석조상으로 표현되어 있다.

원효의 '해골물과 득도'의 진실

많은 사람들이 다음과 같이 알고 있다.

"원효는 무덤 속에서 자다가 갈증이 나길래, 때마침 물이 담긴 바가지가 있어 물을 마셨고, 아침에 일어나 보니 그것은 해골이었고 해골에 담긴 물이었다. 이때 큰 깨달음이 있어 유학을 포기하고 경주로 돌아왔다."

원효스님의 오도 경험을 기록한 문헌은, 우리나라 기록은 없고 중국의 문헌에서만 발견된다. 『종경록』(961년), 『송고승전』(978년), 『임간록』(1107년)이 그것인데 이 세 가지를 살펴본다.

*이하의 내용은 '2018년 제2회 화성불교문화유적 학술 세미나'에서 정희경 교수의 주제 발표 내용에서 인용하였다.

『송고승전』의 「의상전」 내용은,

"갑자기 중도에서 심한 폭우를 만나 이에 길 옆의 토감, 즉 토굴 사이에 몸을 숨겨 회오리바람의 습기를 피했다. 다음날 날이 밝아 바라보니 그곳은 해골이 있는 옛무덤이었다. 하늘에서는 궂은 비가 계속 내리고 땅은 질척해서 한 발자국도 앞으로 나아갈 수 없었다. 또 무덤 속에서 머물렀다. 밤이 깊기 전에 갑자기 귀신이 나타나 놀라게 했다.”

『종경록』의 내용은,

"밤이 되어 황폐한 무덤 속에서 잤다. 원효법사가 갈증으로 물 생각이 났는데 마침 그의 곁에 고여 있는 물이 있어 손으로 움켜 마셨는데 맛이 좋았다. 다음날 보니 그것은 시체가 썩은 물이었다. 그때 마음이 불편하고 그것을 토할 것 같았는데 활연히 크게 깨달았다.”

『임간록』의 내용은,

"밤이 깊어 무덤 사이에서 자게 되었다. 이때 몹시 목이 말라 굴속에서 손으로 물을 떠 마셨는데 매우 달고 시원하였다. 그러나 새벽에 일어나 보니 그것은 다름 아닌 해골 속에 고인 물이었다. 몹시 메스꺼워 토해 버리려고 하다가 문득 크게 깨닫고….”

귀신 꿈을 꾸며 불안해 하다가 깨달았거나(송고승전), 시체 썩은 물을 마신 것을 알고 토할 것 같다가 깨달았다고(종경록, 임간록) 하였다. 이 중 『임간록』의 내용이 가장 널리 알려졌는데, 아마도 대중에게는 좀 더 극적이고 충격적인 효과를 줄 것이라 생각한 시나리오가 아닐까 하는 추정이다.

2.
강원권역

수타사(壽陁寺), 넉넉하고 정겨운 숲속의 전각

- **주소** 강원도 홍천군 동면 수타사로 473 (동면 덕치리 9)
- **원효 관련** 원효 창건(?)
- **주요 관점** 봉황문, 대적광전, 흥회루, 원통보전, 목조관음보살좌상, 삼층석탑, 월인석보

일주문 앞에 서서_ 삶은 덧없으니

수타사 주차장 주변에는 식당과 가게들이 20여 군데 있다. 우리 일행은 점심을 먹기 위해 식당에 들어갔다. 수타사 옆에 있는 용담(龍潭)에 대해서 이야기를 하는 중에 식당 주인이 말했다.

목조관음보살 좌상 높이 46cm로 영조(1758년) 때 조성.

원효스님, 그 마음을 찾아서

"거기는 지금 못 가요."

"왜요?"

"얼마 전에 사람이 빠져 죽어서 출입 금지 상태지요."

사건의 개요는 이러하다.

관광버스 운전기사가 손님을 내려놓고 혼자 있기 무료하니 산책 삼아 용담에 갔다가 실족하여 사망한 것이다. 용담은 물이 소쿠라지고 휘돌아 흐르기 때문에 한 번 실족하면 헤어 나오기 어렵다고 한다. 식당 주인이 이어서 말했다.

삼층석탑 수타사 밖의 공터에 있으며 고려 후기에 세워졌다. 이곳이 원래 절터였을 것으로 추정한다.

"우리 식당에서 점심을 먹고, 용담을 보고 오겠다고 갔는데, 불과 한 시간도 안 되어 시체가 된 거요."

이 이야기를 듣고 나온 우리 일행은, 저만치 용담이 바라보이는 공작교에 서서 용담을 한참 동안 바라보았다. 누군가가 혼잣말처럼 중얼거렸다.

"언제 죽을지 모르는디, 항상 죽음을 염두에 두고 살아야 하는디, 허허 그게 참!"

부처님도 그러셨다.

"삶은 덧없으니 열심히 자신을 점검하라."

절로 가는 길, 절집 이야기

수타사 계곡유원지 주차장에 차를 대고 잘 조성된 숲길을 따라 들어간다.

흥회루 누각 형식이 아닌 단층이라 본존불을 모신 대적광전에 가려면 옆으로 돌아가야 한다.

이른바 '공작산 생태숲'으로 수타사 앞까지 이어진다. 홍우당 부도를 살펴보고 수타교를 건너면 왼쪽으로 100m쯤 위에는 삼층석탑이 홀로 서 있다. 이어 덕지천에 놓인 공작교를 건너면 사천왕문을 대신한 봉황문을 만나게 된다.

수타사는 신라 성덕왕 7년인 708년에 원효가 창건하였다. 당시 이름은 일월사(日月寺)였고 위치도 지금보다 조금 떨어져 있는 우적산 아래였다고 한다. 원효는 686년에 입적하였으므로, 창건자 또는 창건연대 중 한 가지는 잘못 전해졌을 가능성이 있다.

현재의 이름인 '수타사(壽陀寺)'로 바뀐

부처님 진신사리 대적광전 닫집과 원통보전 관음보살 복장에서 발견되었다.

것은 1811년이다. '수타(水墮)'라는 이름이 좋지 못하다고 하여 아미타불의 무량한 수명을 상징하는 이름으로 바꾸었다고 한다. 1992년 관음전을 새로 지어 오늘에 이른다.

대적광전은 수타사의 중심 법당으로 내부 장식이 정교하고 아름답다.

주요 유물로는 보물로 지정된 『월인석보(月印釋譜)』와 고려 후기에 조성된 삼층석탑, 홍우당부도(紅藕堂浮屠) 등이 있다.

모든 것은 오직 마음이 지은 것

다음 이야기는 잘 알려진 에피소드이다.

"당성(지금의 화성시 서신) 부근에서 비를 만나고 날이 저물어 할 수 없이 토굴에서 잠을 잤다. 토굴에서 물도 시원하게 마셨다. 다음 날 보니 토굴이 아니라 무덤이었다. 장마철이라 비는 계속 내리고 길은 질퍽하여 하는 수 없이 하룻밤을 더 묵기로 하였다. 그러나 잠은 오지 않았다. 이미 무덤임을 알고 보니 귀신들이 덤비고 꿈자리가 뒤숭숭하였기 때문이다."

이러한 사건에서 원효는 크게 깨달아 탄식하였다.

> 지난 번 잠자리는 토굴이라 일컬어서 편안했는데
> 오늘 밤 잠자리는 무덤이라 하니 뒤숭숭하구나.
> 알겠구나.
> 마음이 생겨나므로 갖가지 현상이 생기고
> 마음이 사라지므로 동굴과 무덤이 둘이 아니구나.
> 삼계는 오직 마음뿐이요 만 가지 현상은 오직 인식이 지어낸다.
> 마음 바깥에 현상이 없는데 무엇을 별도로 구하겠는가.
> 나는 바랑 메고 돌아간다.

前之寓宿謂土龕而且安 此夜留宵託鬼鄕而多崇.

則知. 心生故種種法生 心滅故龕墳不二.

三界唯心 萬法唯識. 心外無法胡用別求. 我返却囊.

원효의 이 말은 『대승기신론』의 구절과 상응한다.

心生故種種法生 ⇒ 心生則種種法生
심생고종종법생　　심생즉종종법생

心滅故龕墳不二 ⇒ 心滅則龕墳不二
심멸고감분불이　　심멸즉감분불이

더 줄이면 『화엄경』의 핵심 사상과도 통한다.

"모든 것은 오직 마음이 지은 것[一切唯心造]"이라는 의미로.

봉복사(鳳腹寺), 자장과 원효의 숨결을 찾아서

- ○ **주소** 강원도 횡성군 청일면 청일로 909-88(청일면 신대리 138)
- ○ **원효 관련** 671년 원효 중건(647년 자장율사 창건)
- ○ **주요 관점** 부도전, 삼층석탑, 국사단, 구층사리탑

일주문 앞에 서서

운무산에 올라 지나온 산길을 돌아보다가

- 이경렬 -

취생몽사 저 흔적 없는 여정마저도

저렇듯 운무 속에 묻혀버리는구나

지나가야 할 저 앞길인들 고단함이 없겠냐만

괜찮다, 괜찮다

흔적을 지워가는 삶이란 더 어려운 것을

운무산은 봉복사와 가까이 있는 한강기맥의 한 산이다. 원래 봉복사 자리였던 곳에는 '신대리 삼층석탑'만 외로이 서 있고, 그 터는 채소밭이 되어 있다. 탑 이외엔 아무런 흔적이 없다. 모든 것은 변하고 세월이 지나면 이렇듯 사라진다. 취생몽사(醉生夢死)의 고단한 삶이라도 열심히 살아야 하고, 그 열심히 산다는 것만으로도 의미가 있다.

"호랑이는 가죽을 남기고 사람은 뭐라?" 참 허무한 말이다.

흔적은 세월과 함께 자연히 사라지는 것을.

절로 가는 길, 절집 이야기

청일면 신대리로 들어서면 봉복사 이정표가 보인다. 도량 입구에는 '덕고산 봉복사'라고 쓰여진 기둥이 일주문 역할을 한다. 기둥 뒤쪽으로 소나무들이 줄지어 서 있고 부도전이 있다. 비석 한 기와 부도 일곱 기가 서 있는데 모두 조선 후기의 것으로 석종형이다.

사찰 안내에는 647년에 자장율사가 덕고산 신대리에 창건하고 삼상(三像)을 조성하여 봉안한 뒤, 오층석탑을 조성하고 봉복사라 하였다고 씌어 있다. 669년에 화재로 소실된 것을 671년에 원효가 중건하고, 사찰의 이름은 봉복사(奉福寺)라 하였다.

이 절에서 500m쯤 떨어진 곳에 삼층석탑이 있다. 본래 자장이 그곳에 절

신대리 삼층석탑 봉복사에서 500여 미터 떨어진 채소밭에 서 있다.

원효스님, 그 마음을 찾아서

을 세우려고 했으나 밤마다 마귀들이 목재를 훔쳐 가서 현재의 위치로 옮겨 절을 세웠다 한다. 원효도 처음에는 석탑 근처에 절을 중창하려 하였으나 마귀들이 방해하여 절을 옮겼다고 전한다. 구한말에는 의병들이 머물면서 일본군과 싸우던 곳이기도 하다. 한국전쟁 때 불에 탄 것을 중창하여 오늘에 이른다.

봉복사 입구 일주문 자리에 국사당이 있어 절의 측면으로 들어간다.

대웅전은 2008년에 중창하였으며, 석가모니불, 관음보살, 지장보살을 모시고 있다. 그 좌측에 삼성각과 요사채가 있으며, 모두 근래에 중창한 것이다. 그리고 2020년에 미얀마에서 부처님 사리 9과를 어렵게 들여와 9층탑에 봉안하였다.

근래에 조성된 대웅전과 사리탑

'원효의 오도'에 대한 생각

〈무덤 형태〉

당시 당성 일대 무덤 양식은 횡혈식 석실 고분이었다. 횡혈식 석실 고분은 2인 이상의 시신을 안치하기 위해 긴 널길이 있는 부부 또는 가족 합장묘였다. 무덤 내부를 방처럼 꾸미고 입구부터 긴 통로를 따로 만들어 두었다.

무덤의 겉모습은 봉분 형태였는데 시간이 지나면 축대가 무너지기도 하고 봉분 위에 풀이 자라기도 했다.

"다음 부인, 다음 남편을 모시기 위해서 앞에 연도(무덤 통로)를 폐쇄시키지 않은 경우가 있습니다. 그래서 멀리서 보게 되면 위에는 흙으로 덮여 있고 안에는 석실이 있고 입구에는 널길의 문이 아직 열려져 있으니 그건 완전히 토굴이죠." (최몽룡 교수 서울대 고고미술사학과)

⟨해골물에 대한 이해⟩

"『임간록』을 제외한 『송고승전』이나 『삼국유사』의 원효 전기, 「서당화상비」, 또 의상대사까지 추가하더라도 1차 자료에 보면 해골물 마시고 깨달았다는 이야기는 없습니다. 아마 『임간록』 편집자가 현실적인 인간들을 이해시키는 차원에서 때마침 무덤 속에 있는 해골을 끌어다가 각색했다고 보는 것이 더 정확할 것 같습니다." (고영섭 박사 동국대 불교학부)

⟨해골물 이야기의 핵심은 원효의 깨달음 그 자체⟩

"마음이 생기니 온갖 법이 생기고, 마음이 사라지면 토굴과 무덤이 다르지 않다."

무덤 속 하룻밤 계기로 마음의 이치를 체득했던 것입니다.

"물은 똑같은 물이고 바가지는 똑같은 바가지인데, 어제는 감로수였는데 오늘은 더럽다고 토했다는 것은, 더럽거나 깨끗함이 물이나 바가지에 있는 게 아니라 내 마음속에 있구나, 그러니까 '일체유심조(一切唯心造)'라는 것이 바가지를 금으로 하면 깨끗하다는 것이 아니라, 이 더럽거나 깨끗하다고 하는 분별이 그 자체 존재 속에 있는 것이 아니라 우리들의 인식 속에 있다는 것을 확연하게 자각을 하게 된 거죠." (법륜스님/ 정토회 지도법사)

원효스님, 그 마음을 찾아서

영혈사(靈穴寺), 원효스님이 의상대사와 피감한 곳

- **주소** 강원도 양양군 양양읍 불당골길 346(양양읍 화일리 843)
- **원효 관련** 689년 원효 창건
- **주요 관점** 극락보전, 원통전, 지장전, 원효성사진영, 원효와 의상 벽화, 영혈수

일주문 앞에 서서_ 원효와 의상의 공헌

영혈사는 특히 약수가 유명해서 이에 얽힌 설화가 전한다. 원효가 이 절을 창건하고 의상이 머물고 있는 낙산사 홍련암을 방문하였는데, 그곳에 물이 매우 귀한 것을 보고 지팡이로 영혈사의 샘물 줄기 중 일부를 낙산사 쪽으로 돌렸다. 이후 영혈사 샘물의 양이 3분의 1로 줄었고 낙산사에는 물이 풍부해졌다고 한다. 원효의 신통력을 내세워 사세를 넓히려는 의도가 다분히 있었을 것이다.

이 설화의 배경을 보면, 당시의 시대 상황이 그려지고 의상과 원효의 관계를 짐작해 볼 수 있다. 의상은 진골의 신분으로 국가(왕실)로부터 막대한 지원을 받을 수 있었고, 창건한 사찰의 대부분은 매우 거대한 사찰이다. 부석사, 낙산사 등이 그 예이다.

칠성각에 조성한 원효 진영
많은 진영 중 가장 편안한 표정이다.

원효 창건 사찰은 이에 비해 좀 초라하다. 의상을 따라다니면서 그 옆에 작은 암자 하나 짓는 정도라 할까. 암튼 국내파인 원효나 해외 유학파인 의상은 불가분의 관계로 신라 화엄종 발전에 크게 공헌한 인물임이 확실하다.

절로 가는 길, 절집 이야기

강릉 관동대학 앞에서 거마천을 따라 파일리 마을회관으로 약 4km쯤 가다보면, '영혈사 3.8km'라는 이정표가 보인다. 여기서 좁은 산길을 굽이굽이 20분쯤 오르면 바로 절 앞 주차장에 이르른다.

영혈사는 687년에 원효가 설악산에 일출암(日出庵)을 세웠으며, 689년에 청련암(靑蓮庵)과 함께 이 절을 세웠다고 전한다. 그러나 원효는 686년에 입적하였으므로 절을 세운 뒤 창건주로 모신 것으로 추정된다. 원효가 입적했다고 하는 혈사(穴寺)를 사찰 측에서는 영혈사라고 말하고 있다.

극락보전의 아미타불 위의 닫집에는 용 두 마리가 지키고 있다. 낙산사 홍련암과 관계있는 듯.

원효스님, 그 마음을 찾아서

원효와 낙산사의 의상에 관한 전설이 서린 곳.　　　**범종각** 한국전쟁의 흔적이 남아 있다.

현재 영혈사는 극락보전과 관음전·지장전·산신각·칠성각·요사 등이 있다. 극락보전은 관세음보살 좌상을 모시고 있다. 이 보살상은 1950년 이후에 새로 조성한 것이다. 본래 있던 보살상은 현재 낙산사 원통보전 내에 있다.

지장전은 6·25전쟁 때 설악산지구 전투에서 숨져 간 호국영령들의 위패를 모셔 둔 전각이다. 해마다 석가탄신일에 인근 부대의 장병들이 참여하여 호국영령 천도재를 지낸다.

칠성각에는 원효와 의상이 무덤 속에 있는 장면과 스님이 해골을 들고 있는 내용의 벽화가 있다. 내부에는 원효의 진영이 모셔져 있다.

사찰 앞에 설화가 깃든 영혈수와 관음 연못이 있으며, 이곳은 모두 근래에 정비하였다.

문헌 기록으로 본 원효의 오도처

원효가 깨달음을 얻었다는 오도처에 대해서 확증적인 기록은 없다. 그러나 송나라 찬영이 988년에 쓴 유명한 『송고승전』 「의상전」과, 통일신라 890년

(진성여왕 4년)에 건립된 제천 월악산 「월광사 원랑선사 대보선광탑비(月光寺圓朗禪師大寶禪光塔碑)」에서 그 실마리를 추정할 수 있다.

『송고승전』「의상전」은 다음과 같이 기술하고 있다.

> 與元曉法師同志西遊 行至本國海門唐州界 計求巨艦 將越滄波 倏於中塗 遭其苦雨... 遂依道旁 土龕間隱身
>
> **(의상이) 원효법사와 뜻을 같이 하여 서쪽으로 유행하였다. 본국(本國) 해문(海門) 당주계(唐州界)에 이르러, 큰 배를 구해 창파를 건너려 했다. 갑자기 도중에 심한 폭우를 만나... 곧 길 곁 토감(土龕) 사이에 의지해 은신(隱身)했다.**

여기서 "본국(本國) 해문(海門) 당주계(唐州界)"가 어디인가에 대해 다양한 견해가 있었으나, 당주(唐州)가 오늘날 경기도 화성시 당성(唐城) 일대를 가리킨다는 것이 학계의 대다수 의견이다. 또 백곡리 백제 고분 옆의 지명이 '해문리'인데 이는 보통명사가 아닌 고유지명으로서 전국에 단 한 곳으로 유일하다.

원랑선사 탑비는 현재 국립박물관에서 소장하고 있는데 비문의 내용을 보면,

> "欲扣玄微爰抵樴山寓▨▨▨▨▨乃神僧元曉成道之所也"
>
> **미묘한 이치를 공부하고자 하여 직산(樴山)에 이르러 (4자 결락)에 거처하였는데 이곳은 신승(神僧) 원효(元曉)가 도를 깨치신 곳이었다.**

깨달음을 얻고자 직산(稷山) 어딘가에 머물렀는데 그곳이 원효가 깨달은 장소였다는 것이다. 구체적으로 어디인지 아직까지 규명되지 않았으나 최근 화성시 마도면 백곡리 '입피골'이 한자음으로 풀이하면 직산(稷山)이라는 사실이 확인되었다.

이상의 자료를 보면 화성의 당성과 그 일대의 고분군이 가장 유력한 오도처라고 추정할 수 있다.

낙산사(洛山寺), 원효스님과 의상대사가 만난 사연

○ **주소** 강원도 양양군 강현면 낙산사로 100(강현면 전진리 57-1)
○ **원효 관련** 671년 의상 창건, 원효와 의상의 교류
○ **주요 관점** 7층석탑, 해수관음상, 건칠관세움보살상, 보타전, 원효와 의상 벽화

🪷
일주문 앞에 서서_ 원효와 의상의 설화

『삼국유사』가 전하는 창건 설화와 『신증동국여지승람』에 있는 「낙산사기 (洛山寺記)」와는 약간의 차이가 있으나 종합해서 소개하면 다음과 같다.

의상대사가 관음보살을 만나기 위하여 낙산사 동쪽 벼랑에서 7일 동안 기도를 올렸으나 뜻을 이루지 못하여 바다에 투신하려 하였는데, 이때 한 노인이 나타나 그를 받아 올려놓으며,

"이 미련한 중아. 떨어지면 죽기밖에 더하겠느냐?"

하고 사라졌다. 대사가 다시 정신을 차리고 더욱 용맹심을 내어 관세음보살의 명호를 부르고 있는데, 대사가 고개를 들어 바다를 쳐다보니 천 개의

손과 천 개의 눈을 가진 관세음보살이 붉은 연[紅蓮]을 타고 바다 가운데서 둥실둥실 떠오는 것이었다. 그런데 관세음보살의 진신인 새 한 마리가 날아와 인도하는 곳으로 가니 커다란 굴이 있는데, 입구는 좁아도 속은 바다와 같이 넓었다.

"네가 있는 산꼭대기에 청죽(靑竹)

해수관음 공중사리탑(보물)

낙산사를 대표하는 해수관음보살 입상

과 오죽(烏竹)이 나 있다. 마땅히 그곳에 금당(金堂)을 지어야 한다."

하고 사라졌다. 이곳이 지금의 원통보전 자리라고 한다.

한편, 같은 시대를 살았던 원효도 관음보살이 동해의 한 동굴에 머물러 있

다는 말을 듣고 낙산사로 향한다. 낙산사 남쪽 부근에 도착하였을 때, 논에

서 흰옷을 입은 한 여인이 벼를 베고 있었는데, 원효는 여인에게

"그 벼를 제게 주시오."

라며 장난을 쳤다. 그러자 여인도 장난삼아,

"벼가 잘 익지 않아 줄 수가 없소이다."

라고 하였다. 다시 길을 가다가 이번에는 다리 아래에서 생리대를 빨고 있

는 여인을 만났는데, 원효가 그녀에게

"물을 좀 주시오."

라고 하자, 그 여인은 생리대를 빨던 물을 떠서 주었다. 원효는 그 물을 쏟아 버리고 다시 물을 떠서 마셨다. 그때 들 가운데 있는 소나무 위의 파랑새한 마리가,

"원효스님은 그만두시게."

라고 하였다. 그리고는 갑자기 사라져 보이지 않고, 소나무 아래에는 신발한 짝만 남아 있었다.

원효가 낙산사에 도착해서 관음보살을 친견하기 위해 찾아갔다. 그때 관음보살이 있던 자리에 관음보살은 없고, 자신이 소나무 아래에서 보았던 신발과 똑같이 생긴 신발 한 짝이 떨어져 있었다. 그제서야 오는 중간에 만난여인이 관음보살의 진신임을 깨달았다.

또한 원효가 동굴로 들어가 관음보살의 진신을 만나려고 하였으나, 거친풍랑이 일어 동굴로 들어가는 것을 막아서 결국 관음보살의 진신을 만나지

원통전과 칠층석탑(보물)

못하고 떠났다고 한다.

건칠관세음보살 2005년 양양 산불에서도 무사하였던 성보이다.

절로 가는 길, 절집 이야기

사찰명은 관음보살이 상주하는 곳으로 알려진 보타낙가산(補陀洛迦山)에서 유래된 것이다. 의상대사가 관세음보살을 친견하고 동해의 명산인 오봉산에 671년에 창건한 사찰이다. 858년(헌안왕 2년) 범일(梵日)이 중건한 이후 몇 차례 다시 세웠으나 6·25전쟁으로 소실되었다가 1953년에 다시 지어졌다.

2005년 식목일에 일어난 산불로 낙산사 동종과 원통보전 등 전각 대부분이 소실되었으나, 건칠관세음보살과 후불탱화, 전국제일 기도도량 홍련암은 무사하였다.

경내에는 조선 세조 때 다시 세운 7층석탑을 비롯하여 원통보전과 그것을 에워싸고 있는 담장 및 홍예문 등이 남아 있다. 원통보전 내부에 안치되어 있는 관세음보살상은 6·25전쟁으로 폐허가 된 도량을 복구한 후 설악산 관모봉 영혈사(靈穴寺)에서 옮겨 왔다고 한다. 제작 시기는 12세기 초로 추측되는데, 고려시대 문화의 융성기 양식을 보이는 매우 아름다운 관음상이다.

당성을 통해 추정하는 원효의 오도처

신라는 진흥왕 때(553년) 한강 하류 지역까지 점령하면서 현재 아산만과 한강 하류 사이의 해안가가 신라 영역이다. 마침내 신라는 대중국 통로를 확보하게 된 것이다. 그 당시 신라에서 중국으로 갈 수 있는 항구로는 화성 당성이 아주 중요한 장소였다. 당성 서쪽 해안은 당은포(唐恩浦)를 비롯하여 가죽포(佳竹浦)와 백미포(白味浦), 영종포(永宗浦)와 영생포(永生浦) 등 여러 포구가 발달하였다. 바로 이 일대를 관할하는 관청이 당성이었다. 신라의 사신, 상인, 유학생, 유학승 등이 당성에 머물면서 배를 이용하여 당나라로 가는 매우 활발한 국제항구였다.

고영섭 동국대 불교학부 교수는 '2017년 화성 불교유적 세미나'에서 당성과 당은포에 이르는 루트는 다음과 같이 추정했다.

"신라 견당사들은 경주에서 당나라 장안까지 3~4개월 동안 육로와 해로를 통해 오갔다. 원효와 의상 또한 견당사들의 행로를 선택했을 것"이라고 전제하며, "계립령로를 선택한 원효와 의상은 충주 서북지역에 있는 여주 수로를 통해 남양만 당은포로 향했을 것"이라고 추정하였다.

이어 "원효와 의상은 당은포에서 중국 등주로 가는 항로로 당나라 유학을 떠나려고 했을 가능성이 크다"며, "경주에서 당은포까지 이르는 지름길이자 직선경로인 계립령로의 성격을 고려했을 때 육로의 직산보다 여주 수로를 이용했을 것이다. 실제 수로는 육로보다 보행자의 부담이 적다."고 설명하였다.

덧붙여 "당시 남양만 당항포의 관할지가 당성이었고, 당성이 현재 경기도 화성에 있으며, 중부횡단항로로 나아가는 출발지점이 남양만 당은포라는 점을 고려하면 원효의 오도처는 당항성 인근 어느 무덤으로 보는 것이 더욱 적절할 것"이라며 하였다. "또한 원효의 오도처가 무덤이었다면 그곳이 현재의 사찰이기 어렵다는 점도 생각해봐야 한다."고 강조하였다.

홍련암(紅蓮庵), 관세음보살의 천년을 꿈꾸며

- **주소** 강원도 양양군 강현면 낙산사로 100(강현면 전진리 57-1)
- **원효 관련** 671년 의상대사 창건, 원효와 의상의 교류
- **주요 관점** 의상대, 관음굴, 용왕단

일주문 앞에 서서_ 조신의 꿈

조신이라는 스님이 있었다. 조신은 강릉 태수 김흔의 딸을 보고 한눈에 반하여, 낙산사 부처님께 인연을 맺게 해달라고 수없이 빌었다. 그러나 아가씨가 혼인을 하게 되었다는 소식을 듣게 되자 조신은 절망하여 눈물을 흘리며 부처님을 원망하였다. 그러다 잠이 들었다.

그런데, 갑자기 태수의 딸이 나타나 조신을 잊은 적이 없다고, 부부가 되어 달라고 고백한다. 조신은 기뻐하며 함께 고향으로 가서 살게 된다.

의상대에서 보이는 홍련암. 아침 햇빛에 더욱 빛난다.

세월이 흘러 아이가 다섯으로 식구가 늘었다. 하지만 살림살이는 나아지지 않아서 아이들은 늘 배가 고팠고 조신은 마을을 떠돌며 동냥하는 신세가 된다. 그러다 굶주린 큰 아이가 죽고, 동냥 나갔던 어린 딸은 개에게 물려 아파하지만, 조신과 아내는 아무것도 해주지 못하고 눈물만 흘리는 꼴이었다.

의상대사에게 나투신 홍련암의 관음보살님

그때 아내가 말한다. 오랜 시간 동안 정이 깊어져 두터운 인연이라 여겼으나, 아이들이 추위에 떨고 배고픈데 무슨 여유로 부부의 정을 나눌 수 있겠냐며 이제 그만 헤어지자고. 조신은 아내의 말을 따르기로 하고 아이들을 나누어 데리고 각자 다른 길로 간다.

그 순간, 조신은 번쩍 눈을 뜨고 모든 것이 꿈이었음을 알게 된다. 어느덧 날이 밝아 아침 햇살에 얼굴을 비추어 보니 수염과 머리카락이 하얗게 세어 있었다.

탐욕스러운 마음에 대한 잘못을 뉘우친 조신은 꿈에서 죽은 아이를 묻은 곳을 찾아간다. 땅을 파보니 돌미륵이 나왔다. 조신은 돌미륵을 절에 모시고 서라벌로 돌아가 부처님을 섬기며 살았다고 한다.

『삼국유사』에 수록되어 있는 이야기로 '일장춘몽의 가르침'을 전하고 있다. 일장춘몽 속 허무함을 다룬 여러 작품이 있다. 조선 숙종 때 김만중이 지은 '구운몽'이나 중국의 '홍루몽'이 그런 것이고 근대로 넘어와서는 춘원 이광수의 소설 '꿈'이 그것이다.

원효스님, 그 마음을 찾아서

절로 가는 길, 절집 이야기

낙산사 산내암자인 홍련암은 의상대 북쪽 300m 해안 절벽에 있다. 이 홍련암은 의상대사가 본절인 낙산사를 창건하기 앞서 관음보살의 진신을 친견한 장소로서, 또한 관음보살을 친견하기 위해 석굴 안에서 기도하던 바로 그 장소로서 낙산사의 모태가 된다는 점에서 그 의의가 있다. 676년 한국 화엄종의 개조인 의상(義湘)이 창건하였으며, 관음굴(觀音窟)이라고도 한다. 그 유래와 관련된 다음과 같은 설화가 전해온다.

문무왕 12년 의상대사가 입산하는 도중에 돌다리 위에서 색깔이 파란 이상한 새를 보고 이를 쫓아갔다. 그러자 새는 석굴 속으로 들어가 자취를 감추고 보이지 않았다. 의상대사는 더욱 이상하게 여기고 석굴 앞 바다 가운데 있는 바위 위에 정좌하여 지성으로 기도를 드렸다. 그렇게 7일 7야를 보내자 바다에서 홍련이 솟아오르고 그 속에서 관음보살이 나타났다.

그리하여 이곳에 암자를 세우고 홍련암이라고 이름 짓고, 푸른 새가 사라진 굴을 관음굴(觀音窟)이라 불렀다고 한다. 의상대사가 마음속에 품고 있던 소원을 기원하니 만사가 뜻대로 성취되어 무상대도를 얻었던 것이다.

입구 주차장에서 바로 만나는 의상대
빼어난 풍광으로 관동팔경의 하나이다.

용왕단과 관음보살 현신 홍련의 그림으로 홍련암의 모든 이야기를 말하고 있다.

한편 또 다른 창건 설화로는, 의상대사가 관음보살의 진신을 친견한 자리에 대나무가 솟았는데, 그곳에 불전(佛殿)을 지으니 곧 홍련암이라고도 전한다. 두 이야기 전부 의상대사가 지극한 정성으로 기도를 올려 관음보살을 친견했다는 내용에서는 일치하며, 부분적으로 파랑새·대나무·석굴 등이 첨가된 것이므로 결국 하나의 이야기로 보아도 무방할 듯하다.

홍련암은 석모도 '보문사', 남해 금산의 '보리암'과 더불어 우리나라 3대 관음도량으로 인정받는 곳이다.

경주에서 당성까지, 원효 구도의 길

도로는 정치·군사·경제·문화적 기능을 하며, 주변의 경관을 크게 변화시킨다. 큰 산맥을 넘는 교통로가 개설되려면 산맥의 낮은 안부(鞍部)의 몇몇 고갯길을 이용하는 것이 효과적이다. 그 대표적인 길이 삼국시대 초기에는 계립령, 죽령 등 몇 개로 한정되었고, 그 후 조선시대에 이르기까지 화령, 벌재, 추풍령, 이화령, 조령 등 상대적으로 쉽게 넘나들 수 있는 산맥의 안부에 도로가 개설된다.

신라 시대의 도로는 대체로 다음 조건에 의해 만들어졌다.

첫째는 산성과 산성을 연결하는 도로로 군사적 요충지에 축성한다. 장기전을 펼치기 위해서는 물자 보급과 수송이 원활하고 아군과의 통신과 교통이 편리해야 하는 까닭이다.

둘째는 사찰과 도로의 관계이다. 마을에 절이 많았던 관계로 왕이나 귀족은 물론 일반 백성들도 절을 찾기가 쉽도록 주요 교통로 주위에 위치했다.

셋째는 우역(郵驛)과 관도(官道)의 발달이다. 『삼국사기』의 기록을 보면, "사방에 우역을 세우고 조정 관리들에게 도로를 보수하게 하였다."고 한다. 행정적 정보 통신을 위한 교통로가 발달한 것이다.

이상의 조건으로 볼 때 원효와 의상도 당나라로 가기 위해 이런 도로를 이용했을 것이다. 이를 '대당 무역로' 또는 '당은포로'라고 한다. 여러 사람들이 연구한 자료를 바탕으로 다음과 같이 비정해 본다.

〈계립령로〉

- **도보** : 경주 – 선산 – 상주 – 함창 – 계립령 – 문경 – 연풍 – 충주 – 장호원 – 죽산(죽주산성) – 용인(처인성) – 당은포

- **수로** : 경주 – 선산 – 상주 – 함창 –계립령 – 문경 – 연풍 – 충주 – 남한강수로 – 여주 – 죽주산성 – 용인(처인성) – 당은포

〈죽령로〉

- **도보** : 경주 – 군위 – 의성 – 안동 – 영주 – 죽령(풍기와 단양 사이) – 문경 – 연풍 – 충주 – 장호원 – 죽산(죽주산성) – 용인(처인성) – 당은포

- **수로** : 경주 – 군위 – 의성 – 안동 – 영주 – 죽령(풍기와 단양 사이) – 문경 – 연풍 – 충주 – 남한강수로 – 여주 – 죽주산성 – 용인(처인성) – 당은포

〈당은포로〉 : 화성지역학 연구원이 비정한 상세 당은포로

- 경주 분황사 – 대구 팔공산 – 구미 약사암 – 상주 경천대 – 함창 – 계립령 – 충주 미륵대원지 – 청주 삼년산성 – 진천(김유신 생가) – 안성 칠장사 – 죽주산성 – 비석거리 – 용인 처인성 – 동탄 원각사 – 병점(떡점거리) – 수원고읍성 – 분천리 – 노루고개 – 상기리 – 금산사 – 자안리 – 남양 무송리 – 화성시청 – 남양관아 – 염치고개(태행지맥 2구간) – 청원성(청원초등학교) – 해문 등성이(태행지맥 3구간) – 금당리 – 음나무공원 – 백곡리 토성 – 백곡리 백제고분군(행기실마을) – 당은포(동탄 원각사부터 화성지역이다)

계조암(繼祖庵), 자장이 세우고 원효스님이 수도하고

○ **주소** 강원도 속초시 설악산로 1140-200(설악동 216)
○ **원효 관련** 652년 자장율사 창건, 원효, 의상 등 수많은 조사가 수도
○ **주요 관점** 석굴법당, 아미타불상, 삼성각, 나반존자상

일주문 앞에 서서_ 원효가 보았을 서라벌의 한 노파

꽃샘추위가 한창인 봄날, 계조암을 가기 위해 설악동 주차장에 도착하였다.

"아저씨! 고로쇠 물 한 병만 사주세요."

돌아보니 할머니 한 분이 주차장 한 귀퉁이에 쭈그리고 앉아서 하시는 말이었다. 헝겊으로 만든 시장 가방에 고로쇠 물이 든 펫트병이 서너 개 들어 있다.

흔들바위와 식당바위 계조암 앞에 있어 많은 등산객의 쉼터가 된다.

원효스님, 그 마음을 찾아서

"싸게 줄 테니 하나 사줘요. 몸에 아주 좋은 거요."

초라한 행색의 할머니는 차라리 애원하는 눈빛이었다. 거칠고 메마른 손이며 깊게 패인 목주름과 이마 주름. 저 할머니는 한평생 어떤 꿈을 가지고 살아내셨을까. 자식? 가족?

원효가 보았을 서라벌의 한 노파를 생각하면서, 그리고 고로쇠 수액이 정화수와 같다는 생각을 하면서.

고로쇠 수액을 파는 할머니의 손

- 이 경 렬 -

긴 겨울 견디며
정화수에 담은 꿈

삭정이가 될지라도
삭정이로 남을지라도

절로 가는 길, 절집 이야기

설악산 입구로 들어서서 먼저 만나는 통일대불을 참배하고, 신흥사를 지나 안양암, 내원암을 지나 잘 닦여진 산길을 따라 오른다. 거대한 울산바위의 위용을 바라보며 약 3km를

석굴법당 내부 아미타불과 뒤에 나한들이 계시다.

계조암 전경 뒤에는 거대한 울산바위가 둘러 있다.

오르면 계조암이 모습을 드러낸다. 계조암 뒤에는 장엄한 울산 바위가 있
다. 마치 계조암을 옹호하는 화엄신장 같이 웅장하고 무섭고 신비하며 신
령스러운 기를 뿜어내고 있다.

계조암은 652년(진덕여왕 6년) 자장율사가 창건하였다. 자장은 이곳의 석굴
에 머물면서 652년 향성사(香城寺: 현 신흥사)와 능인암(能仁庵: 현 내원암)을
창건하였다. 신흥사의 전신인 향성사를 창립할 때 함께 세워졌다.

동산, 각지, 봉정에 이어 원효, 의상 등 조사(祖師)의 칭호를 받을 만한 수많은 승려가 계속해서 수도하던 도량이라 하여 계조암(繼祖庵)이라는 이름이 붙었다. 석굴 안에 봉안된 아미타불과 삼성각에 모신 나반존자상은 특히 영험이 큰

목탁바위와 석굴법당

것으로 알려져 있어 예로부터 기도객들의 발길이 끊이지 않는다. 석굴 앞에는 문 역할을 하는 쌍룡바위가 있고, 석굴 뒤쪽에는 100여 명이 함께 식사를 할 수 있는 반석이 있어 '식당암(食堂岩)'이라 부른다. 식당암 머리 부분에는 흔들바위라는 이름으로 널리 알려진 우각석(牛角石)이 있다.

이 석굴은 목탁바위라 불리는 바위에 자리잡고 있어서, 다른 절에서 10년 걸릴 공부도 5년이면 끝낼 수 있다는 이야기가 전해 내려온다. 이 암자는 처음부터 굴법당으로 창건되었으며, 바위면을 안으로 깎아서 만들었다. 옹기종기 모여 있는 바위 중에서 제일 둥글게 보이는 목탁바위는 현재 '계조암 극락전'으로 사용되고 있다.

아미타 부처님을 봉안한 동굴 법당은 오백 나한으로 내부를 장엄해 마치 경주 석굴암의 감실을 보는 듯 신비감을 준다.

❀
무덤에서 잠자는 것의 가능성

백제 고분군은 화성시 남양반도 해안과 가까이에 있는 백곡리 행기실 마을 뒷산에 있다. 해발 90m 내외 야산 정상부 능선과 사면에 분포하고 있다.

서신면 상안리에는 신라가 중국과의 해상 교통을 위한 거점이었던 당항성 (당성)이 있고, 인근에 6개의 토성이나 석성이 위치한 것으로 보아 사람이 많이 살던 지역이다. 그러니 지금의 공동묘지와 비슷한 무덤 자리가 마을 인근에 발달한 것이다.

이 유적은 1971년도에 마을 주민 신고로 김원룡이 조사하여 파괴된 무덤 5기를 확인하고, 이 중 1기에서 한성기의 백제 토기 4점을 수습 보고하여 처음 알려지게 되었다. 이후 1991년에 정신문화연구원(현 한국학중앙연구원) 에서 다시 조사하여 봉분 흔적이 있는 것 12기를 확인하고 6기를 발굴하였 는데, 이 중 4기(1·2·5·8호)의 조사 결과가 보고되었다.

석실을 축조할 때, 석실 측부가 대부분 묻힐 정도로 깊이 파고 고른 후 다시 50cm 정도로 파고 다시 정지한 뒤에 바닥돌을 깔아서 마치 방과 같은 모 양을 만든다. 이를 횡혈식 석실 고분이라 한다. 규모는 길이, 너비, 깊이가 1 호분이 3.75×1.3×1.6m, 5호분이 3.6×1.42×0.6m(잔존 높이), 8호분이 2.6× 1.0×1.26m이다. 이것으로 보아 석실 고분에는 머물면서 잠을 잘 수 있는 충분한 공간이 있었음을 알 수 있다.

봉정암(鳳頂庵), 가장 높은 곳에 위치한 기도도량

- **주소** 강원도 인제군 북면 용대2리 690
- **원효 관련** 644년 자장율사 창건, 667년 원효 중건
- **주요 관점** 불뇌사리보탑, 적멸보궁, 내설악, 외설악 조망

일주문 앞에 서서_ 40여 년 전 봉정암

필자가 처음으로 봉정암에 간 때는 1976년 여름으로 기억한다. 대학 산악회에 들어가 첫 여름 장기 등반을 간 것이다. 당시에는 열흘이나 보름 정도 야영을 하면서 암벽 훈련, 코스 훈련 등을 하는 것이 일반적이었고, 대학산악회가 활발하던 때라서 여름 방학과 겨울 방학에는 필수과정이라 할 수

봉정암 뒤의 바위는 봉황, 부처님 형상을 떠올린다.

적멸보궁이 보이는 봉정암 전경

있었다. 가끔은 비박* 훈련을 하는 데 봉정암 사리탑 근처를 자주 이용했다. 날씨에 따라 봉정암 추녀 밑에서 자기도 했다.

그때는 사리탑이 부처님 뇌사리탑이라는 것도 몰랐고 원효와 관련된 것도 몰랐다. 초라한 당우 하나만 덜렁 있었고 스님도 한 분뿐이었던 것으로 기억한다.

지금은 전국의 유명한 기도처가 되었고 불자라면 누구나 한 번 순례하기를 바라는 곳이 되었지만, 신비한 적멸보궁과 백여 명이 동시에 숙박할 수 있는 대사찰이 되리라곤 상상도 하지 못했다.

❀ 절로 가는 길, 절집 이야기

당나라 청량산에서 문수보살로부터 부처님의 진신사리와 금란가사를 받고 귀국한 자장율사는 처음 금강산으로 들어가 불사리를 봉안할 곳을 찾고 있었다. 그런데 어디에서인가 찬란한 오색빛과 함께 날아온 봉황새가 스님

* biwak은 독일어로, 텐트를 치지 않고 하는 캠핑이나 야영을 의미한다.

을 인도했다. 한참을 따라
가다 바위가 병풍처럼 둘
러쳐진 곳에 이르렀고, 봉
황은 한 바위 꼭대기에서
사라져 버렸다. 그 모습이
봉황처럼, 부처님처럼 생
긴 바위였다. "바로 이곳
이구나." 부처님의 사리를
모실 인연처임을 깨달은
스님은 탑을 세워 부처님

부처님 뇌사리보탑(보물)이 봉정암 위에 따로 모셔져 있다.

의 사리를 봉안하고 조그마한 암자를 건립하였다. 이때가 선덕여왕 13년,
서기 644년의 일이라 전한다.

봉정암은 한국의 5대 적멸보궁 중 가장 높은 해발 1244m에 자리한 설악
산 속의 사찰이다. 백담사에서 약 10km(등산 5시간 정도)를 올라가야 하며,
불뇌사리탑은 봉정암에서 100여 미터를 더 올라가야 한다. 지금은 크게 번
성하여 적멸보궁과 신도들이 머물 수 있는 요사채를 비롯한 많은 당우가
있다.

만해의 「백담사사적기」에 첨부된 '봉정암 중수기'에 의하면 673년 원효가
머물며 중건하였고 이후 고려의 보조국사 지눌 등 많은 선사들이 머물며
중건하였다. 한국전쟁 때 불타 버려 자칫하면 명맥이 끊어질 뻔했다.

원효가 유학을 포기할 수 있었던 까닭

당나라에 가서 구법의 열망을 키우려던 원효와 의상은 압록강을 건너 요동
까지 갔다가 고구려 순라군에게 잡혀 뜻을 이루지 못하고 돌아온다. 하지

만 11년 후 그의 나이 45세 되던 해에 다시 의상과 당나라행을 결행한다. 그러나 젊은 나이가 아님에도 불구하고 대단한 결심을 했던 스님이 이른바 '해골물과 무덤의 일화'로 알려진 오도 경험을 한 후 미련 없이 발길을 돌릴 수 있었던 까닭은 무엇일까.

그의 오도송은 아주 단호하다.

마음 밖에 따로 법이 없으니 무엇을 따로 구하리오.

나는 당나라로 가지 않겠다.

心外無法 胡用別求 我不入唐 (심외무법 호용별구 아불입당)

이렇게 10년 넘는 세월을 기다렸던 당나라 유학을 기꺼이 포기한다.

그 이유의 첫째는 당연히 위와 같은 깨달음이 있었기 때문이다. 원효 스스로 이미 『화엄경』에 있는 '일체유심조'를 모를 리는 없었을 테지만 경험으로, 몸으로 직접 체득하는 그야말로 대오(大悟)의 경지였을 것이다. 옆에 있던 의상에게도 말이나 설법으로는 전달할 수 없는 그 경지에 이른 것이다.

또 하나는 그의 학문적 깊이와 다양성이다. 이미 젊은 시절부터 불교뿐만 아니라 유교, 도교 등의 많은 책을 섭렵했다는 기록을 보거나, 스승 없이도 공부할 만큼 총명했다는 일화는 잘 알려져 있다. 또 낭지(郎智), 보덕(普德), 혜공(惠空) 스님에게 배웠다는 기록도 있어 얼마나 많은 공부를 했는지 알 수 있다. 누구도 못 따를 그의 수많은 저서를 보더라도 짐작할 수 있다.

그리고 학문과 무예에 뛰어난 할아버지 잉피공의 영향도 컸을 테니, 우리나라 고유의 '풍류도' 또한 잘 알고 있었으리라 생각한다. 풍류도는 유교(충효), 도교(무위), 불교(자비)의 가르침이 모두 포함되어 있다. 더구나 그는 화랑도 출신이기도 하다.

3.
충청권역

용담사(龍潭寺), 아담한 사찰에 섬세한 약사여래

龍潭寺

- ○ **주소** 충청남도 아산시 송악면 평촌길50번길 147-20 (송악면 평촌리 1-2)
- ○ **원효 관련** 창건연대 미상, 원효 창건
- ○ **주요 관점** 용담사 약사여래입상, 용담사 사적비

일주문 앞에 서서_ 마음이 풍족하면

단출한 법당과 허름한 요사채를 둘러보는데, 마침 외출하였다가 돌아오시는 스님과 마주쳤다. 인사를 하고 석조약사불에 대한 이야기를 한참 하였다. 그런 대화 끝에 대웅전 하나뿐인 안타까운 마음으로 말했다.

"터가 넓어 당우를 많이 지을 수 있겠네요. 접근하기도 쉬운 장소이고요."

"불사를 일으키기가 쉽지는 않지요."

대웅전 대웅전과 요사채만 있는 아담한 사찰이다.

원효스님, 그 마음을 찾아서

"신도가 많아야 재정 지
원이 쉬울 텐데. 그렇지
않은가 봐요?"
"그렇지요, 뭐. 그래서 이
리 누추합니다."
순간 나를 보던 눈길이
낡은 요사채로 향하더니,
"허허허, 마음이 풍족하
면 그만이지요."

대웅전 내부 왼쪽에 지장보살도 함께 모셨다.

하며 합장으로 인사하시고 돌아서 내려간다. 더는 말하고 싶지 않다는 느
낌을 받았다. 나는 내 입방정을 탓하며, 요사채로 내려가시는 스님을 멀거
니 바라보았다.

노자의 도덕경 말씀을 옮겨 본다.

"죄악 중에서도 탐욕보다 더 큰 죄악은 없고, 재앙 중에서도 만족할 줄 모
르는 것보다 더 큰 재앙이 없으며, 허물 중에서도 욕망을 다 채우려는 것보
다 더 큰 허물은 없다."

절로 가는 길, 절집 이야기

온양에서 송악으로 가는 39번 도로를 가다가 온양순환로를 지나면 바로
온양천의 제1외암교에 이른다. 다리를 건너기 전에 '용담사 500m'라고
쓴 이정표가 나온다. 대웅전과 요사채만 있는 작은 절이다.

사적비에 의하면, 신라 애장왕(788 ~ 809) 때 원효가 창건하였다고 하나, 원
효는 7세기 인물이므로 후대에 창건주로 모신 것으로 추정된다. 고려 광종
때 혜명(慧明)이 중창하였다. 이후의 연혁은 전하지 않는다.

경내에 들어서면 바로 오른쪽에 보물 제536호인 아산시 평촌리 석조약사여래입상(牙山坪村里石造藥師如來立像)이 서 있다. 석조입상의 머리는 나발*에 육계*(肉髻)가 있으며, 양쪽 귀는 길게 늘어져 있고, 이마에 백호*(白毫)가 양각되어 있다. 법의는 몸을 모두 감싼 형태이며 좌우대칭으로 옷주름을 규칙적인 무늬로 양각하였다. 화강암 부재를 최대한 활용하면서도 사실적으로 표현한 것으로 볼 때, 통일신라시대 혹은 고려초기에 조성된 것으로 보인다. 전체 높이 4m, 머리 길이 1m, 어깨너비 1.4m, 가슴 너비 80cm이다. 남아있는 약사여래입상 중에 조형미가 가장 뛰어나다고 한다.

평촌리 석조약사여래입상(보물)

용담사 사적비 약사여래입상과 같이 있다.

---

* 나발: 부처님의 머리카락.
* 육계: 부처님의 정수리 부분으로 머리 위의 뼈가 상투처럼 올라와 보임.
* 백호: 부처님의 미간에 있는 점. 명주(明珠)를 붙여 부처님의 지혜광명을 형상화 한다.

국내파 원효의 스승

원효는 출가 후 여러 법사, 화상들로부터 불경을 배웠지만 뚜렷한 스승이 없다.

고구려 보덕화상(普德和尙)은 당시 실권자인 연개소문이 도교를 장려하는 데에 반발하여 백제로 망명(?)을 한다(완산주 고대산 경복사지). 650년경 의상과 원효는 보덕을 찾아가서 『열반경』·『유마경』 등을 배웠다고 한다.

그러니 백제의 여러 사찰도 둘러보며 고구려나 백제 불교를 알 수 있는 기회가 되었을 것이다.

앞에서 열거한 자장, 혜공, 대안 등과 더불어 지공, 낭지, 보덕도 직접 또는 간접적으로 영향을 주었을 것이다. 이렇게 여러 스승과 만나면서 학식을 넓히고 훌륭한 저술을 할 수가 있었던 것이다.

유학을 갔다 오면 명망도 얻고 고승으로 인정도 받으면서 왕실과 귀족에게 대우를 받고 살 수 있었을 텐데 원효는 그러지 않았다. 유학을 통해 명성을 얻기보다는 신라 불학을 종합하는 학문 연구와 백성과 함께 하는 대중적이고 실천적인 불교를 택한 것이다.

수덕사(修德寺), 선종의 맥이 고스란히 내려오는 修德寺

○ **주소** 충청남도 예산군 덕산면 수덕사안길 79구 (덕산면 사천리 19)
○ **원효 관련** 599년. 백제 위덕왕, 원효 중수
○ **주요 관점** 일주문, 대웅전, 대웅전 삼존불, 삼층석탑, 칠층석탑, 경내 전경

일주문 앞에 서서_ 만공스님과 사리

만공(滿空)스님은 전라도 태인군(현 정읍시 태인면)에서 1871년에 태어났으며 서산의 천장사에서 출가하였다. 선종(불교)의 큰스님인 경허(鏡虛)스님의 제자로서 법맥을 이었다. 스님은 독립운동가이기도 하며 여러 가지 재미있는 일화를 많이 남기신 것으로 유명하다.

말년에는 수덕사가 있는 덕숭산의 전월사에서 기거하였다.

죽기 직전 거울을 보며,

"이 사람 만공, 70년 동안 나와 동고동락하느라 고생했지. 그동안 수고 많

수덕사 전경 백제 사찰로는 유일하게 남아있는 덕숭산 아래의 수덕사

원효스님, 그 마음을 찾아서

왔네."

라는 말을 남긴 뒤 입적
하였다고 한다.

다비를 마친 뒤 유골을
부도탑(만공탑)에 봉안하
고 덕숭산 금선대 인근
에 세웠다.

"부처님 사리로 모든 것
은 넉넉하고 거기에 다

덕숭총림 일주문

뜻이 포함되어 있으니, 사리를 수습하지 말라."는 유지에 따라 사리는 수습
하지 않았다. 이후 덕숭산의 다비식에서는 어떤 스님이든지 사리를 수습하
지 않는 것이 문도들이 지켜야 할 전통이자 불문율로 자리잡게 되었다.

만해 한용운과 절친한 사이였는데, 수덕사 근처 홍성군 결성면이 만해의
탄생지라서 인연이 있었던 것으로 보인다.

절로 가는 길, 절집 이야기

수덕사 창건에 관한 정확한 문헌 기록은 현재 남아있지 않으나, 학계에서
는 대체로 위덕왕(威德王, 554~597) 재위시에 창건된 것으로 추정하고 있다.
백제 숭제스님이 창건하고 나옹선사가 중창하였다고 전하기도 하며, 혹은
백제 법왕(599년) 때에 지명법사가 수도 사비성 북부에 창건하고 원효가 중
수했다고도 한다.

원효의 수덕사 중수설에 대해서는 뚜렷한 기록이 없다. 삼국통일 이후 실
제로 백제 지역을 다니며 많은 사찰들을 방문하였기에 수덕사에도 왔을 것
으로 추정한다. 수덕사가 통일 이후에도 백제와 신라 지역을 잇는 대표적

인 사찰이었다는 것을 반증하는 것이
기도 하다.

근현대에 들어서서 경허(鏡虛)스님을
비롯해 만공(滿空), 수월(水月), 금오(金
烏), 벽초(碧超), 대의(大義), 청담(靑潭)
스님 등이 주석하였던 선(禪)의 중흥
지이며, 현재 조계종 5대 총림(해인사,

만공탑 일제강점기에 항거하며 한국불교의
선맥을 일으킨 만공선사 부도탑.

통도사, 송광사, 수덕사, 백양사)의 하나로 자리매김하고 있다.

수덕사 대웅전은 고려 충렬왕(1308년) 때 지은 건물로 주심포 양식의 맞배
지붕으로, 옆면은 촘촘한 4칸으로 지붕의 각을 높여 간결하면서도 위용 있
게 느껴진다. 대들보를 통해 지붕을 받치므로 건물이 더 웅장하고 지붕선
이 한결 부드럽다. 영주 부석사 무량수전과 함께 우리나라에서 가장 오래
된 목조건물이다.

대웅전 (국보) 간결하면서도 위용이 돋보이는 건축물로 부석사 무량수전과 함께 우리나라에서 가장
오래된 목조건축물이다.

원효스님, 그 마음을 찾아서

「발심수행장」, 치열한 수행을 위하여

황룡사에서 열심히 정진 수행하던 원효는, 사람들이 많이 찾아오는 황룡사보다 더 치열하게 공부할 수 있는 곳을 찾아다녔다. 깊고 험한 산이나 사람의 발길이 닿지 않는 곳도 마다하지 않고 수행하였다. 전설처럼 남아있는 수많은 '원효수행처'는 하나같이 이렇듯 험한 곳이다.

스님은 수행을 해야 하는 이유와 그 과정을 「발심수행장(發心修行章)」을 저술하여 밝혔다. 706자의 4언 절구로 되어 있는데, 승려가 되기 위하여 처음 출가한 이들이 반드시 읽고 닦아야 할 입문서이다. 예로부터 지금까지 「계초심학인문」·「자경문」과 함께 행자교육과정의 필수교재인 『초발심자경문』에 수록되어 출가자들의 나침반 역할을 하고 있다.

그 내용 중에서 일부를 소개한다.

「발심수행장」 첫째, 욕망의 늪에서 벗어나야 한다

衆生衆生 輪廻火宅門 (중생중생 윤회화택문)

於無量世 貪慾不捨 (어무량세 탐욕불사)

많고 많은 중생이 화택 속에서 헤어나지 못하고 윤회하는 것은

오랜 세월 동안 탐욕을 버리지 못하기 때문이다.

나쁜 길로 들어서게 되는 원천이자 원인은 결국 몸과 욕망에 의한 것이며, 마침내 그 욕심으로 인해 큰 화를 입는 불행이 닥치게 된다. 원효스님도 오랜 세월 동안 욕망을 버리는 연습을 하였다고 한다.

기독교에서 말하는 인간의 원죄 의식도 선악과를 따게 되는 그 '참을 수 없는 욕망' 때문이 아니던가.

태고사(太古寺), 3일간 춤을 추었다는 원효스님

太古寺

- **주소** 충청남도 금산군 진산면 청림동로 440구(진산면 행정리 512-1)
- **원효 관련** 신문왕 때 원효 창건
- **주요 관점** 금강문, 삼불전, 범종각, 원효성사 등 조사스님 진영, 도천대선사 진영각

일주문 앞에 서서_ 머슴 살러 갈 거여

태고사는 원효 이래로 보우스님과 서산대사의 법손 진묵대사 등 많은 고승 대덕들이 거쳐갔다. 지장전에는 조사스님들 진영이 있는데, 좌로부터 보리달마 이래 원효, 의상, 보우, 진묵, 수월, 묵언스님을 최고의 대선사를 모시고 있다.

지금의 태고사를 있게 한 분은 도천스님이다. 도천스님은 13세에 금강산

범종각을 배경으로 한 필자. 금산군 일대를 다 조망할 수 있는 곳이다.

원효스님, 그 마음을 찾아서

금강문 일주문이 없는 대신 황룡과 청룡, 금강역사가 지키고 있는 이곳을 통과해야 한다.

마하연사에 출가하여 수행하다가, 한국전쟁으로 폐허가 된 이곳 태고사와 인연이 닿았다. 1962년 절마당에 움막을 짓고 하나하나 법당을 재건해 나 갔다. 산문을 나가지 않고 일 속에서 수행하는 모습을 보여 주었다. 50여 년 동안 머슴처럼 일하며 불사에만 전념하였다고 한다. 그러자 '힘이 장사 이고 축지법을 쓰는 도인'이라고 소문이 돌게 되었다. 이에 스님은,
"나는 그저 밤이 오면 밤인가 보다, 낮이 오면 낮인가 보다 하고 엎드려 일 만 하고 살았을 뿐이네."
라고 하셨다.
도천스님은 2011년 9월 세수 101세, 법랍 83세로 입적하셨다.
이런 열반송을 남겼다.
"나는 깨친 것이 없어 수미산 주인집으로 머슴 살러 갈 거여."

절로 가는 길, 절집 이야기

금산군 진산에서 행정저수지를 지나, 약 1.5km의 가파른 산길을 올라야 한다. 태고사 아래 주차장이 나오면 계단길을 걸어서 10분 정도 오르면 금강문에 이른다.

해발고도 660m(대둔산: 879m)에 위치해 있는 사찰로 신문왕 때 원효가 창건하였다. 원효는 처음 터를 잡고 가사와 장삼을 수하고, "세세생생 도인이 끊이지 않으리라." 하며 춤을 추었다고 한다. 태고사 윗쪽 봉우리에는 낙선대, 원효대, 의상대의 이름이 붙어 있다. 낙선대 아래 평평한 바위봉우리가 원효대로 여기서 춤추었다고도 하며, 그 아래쪽 바위 봉우리를 의상대라 한다.

청기와로 장엄된 고색창연한 전각들이 적절히 자리잡고 있으며, 탁 트인 전망도 빼어나다. 만해 한용운도 "대둔산 태고사를 보지 않고 천하의 승지를 논하지 말라."고 하였다고 한다.

태고사는 원효 이래로 고려시대에는 보우스님이 중창하고, 조선시대에

도천스님 진영 태고사에서 40여 년간 계시면서 현재의 태고사로 부흥시켰다.

원효성사와 의상대사 진영 지장전에는 보우국사, 진묵대사 등 많은 조사들의 진영이 있다.

원효스님, 그 마음을 찾아서

는 서산대사의 법손 진묵대사가 삼창을 했다. 한국전쟁 때 소실되었으나 1962년 도천스님이 주석하면서 여러 전각을 중건, 창건하여 오늘날에 이르고 있다. 도천스님의 진영을 모신 진영각이 별도로 있을 정도이다.

「발심수행장」 둘째, 자비로운 마음으로 보시하며 살아야 한다

> 慳貪於物 是魔眷屬 (간탐어물 시마권속)
> 慈悲布施 是法王子 (자비보시 시법왕자)
> **재물을 아끼고 탐내면 마귀의 권속에 지나지 않고,**
> **자비로운 마음으로 보시하면 법왕의 자녀가 된다.**

보시는 자비로운 마음으로 해야 한다. 그렇지 않고 자신의 이익을 의도한 보시는 보시라 할 수 없다. 또한 보시를 함으로서 수행이 되는 것이며, 수행의 방법으로 보시를 해야 한다. 원효스님은 대중 속에 들어가서도 늘 자비심을 강조하며 실천했다고 한다.

원효암(元曉庵), 절벽 위에 숨어 있는 수행도량

- **주소** 충청남도 금산군 남이면 진악로 428(남이면 하금리 산 2)
- **원효 관련** 연대 미상, 원효스님 창건
- **주요 관점** 마애산신 부조, 원효암 오르는 계단, 원효암 전경

일주문 앞에 서서_ 부처님들이군요

원효암으로 오르는 계곡길에는 폭포가 있고 옆으로 계단길이 있다. 폭포를
보고 있는데, 한 사람은 할머니를 업고, 또 한 사람은 큰 배낭을 메고 다가
왔다. 주차장에서부터 높은 계단을 올라와서 힘들어 보이는 그들에게,

"다 오셨으니 잠시 쉬시지요." 하니,

"반가운 말씀이네유."

기대했다는 듯, 할머니를 조심스럽게 내려 앉게 하시며 말한다.

잠깐이지만 이야기를 나누며 그들의 사연을 듣게 되었다.

충청남도 아산에 사는 아
들 형제가 연로하신 어머
니를 모시고 오는 일이 8
년째란다.

"아버지 돌아가시고 일
루 모셨슈. 여기가 엄니
고향과 가까우니께 해마
다 기일이면 와유. 명절
때는 당연하구유. 엄니

폭포를 지나 계단을 지나면 절벽에 고정하여 매단 좁은 다리
(잔교)를 지난다.

대웅전과 삼성각만 있는 조용하고 단출한 암자이다.

는 처음에는 삼천 배를 했었쥬. 요즘은 연로하셔서 108배만 하시라는 데도
영…."

하고 어머니를 보며 웃는다. 어머니는 못 들은 척 폭포를 바라보신다.

"형님, 이번엔 제가 업을게요."

동생인 듯한 그는 가뿐히 어머니를 업고 일어선다. 어머니를 업고 큰 배낭
을 지고 올라가는 그들의 뒤를 따르며, 나는 혼잣소리로 중얼거렸다.

'부처님들이군요.'

절로 가는 길, 절집 이야기

금산읍에서 남이면으로 가는 수리넘어재를 넘어가면 곧 길 왼쪽에 이정표
가 있다. 진악산 최고봉인 관앙불봉(觀仰佛峰) 남쪽에 있다. 좌우로 산등성
이가 암자를 감싸고 있다. 이정표에서 시멘트 포장도로를 따라 1km쯤 가

독성탱, 산신탱, 칠성탱 앞에 각각 입체상을 모시고 있다.

면 차를 댈 수가 있다. 20m에 달하는 폭포가 있으며 절 앞쪽으로 가파른 경사로여서 설치된 계단을 올라가야 한다. 대웅전과 삼성각만 있는 단출한 암자이다.

원효가 창건하였다는 설과 조구(祖丘)대사가 창건했다는 설이 있다. 조구대사가 누구인지는 분명치 않다.

원효 창건설도 설득력이 있다. 암자 인근에 인공으로 판 토굴을 원효굴이라 부르고, 밭으로 쓰고 있는 곳을 윤필대라 하며, 큰 바위 밑을 의상대라 부르고 있다. 주변 경관을 포함한 사찰의 위치나 접근성 등이 원효, 의상, 윤필이 함께 다니며 창건한 것으로 전해지는 여타의 원효 창건 수행 사찰들과 동일한 특징을 보인다.

삼성각 뒤의 산신 부조 민간신앙의 흔적이다.

그러나, 주지스님의 말씀에

의하면 원효굴이나 의상대는 40여 년 전에 폐쇄되어 길도 없고 갈 수 없다고 하여 아쉬움이 남는다. 다행히 윤필대라는 곳으로 추정되는 평지가 있는데 원효암 남쪽 200m쯤 산기슭에 있다.

「발심수행장」 셋째, 앎보다 실천이 중요하다

> 自樂能捨 信敬如聖 (자락능사 신경여성)
> 難行能行 尊重如佛 (난행능행 존중여불)
> **스스로 세상의 즐거움을 능히 버리면 마치 성인처럼 신뢰와 공경을 받고,**
> **어려운 일도 능히 참고 실천하면 부처님처럼 존중받게 된다.**

머리로 알지만 말고 가슴으로 알아야 한다는 말이 있다. 학문을 학문으로만 알면 학문이 아니라는 말도 있다.

원효는 분황사에서 『화엄경소』를 찬술하던 중 제40 「회향품」에 이르러 절필하고 과감히 저잣거리로 나온다. 원효에게 중요한 것은 사상이나 이론이 아니라, 그 실천이 무엇보다도 중요하였다. 어려운 형편의 일반 대중과 함께 호흡하며 그들을 위무하고 부처님 말씀을 알리고자 노력하였다.

현암사(懸岩寺), 원효스님의 예언이 이루어진

- **주소** 충청북도 청주시 상당구 문의면 대청호반로 149(문의면 덕유리 산 45-1)
- **원효 관련** 407년 창건. 665년 원효 중창
- **주요 관점** 대웅보전, 용화전, 용화전 미륵불상, 대청호

일주문 앞에 서서_ 서산대사 해탈시

현암사 대웅전에서 내려다보면, 대청호의 아름다운 모습이 한눈에 들어온다. 맑은 물 수면에 흰구름이 비추어 하늘과 호수에 가득히 구름이 떠 있는 경치가 아름답다. 원효가 천년 후에 호수가 된다고 한 그 자리이다. 물도 고였다가 흐를 것이고 저 물 위에 뜬구름도 곧 사라질 것이다.

서산대사의 해탈시(解脫詩)로 알려진 한시를 감상해 본다.

> 생은 어디서 오고
> 죽음은 어디로 가는가?
> 태어남이란 한 조각 구름이 일어남이요.
> 죽음이란 한 조각 구름이 스러짐이라
> 구름은 본시 실체가 없는 것
> 죽고 살고 가고 옴은 모두 그와 같은 것을
> 生從何處來 死向何處去 (생종하처래 사향하처거)
> 生也一片浮雲起 死也一片浮雲滅 (생야일편부운기 사야일편부운멸)
> 浮雲自體本無實 生死去来赤如然 (부운자체본무실 생사거래역여연)

원효스님, 그 마음을 찾아서

🪷 절로 가는 길, 절집 이야기

대청댐 서쪽 바로 위의 도로에서 200m 수직으로 깎아지르는 듯한 절벽에 놓인 철계단, 돌계단으로 올라간다. 사찰에 다다르면 대청호가 바로 눈앞에 절경으로 펼쳐진다.

407년 백제 전지왕 때 고구려 청원선경(淸遠仙境) 대사가 창건하였고, 665년 원효가 중창하였다. 사찰이 위치한 산의 아홉 줄기가 강물에 뻗어 있다고 하여 구룡산(九龍山)이라 이름하였고, 절벽에 매달려 있는 암자라 하여 현암(懸岩)이라 불렀다고 한다.

원효는 이 절을 중창할 때, "천여 년 후에 호수 세 개가 조성되어, 구룡산 발치에 청룡이 꿈틀거리는 모양의 큰 호수가 만들어진다. 그러면 왕자(王字)

대웅전 앞에서 내려다 보이는 대청댐과 대청호
원효의 예언대로 청룡이 꿈틀거리는 모양으로 보면 또한 그러하다.

모양의 지형이 나타나면서
국왕이 머물게 되고, 이곳은
국토의 중심이 되어 부처님
의 가르침을 널리 전하게 된
다."고 예견하였다.
몇 차례 중창을 거쳐서 1986
년 도공(道空)스님이 주지로
부임한 이래 대대적인 불사
를 진행하여 현재에 이르렀

대청댐 바로 위의 호반도로에 작은 주차장과 안내판을
보고 오른다.

다. 현지에서는 다람쥐가 나무에 매달려 있는 듯한 모습과 같다고 '다람절'
이라 부르기도 한다. 어떤 분은, "나 어릴 적에는 여기로 소풍을 왔는데 '현
사절'이라 했어요."라고 말하기도 했다.

살펴보면 줄임 표현으로 '현사'라 하다가 '절'을 중첩한 표현이다. 그리해서
'현싸쩔'로 발음한 것은 아닐지. 대청댐이 건설되기 이전에는 댐의 아래에
서 나룻배를 타고 건너 가파른 비탈길을 올라서 절에 왔다고 한다.

주요 유물로는 대웅전 옆 용화전 안의 미륵석불좌상이 있다. 창건주인 선

석조미륵좌상 창건주인 선경대사가 자연석에
조각했다고 전한다.

대웅보전 원효는 이 자리가 청룡의 등에 해당
하는 위치라고 하였다.

원효스님, 그 마음을 찾아서

경대사가 자연석에 조각했다고도 한다. 두상이 크고 이목구비가 뚜렷하며, 법의는 선각하였으며, 양손을 모아 결가부좌하고 있는 모습이다. 높이 110cm이다.

「발심수행장」 넷째, 의식주에 얽매이지 말고 절제하고 자족해야 한다

> 飢餐木果 慰其飢腸 (기찬목과 위기기장)
> 渴飮流水 息其渴情 (갈음유수 식기갈정)
> **배고프면 나무 열매로 주린 창자를 달래고,**
> **목이 마르면 흐르는 물로 갈증을 풀라.**

원효스님은 이어서 맛있는 음식을 먹으며 자신의 몸을 애지중지 길러 보아도 이 몸은 끝내 무너질 것이며 부드럽고 좋은 옷 입혀 지키고 보호해도 이 목숨 반드시 끝나고 만다고 하였다. 어렵고 가난하게 살라는 의미가 아니고 절제하고 스스로 만족한 삶을 위해 짧은 인생을 허비하지 말고 수행에 힘쓰라는 말씀이다.

창룡사(蒼龍寺), 원효스님이 관세음보살을 만나다

- ○ **주소** 충청북도 충주시 고든골길 63-89 (충주시 직동 367-1)
- ○ **원효 관련** 창건연대 미상(655년 추정), 원효성사 창건
- ○ **주요 관점** 관세음보살 좌상, 청석탑

일주문 앞에 서서_ 원효와 관세음보살 현신

원효가 충주를 지나던 중 한 객주에 머물면서 꿈을 꾸었다.

푸른 용이 여의주를 물고 희롱하는 것을 보고 하염없이 쫓아갔다. 얼마 후 목이 매우 탔다. 물을 찾으려 주위를 두리번거리다가 아름다운 여자를 만났다.

아미타 삼존불을 모신 극락보전 뒤에 삼성각이 있다.

원효스님, 그 마음을 찾아서

주차장에서 보이는 전경 높은 축대 위에 넓은 마당과 전각이 있어 한때 번창하였음을 알 수 있다.

그녀가 표주박에 물을 떠주면서,

"이곳이 참 좋지요?"

라고 했다. 그런데 물맛이 꿀처럼 달았다.

곧 꿈을 깬 원효는 그녀가 관세음보살인 줄 알고 신기로움에 꿈에 본 그곳을 찾아 나섰다. 지금의 절터에 이르러 꿈과 똑같음을 알게 되었다. 그래서 여기에 절을 지어 부처님을 모시고 창룡사라고 하였단다.

🪷
절로 가는 길, 절집 이야기

충주시 남산 기슭에 있는 창룡사는 원효가 창건하였다. 창건 시기는 문무왕 5년(665년)일 가능성이 크다. 왜냐하면 근처인 충북 청원의 현암사를 665년에 그가 중창했기 때문이다.

약사불 부조 축대에 붙박이 형태로 모셨다.　　**다층청석탑**(충북 문화재자료) 높이가 97cm이다.

창룡사는 다층 청석탑(青石塔) 등의 유물로 보아 창건 시기가 신라시대로 올라가는 절임을 알 수 있다. 20세기 초반에 작성된 「중수기」에 의하면 고려 후기에는 나옹화상이, 조선 선조 때에는 서산 대사가 중수를 하였다고 한다. 그러나 1870년(고종 7)에 충주 목사가 창룡사 법당을 헐어 수비청(守備廳)을 지음으로써 옛 자취가 사라졌다.

그런데 현재 충주 관아 건물인 청녕헌(清寧軒)과 충주 제금당(製錦堂)에 입혀진 기와가 창룡사에서 사용되었음을 1984년 관아 건물을 중수할 때, 명문(名文) 기와를 통해 확인할 수 있었다. 조선조 말기에도 여전했던 불교 탄압의 흔적을 엿볼 수 있다.

현존 건물로는 극락보전과 산신각, 요사 등이 있다. 이중 주법당인 극락보전에는 아미타불과 관세음보살, 대세지보살을 봉안하였는데, 현재 20년 정도 되었다.

성보로 관세음보살좌상과 청석탑, 범종이 전해진다. 이중 관세음보살좌상은 1730년(영조 6)에 조성된 것으로 높이가 98cm이며, 속리산 법주사에서 옮겨온 것이다.

꽃

「발심수행장」 다섯째, 갈애와 애욕을 버리고 도를 닦아야 한다

行者羅網 狗被象皮 (행자라망 구피상피)
道人戀懷 蝟入鼠宮 (도인연회 위입서궁)
수행자가 애욕에 빠져 버리면 개가 코끼리 가죽을 뒤집어쓴 꼴이며,
세속의 애정을 품는 것은 고슴도치가 쥐구멍을 찾아든 격이다.

들어가기는 쉬워도 일단 들어가면 나오기 어렵다는 뜻이다.

사랑은 인간에게 최고의 기쁨을 주는 것이지만 그만큼 나를 희생하고 나 자신을 태우는 일이기도 하다. 때문에 심신이 피곤하거나 생활의 리듬이 깨져서 헤어 나오지 못하는 경우도 생긴다. 그래서 채우지 못하는 애욕은 그리움에 빠지고 마음이 산란하여 제대로 도를 닦기가 어렵게 된다.

원효스님은 요석공주와의 만남에서 그 어려움을 잘 알고 겪었을 것이다. 그 심사를 벗어나기 위해서 자신에게 한 말은 아니었을까.

은석사(銀石寺), 원효스님의 흔적은 없어도

銀石寺

- **주소** 충청남도 천안시 동남구 북면 은지3길 78-42(북면 은지리 1-6)
- **원효 관련** 연도 미상, 문무왕 때 원효 창건
- **주요 관점** 목조여래좌상, 아미타극락도.

일주문 앞에 서서_ 사라진 탁발

필자가 사는 동네에는 태국식 절이 한 채 있다. 주말이면 태국인 노동자들이 많이 오고 너도 나도 깡통에 담아온 미꾸라지를 앞의 저수지에 방생하는 풍경이 아름답게 연출된다. 태국에서 오신 승려가 신도들에게 법문을 하시는 모습도 볼 수 있다.

은석사 전경 보광전과 뒤의 새로 지은 건물, 삼성각이 조출하다.

원효스님, 그 마음을 찾아서

어느 날 아침 나절에 태국에서 하는 일상처럼 스님 몇 분이 탁발을 나오셨다. 나는 채마밭에서 딴 토마토, 오이 등을 그릇에 담아 주었다. 받아 가는 그들의 모습이 참으로 순수하고 경건해 보였고 나에겐 즐거운 일이었다. 일주일, 또 한 주일이 지나면서 어느덧 아침에는 그들을 기다리게 되었다.

목조여래좌상 (유형문화재)

그런데, 며칠 후부터 나타나지 않았다. 탁발이 금지되었다는 것이다. 왜 금지하였는지 몹시 궁금하였으나 아마도 우리나라 전통에 따랐을 것으로 보인다.

오랜 전통이었던 탁발이 조선 말기부터 사회가 혼란해지면서, 사이비 승려들이 멋대로 속인들에게

아미타극락도 (문화재자료)

시주를 받아서 재물을 챙기는 행위가 빈번해졌다. 말이 승려들의 탁발이지 사실상 걸인들의 구걸과 다를 바 없게 되었던 것이다. 이 때문에 탁발 행위와 승려에 대한 인식이 매우 나빠지자, 대한불교 조계종 종단에서는 1964년에 아예 탁발 자체를 금지시켰고, 신도들의 자발적인 시주만 받도록 하였다. 종교적인 차원을 떠나서라도, 또 하나의 미풍양속이 사라진 아쉬움이 남는다.

보광전 목조여래좌상과 후불탱화로 아미타극락도가 있다.

절로 가는 길, 절집 이야기

천안 은석산 아래 위치한 은석사는 원효가 창건하고, 근세에는 경허, 만공 스님이 토굴 수행하시던 곳이다. 해발고도 455m 은석산 기슭에 있다.

사찰로 가는 길은 두 가지 방법이 있다. 기존의 길은 은석골까지 차량으로 이동 후, 은석골에서부터는 어사 박문수 묘로 올라가는 산길을 따라 도보 로 가는 방법이다. 다른 방법은 차량을 이용하여 사찰의 왼편 산자락을 돌 아 들어가는 임도를 따라가는 것이다. 산능선을 타고 꼬불꼬불 북쪽을 향 해 비포장도로를 3km 정도 올라가면 은석사가 나온다.

성보로는 목조여래좌상과 후불탱화로 아미타극락도가 있다. 목조여래좌상 은 높이 135cm, 폭 28cm로 오른쪽 어깨 위로 둥글게 걸친 우견편단식 법 의와 옷 주름이 표현되어 있다. 아미타극락도에는 설법하는 모습인 전법륜상 부처님과 10대 제자와 8대보살 및 사천왕을 양쪽으로 균등히 배치하고, 광배로부터 이어지는 선으로 간결하게 배경을 처리하였다. 이는 조선 철종 때인 1861년 제작되어 태화산 마곡사 부용암에 있던 것을 옮겨온 것이라 한다.

은석사 경내지 상당수는 고령 박씨 문중 소유로 되어 있다. 은석사 가람 위의 은석산에 충헌 박문수 묘가 있는 까닭이다.

「발심수행장」 여섯째, 세상일에 집착하지 말아야 한다

遮言不盡 貪着不已 (자언부진 탐착불이)

第二無盡 不斷愛着 (제이무진 부단애착)

此事無限 世事不捨 (차사무한 세사불사)

彼謀無際 絶心不起 (피모무제 절심불기)

교훈될 말은 다함이 없거늘 탐착을 끊지 못하며,

다음에는 잘해야지 다짐하면서 애착을 끊지 못한다.

수행의 길이 끝이 없는데 세상일을 버리지 못하고,

세속의 유혹에 빠져 끊을 마음조차 일으키지 못한다.

원효스님은 또 이렇게 경계하였다.

"어떤 세상의 집착에 빠져 이런 저런 구실을 달다 보면, 수행하기는 어려운 일이다. 오늘만, 오늘만 하지만 오늘은 다할 일 없으니 악업 짓는 날 허다하며 내일엔, 내일엔 하고 미루지만 내일도 다함이 없으니 선업 짓는 날 적다."

4.

경북 북부권역

심원사(深源寺), 깊은 계곡의 정적에 잠겨서

- **주소** 경상북도 문경시 농암면 청화로 380-101(농암면 내서리 574-2)
- **원효 관련** 660년 원효 창건
- **주요 관점** 일주문, 대웅전, 용왕상, 쌍용계곡과 폭포

일주문 앞에 서서_ 참으로 맑은 마음

심원사는 물이 풍부한 절이다. 쌍용계곡의 휘돌아 흐르는 여울물을 보며 오르다 보면 숲속 작은 계곡마다 물이 넘쳐난다. 심원사 경내에 들어서면 작은 다리 아래로 도랑물이 흐르고 여기를 건너면 마당에 샘이 있어 펑펑 물이 나오고 있다.

대웅전 옆에 장독대가 있는데, 항아리 위에 맑은 물이 담긴 하얀 사기그릇

대웅전 단청을 하지 않아 오히려 맑고 깨끗해 보인다.

원효스님, 그 마음을 찾아서

일주문 일주문이라기보다 개인 주택의 대문이라 할 만큼 소박하다.

이 보인다. 누군가가 떠다 올린 정화수 같았다.

우리 옛 여인들은 기원할 때, 하얀 사기그릇이나 깨끗이 씻은 바가지에 물을 떠서 장독대에 올려놓고 빌었다. 이른 새벽에 길은 우물물을 올리기 때문에 정화수(井華水)라고 한다. 이런 정화수를 올리고 아무도 모르게 기도하는 아름다운 모습이 우리의 어머니였고 할머니였다.

정화수는 가장 간소하고 가장 정갈하다. 목욕재계를 하여 몸과 마음이 깨끗하면 되고 새벽에 떠온 맑은 물이면 된다. 심원사 이 깊은 산속에서 맑은 공기까지 더하여, 이 정화수를 떠서 올리고 기도하는 여인의 모습을 그려 본다. 그 정성은 참으로 맑은 마음일 것이다.

절로 가는 길, 절집 이야기

유명한 도장산 쌍용계곡을 지나다 보면 터널이 나오고 바로 용추교가 나오는데, 이 용추교를 건너면 작은 주차장이 있고 여기가 바로 심원사 입구

용왕상 의상대사와 윤필거사, 용왕의 설화가 있는 곳.

이다. '심원사 1.3km'라는 이정
표를 보고 좁은 산길을 올라간다.
험하지는 않으나 기암과 울창한
숲이 혼재되어 있어 매우 깊은 계
곡임을 느낄 수 있다.

660년 원효가 창건하여 창건 당
시에는 도장암(道藏庵)이라고 하
였다. 심원사는 수행처 분위기가

대웅전 상단 관음보살과 지장보살이 협시하고 있다.

풍기는데 원효 관련 사찰의 특징이다.

의상대사와 윤필거사는 이 절 근처 쌍룡계곡에 사는 용왕의 아들에게 글을
가르친 뒤 용왕의 초대를 받아 용궁에 다녀왔는데, 용왕으로부터 극진한
대접을 받고 월겸(月鎌: 낫), 월부(月斧: 도끼), 요령 등을 선물로 받았다고 한

다. 이 중 요령이 요령산 원적사라는 절에 보관되어 있었다고 하나 현재는 행방을 알 수 없다.

천년 고찰이기는 하나 작은 일주문, 대웅전, 삼성각, 요사채가 전부인 작고 소박한 절이다. 비교적 터가 넓어 텃밭, 연못, 우물 등이 넉넉히 있다. 1958년 대화재로 소실되었다가 1964년 재건축하여 오늘에 이르고 있다.

🪷
「발심수행장」 일곱째, 세월 속에서 삶이 무상함을 알아야 한다

> **時時移移 速經日夜** (시시이이 속경일야)
> **日日移移 速經月晦** (일일이이 속경월회)
> **月月移移 忽來年至** (월월이이 홀래연지)
> **年年移移 暫到死門** (년년이이 잠도사문)
> **시간 시간 흘러가서 하루가 잠깐이고,**
> **하루 하루 흘러가서 한 달이 훌쩍 가고,**
> **다달이 얼른 지나 한 해가 홀연히 가고,**
> **연년이 문득 지나 죽음에 이른다.**

원효스님은 이미 부서진 수레라 가지 못하니 늙어서는 닦지 못하고 눕고 싶고 게을러질 뿐 애써 자리를 틀고 앉아 보았자 번뇌 망상으로 어지러울 뿐이라고 하였다.

또 수행자로서의 절박함을 이렇게 말했다.

"몇 생을 닦지 아니하고 밤낮으로 허송세월 보냈는데 얼마나 산다고 이 한 생을 닦지 않으랴. 이 생에서 닦지 않은 몸이 다음 생엔 어찌하려는가. 생각할수록 바쁘고 급하지 않은가." (그러니 치열하게 수행하라.)

원적사(圓寂寺), 원효스님은 십승지를 아시고

- **주소** 경상북도 문경시 농암면 우복동길 220-1369 (농암면 내서리 산 1)
- **원효 관련** 660년 원효성사 창건
- **주요 관점** 원적사 법당과 내부, 원효성사 진영, 부처님탑

일주문 앞에 서서_ 산을 열었다

우리나라 산 이름을 보면 비로봉, 연화봉, 관음봉 등 불교적인 이름이 매우 많음을 알 수 있다. 비로봉은 비로자나불이 계심을 상징하고 관음봉은 관세음보살을 상징한다. 연화봉은 불교를 대표하는 상징으로 많은 의미를 내포하고 있다.

법당 뒤의 바위봉 법당 뒤라서 광배 같은 역할을 하여 '부처님 탑(佛塔)'이라고 부른다.

원효스님, 그 마음을 찾아서

석가여래와 후불탱 석가여래를 모시고 좌우에 원효와 중창주인 석교율사를 모셨다. 후불탱화를 검은 바탕에 금선으로 그려서 '흑지금선묘'라고 한다.

절을 산사(山寺)라고 하는 데, 산에 있는 절이기 때문에 당연히 그리 부르게 된 것이다. 이것은 절과 산을 따로 보지 않기 때문이다. 보통 절의 이름을 말할 때, 청화산 원적사, 영축산 통도사, 금정산 범어사라고 부르듯 산과 절을 하나로 인식하기에 일주문에도 ○○산 ○○사라고 쓴다.

절의 창건 기념 행사에서도 '개산재(開山齋)'라 하여 '산을 열었다'라는 말을 사용하고 처음 절을 연 스님에게도 개산조(開山祖)라고 한다. 이를 생각해 보면 절과 산이 하나이며 산 자체가 곧 거대한 절이라는 뜻이다.

오대산 비로봉을 오를 때에나, 소백산 비로봉을 오를 때, 치악산 비로봉을 오를 때에도, 비로자나불을 마음에 담고 올라야 할 것 같다. 금강산 비로봉이야 당연히.

후덕한 아저씨 같은 인상의 **해동초조원효대사진영(海東初祖 元曉祖師眞影)** 100여 년 전 석교율사 진영과 같은 연대에 그려진 것으로 추정.

🪷
절로 가는 길, 절집 이야기

『택리지』를 쓴 이중환이 극찬했던, 십승지 중 하나인 문경 우복동(牛腹洞)으로 들어가면 평화로운 마을이 나온다. 이 마을 뒤로 가파른 산길을 1km쯤 올라가면 청화산 700m 고지에 원적사가 있다. 660년 원효가 창건하였다.

청화산 건너편 도장산 심원사를 창건할 때 의상대사와 윤필거사가 함께 창건하였다고 추정한다. 원적사에서 심원사까지는 직선거리로 약 5km 정도이다. 원효가 심원사 밑 개울인 용소(龍沼; 쌍용계곡)에서 요령을 얻어서 원적사에 갖다 놓았다는 전설이 있는데, 그 요령은 현재 직지사 박물관에 보관되어 있다. 그러나 그 요령은 고려시대 작품이라는 것이 거의 정설이다.

풍수지리설에 따르면 비학승천혈(飛鶴昇天穴)이라는 명당에 있어 옛날부터 깨달음을 빨리 얻을 수 있는 수도처로 이름났다. 석교대사(石橋大師)가 1885년 중수하였고, 1903년 서암(西庵)이 큰방과 요사, 조실 등을 세워 크게 중창하였다.

현재 건물은 1987년에 낙성식을 했다.

✿

「발심수행장」여덟 번째, 늘 속죄하는 마음으로 수행해야 한다

　　　自罪未脫 他罪不贖 (자죄미탈 타죄불속)

　　　是故破戒 爲他福田 (시고파계 위타복전)

　　　如折翼鳥 負龜翔空 (여절익조 부귀상공)

　　　자신의 죄를 벗지 못하고서 남의 죄를 풀어 줄 수 없다.

　　　그러므로 파계한 이가 남의 복 밭이 되는 것은

　　　날개 부러진 새가 거북을 등에 업고 하늘에 오르려고 애쓰는 것과 같다.

자기의 죄 업보를 벗어버려야 타인의 죄업도 녹여줄 수 있다는 말이다. 계
율을 지키지 못하고 수행하지 않은 몸은 이익될 게 없으니 항상 자기 자신
을 성찰해야 한다. 속죄하는 마음으로 자신을 성찰해야 발전할 수 있으며
다른 사람에게도 좋은 모범이 될 수 있다.

대승사(大乘寺), 사면석불은 여전히 굽어보시고

- **주소** 경상북도 문경시 산북면 대승사길 283(산북면 전두리 8)
- **원효 관련** 587년 망명비구가 창건. 원효, 의상, 윤필이 수도하던 곳
- **주요 관점** 대승사 금동보살좌상, 사면석불상, 노주석, 윤필암 사불전

일주문 앞에 서서_ 보러 온 것과 뵈러 온 것

대승사 탐방을 마치고 사면석불상을 만나러 가까이에 있는 윤필암으로 갔다. 마침 경내 공사를 하는 데 비구니 스님이 서 계셨다.

"어찌 왔노?"

"네, 사면석불을 보려구여."

"보러? 보려면 저 산으로 올라가고, 뵈러면 저기 사불전으로 가라."

윤필암 사불전 저곳에 들어가야 사불상을 볼 수 있다.

원효스님, 그 마음을 찾아서

사면석불상 윤필암에서 40분 정도 오르면 만난다.

'보러 온 것'과 '뵈러 온 것'의 엄청난 차이를 스님이 일깨워 주는 순간이
었다.

우리 일행이 원효스님의 흔적을 찾아다니며 탐방하며 연구하고 기록하고
사진으로 정리한다는 말씀을 드렸더니,

"잘하네."

라고 한마디 하시더니 여전히 공사 현장만 보고 계신다.

대체로 절에서 스님을 만나면 불친절하다고 느낀다. 수행 중인 스님이 긴
대화를 하거나 일일이 관여하지 않기 때문에 생기는 오해일 수 있다. 그래
서 늘 그러려니 하며 스님들을 대한다.

산에 올라 사면석불 탐방을 마치고 차를 타려고 하는 데, 아까 그 비구니 스
님이 다가오시더니,

"보소. 좋은 일하는 데 여비로 쓰이소. 많이는 못 드리지만."

봉투를 건네고 스님은 깔끔하게 돌아서 가신다.

윤필암을 나오며 봉투를 열었다. 쌈짓돈을 모아 다니는 우리 일행은 만금을 얻은 기분이었다.

절로 가는 길, 절집 이야기

『삼국유사』권3 「사불산조」에 이런 기록이 있다.

587년 커다란 비단 보자기에 싸인 사면석불이 공덕봉(功德峰) 중턱에 떨어졌는데, 사면에 불상이 새겨진 사불암(四佛岩)이었다. 진평왕이 소문을 듣고 그곳에 와서 예배하고 절을 짓게 하고 '대승사'라고 사액하였다. 망명 비구(亡名比丘)에게 사면석불의 공양을 올리게 하였는데, 망명 비구가 죽고 난 뒤 무덤에서 연꽃 한 쌍이 피었다. 그 뒤 산 이름을 사불산 또는 역덕산이라 하였다.

미면사와 화장사 유물들이 대승사에 보관되었다고 한다. 산내암자로는 윤

대웅전 백련당과 만세루를 지나 가장 안쪽에 자리잡고 있는 장중한 느낌의 단청이 압도한다.

원효스님, 그 마음을 찾아서

필암(최고의 경치), 묘적암, 보현암 등이 있다. 윤필암의 명칭은 원효와 의상이 각각 사불산 화장사와 미면사에서 수행할 때 의상대사의 이복동생인 윤필이 이곳에 머물렀다 하여 이름 지었다고 한다.

여러 차례 소실과 중창을 거쳐 오늘에 이르고 있다. 대승선

목각 아미타여래설법상 (국보)

원, 대웅전 앞 양쪽 석등의 흔적, 극락전, 응진전, 삼성각, 템플스테이 전용관 등 큰절의 면모를 두루 갖추고 있다. 문화재로는 15세기 후반에 조성한 대승사 금동보살좌상(보물)과 목각탱부 관계 문서(보물)가 있다.

윤필암 사불전에 가야 사면석불상을 볼 수 있으며, 사면석불상을 만나려면 약 40분 정도 산길을 올라야 한다.

원효의 정토 사상과 대중화의 길

서방정토에 머물면서 중생을 극락으로 이끈다는 부처가 아미타불이다. 인간의 한계 상황인 죽음을 물리치고 영원한 생명을 주시는 부처님이자, 죽음과 절망의 고통에서 인간을 구제해 주는 무한한 빛이며, 영원한 생명의 부처님이시다. 그래서 아미타 부처님은 무한한 빛으로서 무량광불(無量光佛)이고, 무한한 생명으로서 무량수불(無量壽佛)이라 한다.

아미타불을 깊이 생각하고 소리내어 부르면[念佛] 그 이름을 부르는 사람들이 모두 정토에 태어나 복을 누린다고 한다. 지금도 많은 사람들이 "나무아미타불"을 가장 익숙한 염불로 알고 있다.

불교는 스스로 수행하여 깨달음을 이룸으로써 해탈을 성취하려는 '자력구원'의 종교였는데, 보다 대중적인 종교로 발전하면서 부처와 보살의 본원력에 의지해 중생을 구제한다는 '타력구원' 사상으로 전환되었고, 그 대표적인 것이 바로 정토사상이다.

신라 당시에는 왕실불교였고 귀족불교였으니 배움이 없는 일반 민중은 근접할 수도 없고 자세히 알지도 못했으니 막연히 소원 성취를 위한 기복 불교일 수밖에 없었다.

그러던 7세기 중엽은 여러 스님들에 의해 신라 불교의 대중화가 서서히 시작되는 시기였다. 그 대표적인 스님이 원효이다. 스님은 정토사상을 정립하면서, 중생 스스로 굳건한 믿음과 지극한 신심을 가지고 "나무아미타불"을 열 번만 염불하면 누구나 극락세계에 갈 수 있다고 설법하였다.

그러니 전쟁과 가난에 시달리던 많은 신라인들이 호응하였다. 현실적으로 고통받고 있는 민중에게는 엄격한 계율이나 형이상학적 이론보다 정토를 지향하는 염원으로 삶을 헤쳐나갈 지혜가 필요함을 인식하고 대중적 정토신앙의 길을 열어놓은 것이다.

스님의 불교 대중화는 정토사상에서 시작되었다고 해도 과언이 아니다. 원효 외에도 혜공, 혜숙, 대안 등이 당시 불교 대중화를 이끈 스님들이라고 한다.

부석사(浮石寺), 영원한 도반 의상과 원효의 흔적

- **주소** 경상북도 영주시 부석면 부석사로 345(부석면 북지리 157)
- **원효 관련** 676년 의상 창건, 원효 방문
- **주요 관점** 무량수전 등 국보(5점), 보물(6점), 원효와 의상 진영

일주문 앞에 서서_ 신선이 사는 집

고승이 짚고 다니던 지팡이를 꽂았더니 싹이 나서 자랐다는 '지팡이 설화'
는 매우 많다. 그 지팡이는 은행나무, 주목 등이 대표적이다. 여기에는 지팡
이로 쓰던 나무와 스님이 일체라는 것이고 생사를 같이한다는 의미가 내포

무량수전 목조여래좌상과 후불탱화로 아미타극락도가 있다.

선묘낭자상 비극적이면서 사랑의 극치를 보여준 설화는 충남
서산의 부석사에도 같은 이야기가 전한다.

되어 있다. 곧 죽은 나무인 지팡이가 살아난다는 것은 스님이 살아난다는
것이고, 이는 다시 이 세상에 오신다는 함의로 봐야 할 것이다.

부석사의 조사당은 개산조 의상대사 진영을 모신 곳인데, 조사당 처마 밑
에는 '선비화'*라는 나무가 있고 이를 철망을 쳐서 보호하고 있다. 여기엔
이런 설화가 있다.

의상대사가 지팡이를 꽂으면서 말씀하셨단다.

"이 나무가 싱싱하게 잘 자라면 나도 세상 어느 곳엔가 살아있을 것이고,
이 나무가 시들어 죽으면 나도 생을 마칠 것이다."

물론 생물학적 죽음을 말씀하시는 것은 아니고 아마도 의상대사는 화엄세
계가 이루어지기를 절실히 기원했을 것이다.

* 선비화(仙扉花); 신선이 사는 꽃이란 의미.

원효스님, 그 마음을 찾아서

절로 가는 길, 절집 이야기

부석사는 676년 의상대사가 당나라 유학에서 돌아와 창건했다. 화엄종의 근본도량(根本道場)으로서 화엄 대교(大敎)를 펴던 곳이다. 또한 인연이 깊은 원효와 자주 오고 가는 관계였음을 알 수 있다. 이를 증명하듯 부석사 조사당에는 의상소상, 원효진영, 선묘진영이 함께 봉안되어 있다.

무량수전 현판 공민왕이 썼으며 현존하는 최고(最古)의 사찰 편액으로 680년 전 모습 그대로 무량수전의 가치를 더하고 있다.

창건에 얽힌 의상과 선묘 아가씨의 애틋한 사랑 설화는 잘 알려져 있다. 용이 된 선묘룡은 항상 의상을 따라다니며 그를 지켰다. 부석사 터에 자리를 잡은 도적 무리의 방해로 의상이 곤경에 처하자, 선묘룡은 허공에서 변신을 일으켜 커다란 바위로 변해 도적들 머리 위로

조사당(국보) 의상과 원효, 선묘낭자의 진영이 있고, 추녀 밑에는 전설의 '선비화'가 지금도 살아 있어 보호받고 있다.

둥둥 떠다녔다. 그제야 도적들이 겁을 먹고 의상에게 귀의하였다. 그 바위가 지금도 부석사의 부석(浮石)으로 남아 있다. 여기서 도적이란 원주민이었을 것이고 그들이 저항하면서 일어나는 사건이 설화로 발전된 것으로 본다. 충남 서산 부석사도 이와 비슷한 이야기가 전해 온다.

경내에는 무량수전, 조사당, 소조여래좌상, 조사당 벽화, 무량수전 앞 석등

등 국보와 3층 석탑, 석조여래좌상, 당간지주 등 보물이 있다.

워낙 오래된 사찰이다 보니 여러 시대를 거치며 보수·중축했거나 하나씩 늘려간 것들이다. 부석사는 676년 신라 문무왕 때 창건했고, 무량수전은 고려 중기 건물이고, 무량수전 앞 석등은 9세기, 안양루는 조선시대 건물이다. 그래서 건축양식의 역사를 한눈에 볼 수 있는, '사찰과 건축박물관' 역할을 하고 있다.

원효의 '일심 사상'

일심(一心)이란 "마음의 절대적이며 커다란 어떤 것으로, 언어로 규정할 수 없는 것이며, 세상 만물의 실체이며 조화로운 전체이다."라고 요약해 본다. 정경환 교수의 『원효 강의』에서 '일심론'과 서영애 교수의 글을 소개하면 다음과 같다.

> 일심은 궁극적 경지이고 지극한 원리이고 존재의 근원이고 대승의 진리이고 존재하는 모든 것의 본질이라고 할 수 있다. 원효는 이 일심에 대해 고민 끝에 다음과 같이 언급하고 있다.

> 무엇을 일심이라 하는가? 더러움과 깨끗함의 모든 법은 그 성품이 둘이 아니고, 참됨과 거짓됨의 두 문은 다름이 없으므로 하나라 이름한다. 이 둘이 아닌 곳에서 모든 법은 가장 진실되어 허공과 같지 않으며, 그 성품은 스스로 신령스레 알아차리므로 마음이라 이름한다. 이미 둘이 없는데 어떻게 하나가 있으며, 하나도 있지 않거늘 무엇을 두고 마음이라 하겠는가. 이 도리는 언설을 떠나고 사려는 끊었으므로 무엇이라 지목할지 몰라 억지로 일심이라 부른다.

이렇게 정경환 교수는 원효의 『대승기신론소』를 인용하여 강의하였다.
그리고 이어서 서영애 교수가 언급한 『금강삼매경론』의 "무리지지리 불연지대연(無理之至理 不然之大然)"을 다음과 같이 소개하였다.

> 대자연의 실체의 이상은 법리가 없는 것처럼 보이지만 사실은 지극한 도리를 나타낸 것으로서, 또 그러하지 않은 것처럼 보이는 것이 사실은 법상(法相)이 대자연의 실상을 그대로 나타내고 있다는 의미로서 무리(無理)의 지리(至理), 불연(不然)의 대연(大然)이라고 표현하고 있는 것이다. 우주의 삼라만상은 항상 변화하고 생성하고 있다. 그러한 자연의 쉽없는 운행의 실상은 공성(空性)이라고 설명할 수 있지만, 모든 것이 진속(眞俗), 이사(理事), 유무(有無) 등의 분별이 있는 것도 아니며, 자연 그대로 항상 운행하는 것이다. 즉 자연의 실제는 그야말로 이치대로 흘러가고 있다. 그것은 무리의 지리, 불연의 대연이라고 말할 수 있는 것이다. 원효의 일심의 원리는 바로 그러한 것을 나타내는 것이다.

그러하기 때문에 일심은 대승이고 여래고 진여이고 본체이다.

각화사(覺華寺), 원효스님의 흔적은 찾을 길 없으나

- **주소** 경상북도 봉화군 춘양면 각화산길 251(춘양면 석현리 559)
- **원효 관련** 686년 원효 창건
- **주요 관점** 월영루, 삼층석탑, 귀부, 남화사터 쌍탑

일주문 앞에 서서_ 지장보살이 애기를 안고 있는 이유는

어머니 자궁 안에서 성장한 태아의 영을 태아령이라고 부르며, 태아령의 천도를 위한 지장보살을 태안지장(胎安地藏)이라고 부른다. 오른손에는 석장을 짚고 왼손으로는 동자를 안고 있는 모습은 다음과 같은 일본 불교설화에서 유래한다.

이승과 저승 사이에 삼도(三途) 강(江)이 흐른다. 삼도란 생전의 업에 따라

대웅전에서 내려다 본 월영루

원효스님, 그 마음을 찾아서

통진대사비의 귀부 (경북 유형문화재)
고려 전기의 작품이다.

남화사 삼층석탑 (보물) 고려의 옛 사찰인 남화
사터에 있으며 춘양 시내에 있다.

선량한 사람, 죄가 가벼운 사람, 죄가 무거운 사람에 따라 달리 다리를 건너
게 된다.

그런데, 이 강가 모래밭에는 부모 자식의 인연이 두텁지 못해 어려서 죽은
갓난아이와 햇빛도 보지 못하고 죽어간 핏덩이들이 모래밭에서 고사리 손
을 모아 탑을 쌓고 있다고 한다.

부처님 공덕을 빌어 삼도의 강을 건너려 고사리손을 모아 돌 하나를 들고
어머니를 생각하며 합장하고, 다시 돌 하나를 들어 아버지를 생각하며 탑
을 쌓는다.

그러나 탑 하나가 완성되어 갈 때쯤이면 저승의 도깨비들이 나타나 호통을
치며 쇠방망이로 탑을 부숴 버린다. 애써 쌓아 올린 탑이 무너져 내리면 어
린 영혼들은 그만 모래밭에 쓰러져 서럽게 서럽게 울다 지쳐서 잠이 들어
버린다. 그때 지장보살이 눈물을 흘리며 나타나서 옷자락으로 어린 영혼을
감싸안으면서,

"오늘부터는 나를 어머니라고 불러라."

하면서 삼도의 강을 건너게 해 준다고 한다. 가슴이 에이고 뼈를 깎는 듯한
슬픈 이야기이다.

저승의 어머니 지장보살에게 의탁하여 부모 죄업을 씻고 어린 영혼을 천도하는 의례는 이로부터 시작되었다. 어둠에서 어둠으로 스러져 간 어린 넋들의 천도를 발원하고 우리들의 죄업을 참회하기 위해서는 간곡한 마음으로 지장보살을 불러야 한다. 저 대지가 모든 오물과 쓰레기를 모두 용해시켜 새로운 생명을 탄생시키듯 지장보살은 어떠한 죄인이라도 모두 받아들여 용서하고 새 생명을 꽃피운다.

🪷 절로 가는 길, 절집 이야기

태백산 정상에서 남쪽으로 12km 정도 내려오면, 각화산이 있고 그 아래에 조선 10승지 중 하나인 이 지역에 각화사가 있다. 탄허스님이 와서 보고는 "오룡(五龍)이 여의주를 다투는 형국이다. 인위적으로 만들어도 이렇게는 만들기 어려운 명당"이라 극찬했다고 한다.

686년에 원효가 창건하였다. 현재 춘양고등학교에 자리 잡았던 남화사(覽華寺) 대신에 스님이 새로 사찰을 세우면서 옛 절인 남화사를 생각한다는 의미로 각화사(覺華寺)라고 하였다.

그런데 범종각에 있는 「봉화군태백산각화사중건기」에 의하면 문무왕 때 창건한 것으로 기록되어 있다. 귀부의 안내표지판에는 창건 시기가 686년으로 기재되어 있다.

여러 차례 중건 및 중수를 거쳐, 1606년(선조 39) 삼재불입지(三災不入地) 중 하나인 이곳에 태백산사고(太白山史庫)를 건립하여 왕조실록을 수호하게 한 뒤, 800여 명의 승려가 수도하여 국내 3대 사찰의 하나가 되었다.

1913년 의병을 공격하기 위하여 일본군이 사고와 절을 불태웠다고 하는데, 혹은 1945년 광복 후 소실되었다고도 한다. 1988년 사고 건물을 발굴하고 사고지를 정비하여 1991년에 사적 제348호로 지정하였다.

부속 건물로는 대웅전, 태백선원, 월영루, 산령각 등이 있다. 중요문화재로는 귀부(龜趺)와 삼층석탑이 있다. 귀부는 시대나 유래 등은 알 수 없다. 삼층석탑은 완전히 도괴된 것을 다시 모아 조성한 것으로, 높이는 약 3m이며 체감률이 낮고 상륜부가 없다.

춘양 시내에 있는 남화사지에는 보물로 지정된 봉화 서동리삼층석탑 2기(일명 쌍탑)가 있으며, 2기 가

이끼가 많이 낀 고탑 많은 사연을 간직한 듯 정형이 아닌 이형으로 신비스럽다.

운데 동탑에서 사리병과 소형 토탑(土塔) 99기가 둘러싼 사리장치가 발견되었다.

원효의 '화쟁 사상'

화쟁(和諍)의 '화'는 '조화롭다'이며, '쟁'은 '다투다'라는 뜻이다. 다툼이 서로 화합하여 하나로 통하게 한다라는 의미로서 이는 '일심론'을 바탕으로 하여 현실세계에서 실천하게 하는 가르침이다.

부처님의 가르침이 모순과 대립, 다툼이 없는 절대 조화의 세계를 지향했듯이, 스님도 모순과 대립이 있는 현실에서 그 다툼을 조화롭게 극복한 하나의 세계를 지향하였다.

모순과 대립은 어느 사회에서나, 어느 시대에서나 늘 있기 마련이다. 스님이 살던 당시 신라는 매우 혼란스러운 시대였다. 견고한 신분제로 인한 갈등, 고구려와 백제와의 쟁투에서 일어나는 백성들의 피폐한 삶이 그러했고, 거기다가 통일된 국가로서 고구려와 백제 유민들과의 사회적, 정서적 이질감도 극복해야 했다.

무엇보다 부처님의 가르침에 대한 각 종파간 대립이 매우 심각해서 당나라에서 각기 다른 스승한테 배운 교리를 가지고 오로지 자신만이 옳다고 고집하는 경우가 많았다. 정토회 법륜스님은 어느 방송에선가 이렇게 말씀하셨다.

"서울로 가려는데 어느 방향으로 가야 하냐고 묻는다면, 인천에서는 동쪽으로 가라 하고 수원에서는 북쪽으로 가라 하고 양평에서는 서쪽으로 가라 합니다. 이렇듯 부처님 말씀은 하나인데 각기 배우는 방편이 다를 뿐인데 다툴 일은 아니지요."

스님의 '화쟁'은 여러 대립과 갈등을 극복하고 조화시키려는 사상이다. 하나의 진리에 귀결시키려는 사상이다. 독선이나 아집에 빠지지 말고 서로의 다양성을 인정하고 크고 넓은 일심으로 돌아오라는 것이다.

스님은 그 어느 교설이나 학설을 고집하지도 버리지도 않았다. 언제나 분석하고 비판하고 긍정과 부정의 두 가지 논리를 융합하여 보다 높은 차원에서 새로운 가치를 찾았다.

오늘날 우리에게는 매우 중요한 시사점을 주는 가르침이다. 내 주장만이 옳고 다른 주장들은 다 틀렸다는 식의 생각도 그렇지만, 다른 사람의 주장은 아예 들으려고도 하지 않는 독선이 큰 문제이다. 적절한 타협과 조화가 아쉽다.

청량사(清凉寺), 청량하면서 사연도 많은 清凉寺

○ **주소** 경상북도 봉화군 명호면 청량산길 199-152(명호면 북곡리 247)
○ **원효 관련** 663년 원효 창건, 의상대사 수행
○ **주요 관점** 삼각우송, 유리보전, 목조지장보살 삼존상, 건칠약사여래좌상

일주문 앞에 서서_ 시간을 태워

누구나 자신의 한 생애가 저물어 가는 걸 느낄 때면, 이런 낱말들이 가슴에
잠기지 않을까?

다비식, 연화봉, 천도재, 사리탑 그리고 시간과 추억들 ….

잠시, 내 주변의 지인들 중에서 이미 세상을 떠난 분들을 생각해 본다.

청량사 전경

청량사 굴뚝에서 연기가 오르는 저물녘

- 이경렬 -

다비식의 사위는 불빛이던 노을이

연화봉 너머로 사라지면

바람도 슬며시 뜨락에 잦아든다

천도재 마친 늙은 보살은

어느새 흔적 없이 떠나가고

빈자리에 사리탑이 홀로 섰다

청량사 낮은 굴뚝

시간을 태워 하늘로 돌려보내고 있다

절로 가는 길, 절집 이야기

춘양에서 안동으로 가는 35번길에서 청량사 입구로 좌회전하여 들어가면
바로 '청량지문'이 있고, 여기를 지나면 청량사로 올라가는 길이 있으나 매
우 가파르다. 1km쯤 더 올라가면 입석주차장이 나온다. 차를 두고 이정표
를 따라 1.3km 가면 청량사이다.

663년에 원효와 의상이 연대사(蓮臺寺)를 중심으로 26개의 암자를 창건하
였다고 전하는데, 663년은 의상이 당나라 유학 중이므로 원효가 창건한 것
이 타당성이 있다.

연화봉을 배경으로 자리잡은 청량사를 내청량사, 절벽길을 돌아서 20여분
쯤 가면 금탑봉 아래 응진전이 있는 곳을 외청량사라고 부르기도 한다.

원효스님, 그 마음을 찾아서

삼각우송과 오층석탑 부처님의 진신사리 5과가 봉안되어 있다.

창건 이후 오랫동안 폐사로 남아 있었기 때문에 중건 등의 역사는 전하지 않으나, 창건 당시 승당 등 부속건물 27동을 갖추었던 큰 사찰이었다고 한다.

청량사 법당은 유리보전이 있고, 국내에서 유일하게 종이로 만든 건칠약사

여래좌상(보물)을 봉안하고 있다. 지장전에는 목조 지장보살삼존상(보물)이 있다.

응진전은 원효가 머물렀던 청량사 암자로 청량산에서 가장 경관이 수려한 곳이다. 16나한과 노국대

유리보전 현판 공민왕의 친필로 알려져 있다.

장공주의 진영이 있다.
청량사 건너편 축융봉
아래에 공민왕당이 있는
것으로 보면 공민왕이
청량산으로 몽진했던 역
사의 증거라 할 수 있다.

🪷
원효의 '무애 사상'

원효스님은 분황사에서
『화엄경소』를 찬술하던

건칠약사여래좌상 (보물) 흙으로 형태를 만든 뒤, 그 위에 삼
베를 입히고 칠을 바르고 말리는 과정을 반복해서 만든다.

중 제40 회향품에 이르러 절필했다. 이는 그동안 오직 교학 연구와 저술로
독자적인 길을 개척해 온 스님이 대중교화라는 새로운 실천 과제를 깊게
인식하게 되었음을 말한다. 원효에게 중요한 것은 사상이나 이론이 아니
라, 대중과 함께하는 진리의 현재화(現在化), 그 실천이 무엇보다도 중요한
과제였다.

일심 사상을 바탕으로 한 화쟁 사상이 '갈등의 극복과 조화'라고 한다면, 무
애 사상은 일심 사상이 내재된 '실천의 방법'이라고 할 수 있다.

어디에도 걸림이 없어서 형식이나 규칙에서 벗어나 철저하게 자유로운 마
음이 무애다. 무애는 깨달음과 나눔이라는 두 축으로 이루어진다. 한 축은
참된 삶의 길을 깨닫는 것이고, 다른 한 축은 그것을 함께 나누는 것이 진정
한 삶이라는 것이다.

원효스님은 "아무것에도 구애됨이 없는 사람은 나고 죽음에서 벗어난
다[一切無碍人 一道出生死]"는 화엄경의 게송을 말함으로써 무애 사상을 표
현하였다.

스스로 복성거사(卜性居士) 또는 소성거사(小性居士)라고 칭하고 속인 행세를 했다. 이상한 모양을 한 큰 표주박을 들고 춤을 추며 이 노래를 불렀다. 더 나아가 그는 거사들과 어울려 술집이나 기생집에 가고, 어떤 때는 여염집에서 유숙하기도 한다. 명산대천을 찾아 좌선하기도 하는 등 어떤 일정한 틀에 박힌 생활이 아니었다.

성(聖)과 속(俗)을 함께 아우르는 무애행(無碍行)은 이와 같았다. 성의 자리에서 속으로 내려온 것이다. 이미 성과 속이 따로 없음을 통찰해 온 그에게 속은 곧 성이기 때문이다.

『삼국유사』에서는 그러한 원효스님의 행동을 이렇게 기술하였다.

> …이미 실계(失戒)하여 설총을 낳은 후로는 속복(俗服)으로 바꿔입고 스스로 소성거사라 하였다. 우연히 큰 박을 들고 춤추는 광대를 만났는데 그 형상이 특이하였다. 원효가 그 형상대로 한 도구를 만들어 이름을 화엄경의 '一切無碍人 一道出生死'라 한 것으로써 '無碍'라 붙이고 노래를 지어 세상에 퍼뜨렸다. 이를 가지고 천촌만락을 돌아다니며 노래하고 춤추며 교화하고 읊으며 돌아다녔으므로 가난한 거지나 더벅머리 아이들까지도 모두 부처의 이름을 알게 되고 '나무아미타불'을 부르게 되었으니 원효의 법화(法化)가 크도다.

일체에 걸림이 없어 생사마저 벗어났기 때문에, 원효스님에게는 어떤 애증이나 차별의 경계가 존재할 리 없었다. 장소가 어디이든 만나는 사람이 누구이든 그 장소와 대상은 모두 원효스님이 이루어야 할 정토(淨土)였고, 자비로 안아야 할 중생이었다.

5.
광주·전라권역

원효사(元曉寺), 차별이 없는 이 산에서 원효는 元曉寺

- **주소** 광주광역시 북구 무등로 1514-35 (북구 금곡동 846)
- **원효 관련** 원효가 수행정진
- **주요 관점** 원효전, 원효 진영, 원효 일대기 벽화

일주문 앞에 서서_ '원효' 이름의 절

원효 이름을 걸고 있는 절을 '원효사' 또는 '원효암'이라 일컫는다. 전국의 많은 절과 암자가 이름을 이렇게 지었는데, 이들 절은 모두가 스님께서 창건하거나 중건 또는 수도하던 곳이라 하지만 실제로 물리적으로는 도저히 불가능한 일이다.

스님과 관련된 여러 설화에서 보듯이 거의 신격화되어 있어서 그분의 원력을 얻고 싶거나 절의 격을 높이고 싶은 마음, 또는 신비적 효험을 갈구하는 뜻도 있다. 구체적으로 원효라는 이름이 들어가면 더 효과가 있을 것이라는 희망이 담겨 있는 것이다. 요즘 식으로 말한다면 스님은 전국구이면서 대중적 인기가 최고였다고 할 수 있다. 이 책에서 소개하는 스님 이름과 관련된 절은 다음과 같다.

원효전에 모신 '해동화엄초조원효대사진영
(海東華嚴初祖元曉大師之眞影)'

원효스님, 그 마음을 찾아서

대웅전 앞의 넓은 마당에 있는 원효루

도봉산 원효사, 무등산 원효사, 북한산 원효암, 금산 진악산 원효암, 함안 여항산 원효암, 통영 벽발산 원효암터, 대구 팔공산 원효암, 부산 금정산 원효암, 양산 천성산 원효암, 포항 운제산 원효암 등이다.

절로 가는 길, 절집 이야기

원효사는 광주의 대표적인 사찰로, 무등산 북쪽 원효봉 기슭에 있다. 원효 계곡이 절 아래로 흐르며, 맞은편으로 의상봉(530m), 윤필봉, 천왕봉 등이 보인다. 원효와 관련된 전국의 절이나 산을 보면 원효, 의상, 윤필이 함께 명명된 산봉우리가 많은 것이 흥미롭다.

원효사는 지증왕, 법흥왕 양대에 이름 모를 조그만 암자로 세워져 있었던 것으로 보이며, 훗날 원효가 이곳에서 머물면서 수행정진 하였고 원효의 덕을 추모하여 개산조로 모시고 원효암으로 개명한 것으로 보인다.

일제 강점기 때 육당 최남선은, "법당과 범절이 당당한 일사(一寺)의 풍모를 갖췄다. 본존인 석가여래상이 거룩하시고 사자의 등에다 지운 대법고는 다른 데서 못 보던 것이다. 법당 오른편에 있는 영자전에는 달마로부터 원효, 청허 내지 서월까지의 대탱(大幀)을 걸고 따로 영조 50년 갑자(1774)에 담양 서봉사에서 모셔 온 원효 탱화를 걸었다. 나한전, 명부전, 선방, 칠성각 같은 것이 다 있고, 불상도 볼만하니 그래도 원효대사의 창사 이래 오랫동안 명찰이던 자취가 남아 있다."고 기록하였다.

무너진 탑 소실될 당시의 탑이 아닐런지

원효전 1990년에 건축되었고 '개산조당(開山祖堂)'이라 하며 성사 진영을 모셨다.

이후 한국전쟁으로 사찰 전각 전체가 소실되었다가, 1980년 법타스님에 의해 대웅전, 명부전, 요사 등 전각이 복원되었고, 현지스님이 부임한 후 1992년부터 성산각, 개산조사당, 요사, 종각, 누각 등 건물을 세웠다.

특히, 개산조사당(원효전)에는 원효 진영을 모셨고, 조사당 벽면에는 성사 생애의 주요 장면을 벽화로 그려 놓았다.

원효의 환속 이야기

원효가 살던 당시 왕실불교, 귀족불교를 상징하는 거추장스러운 가사를 걸치고 민중 속으로 들어가 중생구제를 하기는 불가능에 가까운 일이다. 그래서 가사를 벗어던지고 중생 속으로 들어갔던 것이다. 원효는 전쟁으로 피폐해진 민초를 위한 민중불교를 주장하며, 시중 저잣거리로 내려가 중생들과 함께 어우르면서 대중 설법과 불법 포교에 나선다. 그로 인해 주류 스님들로부터 엄청난 비난과 멸시를 받았던 것이다. 백고좌법회에 거부당한 사건이 그 예이다. 요즘으로 보면 왕따를 당한 셈이고 국외자 또는 예외자였다.

비문에 의하면 원효는 환속할 당시 가사를 고이 접어 부처님 전에 바치고 백팔 배로 참회하는 정상적인 환속 과정을 거쳤다고 한다. 승가에서 나와 세월이 흐른 뒤에 결혼을 한 것이기 때문에 쉽사리 파계라고 비난하는 건 지나치다는 생각이다.

서당화상 비석의 비문을 보면 스님께서 환속할 수밖에 없었던 사연이 적혀 있다.

"죽일 것 같은 활이 그를 향하였고, 항하사의 모래알처럼 수많은 이치에 맞지 않는 비난을 하자, 옛집으로 돌아와 거사가 되었다[赤弓向彼 恒沙狂言, □□還爲居士]."

원효는 환속 이후 스스로 자신을 낮추어 '소성거사(小性居士)'라 칭하다가, 소성(小性)도 과하다며 '아래 하(下)' 자에서 위에 있는 '한 일(一)' 자마저 내버리고 '복성거사(卜性居士)'라 칭하였다.

다보사(多寶寺), 다보여래를 꿈속에서 만나고

- **주소** 전라남도 나주시 금성산길 83 (나주시 경현동 629번지)
- **원효 관련** 661년 원효 창건,
- **주요 관점** 대웅전, 명부전 목조지장보살삼존상, 영산전 목조석가여래 삼존불

일주문 앞에 서서_ 다보탑과 석가탑

석가탑의 본래 이름은 '석가여래 상주(常住) 설법탑', 다보탑의 본래 이름은
'다보여래 상주(常住) 증명탑'이다. 석가여래는 현세의 부처님이고, 다보여
래는 과거불이다. 왜 이 두 분이 같이 서 있을까?

아득한 옛날 동방의 먼 나라인 보정국(寶淨國)에 다보여래라는 부처님이 계
셨다.

대웅전 앞의 넓은 마당에 있는 원효루

원효스님, 그 마음을 찾아서

그 부처님이 보살로 있
을 때,
"내가 성불하여 열반에
든 뒤에, 시방세계(十方
世界) 어느 곳이든 『법
화경』을 설하는 곳에는
나의 보탑(寶塔)이 솟아
나와 그 설법을 증명하
리라."
라고 서원하였다.

영산전의 목조여래삼존불 (보물)
1625년 승려 조각가 수연과 그의 동료들이 조성했다.

그래서 석가모니 부처님께서 법화경을 설법하실 때,
"내가 이 경을 듣기 위해 여기에 왔다."
하며 나타나셨다. 이에 모든 대중이 꽃을 뿌려 다보여래를 찬탄하였다.
다보여래는 다보탑 안 자신의 자리를 반으로 나눠, 석가모니 부처님께 내
어드렸고 석가모니 부처님이 사자좌에 오르자, 다보여래의 백호에서 상서
로운 빛이 나와 온 세상을 교화했다. 사바세계에 처음으로 불국정토가 이
룩됐다는 것이다.
그런 연유로, 다보탑을 세울 경우에는 반드시 쌍탑을 세워 나머지 하나로
석가모니불을 상징하는데, 경주 불국사 다보탑과 석가탑이 그 대표적인 예
이다.

절로 가는 길, 절집 이야기
다보사는 원효가 초옥을 짓고 수행 중 땅에서 칠보로 장식된 큰 탑 속에서
다보여래가 출현하는 꿈을 꾼 뒤에 창건하였기에 다보사라 한다. 1184년

다보사 앞 천불전과 하선당 맨 윗층이 천불전이고 아래는 선원으로 쓰이는 하선당.

(고려 명종14)에 보조국사 지눌스님이 중건, 1594년(선조29) 청허선사가 중창하였다. 우리나라 선불교의 법맥을 잇는 선방으로, 광복 이후 구암, 금오, 도원스님 등이 수행하였다.

근래에 지은 현대식 다층 건물을 돌아 오르면 맨 윗층에 천불전이 있는 특이한 구조이다. 대웅전 문살에는 국화, 매란, 모란 등의 꽃무늬를 정교하게 새겨 놓았다. 대웅전은 전남 문화재자료이다. 대웅전 안에는 우화당 도원스님의 진영이 있다. 보물인 다보사 괘불과 가을 단풍이 유명하다고 한다. 경내

명부전의 시왕상 (유형문화재)
1659년 9명의 승려 조각가들이 조성하였다.

입구에는 6~700년 된 팽나무가 보호수로 지정되어 있다.

🪷

【 깨달음*1 】인간 삶의 모순을 바로 보고 출가하다.

원효스님은 어릴 때 부모를 여의었지만 육두품 귀족이었다. 무예가 뛰어난 건장한 화랑으로 자라서 전쟁터에 나가기도 하였다.

어느 날 친구인 한 화랑이 백제와 전투 중에 전사했다. 그 친구 무덤 앞에서 복수를 다짐하며 슬퍼하다가 문득 이런 생각이 들었다.

친구의 죽음 앞에서 슬퍼하고 있는 지금 백제 병사들은 승리의 기쁨을 누릴 것이라고. 또 반대로 볼 때 원효가 승리한 전투 후에 백제 병사들은 자기처럼 동료 병사의 죽음을 슬퍼할 것이라는 생각이었다.

같은 상황에서 한쪽은 슬픔에 잠기고 한쪽은 기뻐하는 이 모순을 알게 된 것이다. 이런 모순 속에서 사는 것이 인간의 모습이라는 생각이 스님이 되기로 결심한 한 이유가 되었다.

＊【 깨달음 】편은 춘원 이광수의 『원효대사』를 참조하여 필자가 재구성하였다. 대안대사의 일화나 방울대사의 일화는 소설 속 이야기다. 방울대사는 소설 속 인물이다.

심향사(尋香寺), 나라의 평안을 위해 기도하던 도량

o **주소** 전라남도 나주시 건재로 41-1 (대호동 825번지)
o **원효 관련** 원효 창건
o **주요 관점** 고려 석탑과 석불좌상, 건칠아미타여래좌상

일주문 앞에 서서_ 염주를 만드시는 분

가을빛이 따사로운 오후, 심향사를 둘러보다가 중년의 한 거사님께서 요사
채 마루에서 염주를 만들고 계시는 모습을 보았다. 처음 보는 일이라 호기
심을 갖고 다가갔다. 여러 가지 도구와 재료들 옆에는, 이미 만들어 놓은 염
주도 십여 개 있었다.

"솜씨를 보니 취미로 만드시는 것 같지 않네요?"

"취미죠. 그냥 심심풀이로 만듭니다."

"이렇게 많이 만들어서 팝니까?"

"팔기는요, 절밥 얻어먹고 사니 오시는 신도님들께 하나씩 드리지요."

"어이구, 훌륭한 일을 하시는데 제가
실례했네요."

"뭘요. 이 나이 들어 이타행이 무엇인
지 겨우 알 것 같아요. 이타행이 남에
게 주는 행복보다 나에게 오는 행복이
더 많다는 걸 말입니다."

거사님은 염주알 하나하나를 꿰어 넣
으면서 혼잣말이듯 차분히 말하였다.

미륵전 안의 석불좌상

원효스님, 그 마음을 찾아서

심향사 전경과 삼층석탑

이후 나도 마루에 앉아서 그가 만드는 염주 이야기며, 절 이야기로 한참을 보냈다.

거사님이 갑자기 방으로 들어가더니 염주 하나를 들고 나오시며 말했다.

"가래나무 열매로 만든 건데 여기 오신 기념으로 하나 드리지요."

"이리 고마울 수가."

"거사님은 오래 간직할 것 같아서요."

지금도 나는 이 염주를 차 안에 걸어두고 있다.

절로 가는 길, 절집 이야기

나주 금성산 자락에 위치한 심향사는 도심의 금성 중고등학교 담장을 끼고 있어서 쉽게 찾아갈 수 있는 천년고찰이다.

원효가 창건하였다고 전하며, 당초 이름은 미륵원(彌勒院)이었다. 고려 때 거란군이 침입하자(1011년) 현종은 이곳 나주로 몽진하였는데, 이때 여기

보광전 대웅전 앞에서 나주 시내가 내려다 보인다.

서 나라의 평안을 위해 기도를 올렸다고 전해 온다. 고려말에 공민왕이 (1358) 중수했다. 이와 같은 기록대로 고려시대에 조성된 석탑과 석불이 남아 있다.

북문 밖 삼층석탑(보물)은 전체 높이 약 3m의 화강암으로 된 2층 기단의 삼층석탑으로 고려 초기 석탑 형식이다. 원래 나주 북문 밖 탑거리에 있던 것을 1915년에 옛 나주 군청으로 옮겼다가 2006년 지금의 위치로 옮겼다. 전체적으로 규모는 작으나 단아함을 지니고 있어서 나주 사람들이 '난쟁이 탑'이라고 부르기도 한다. 경내에는 고려시대 3층석탑, 미륵전에 봉안되어 있는 석불좌상, 극락전 내의 아미타여래좌상 등이 있다. 특히 극락보전에 봉안된 건칠아미타여래좌상(보물)은 고려 후기를 대표하는 건칠불*로 조성연대가 빠르고, 조형성이 뛰어나 고려 말기와 조선 초기의 불교미술을

* 삼베 위에 옻을 두껍게 발라 만든 불상. 흙이나 나무로 만든 틀에 삼베를 감아 옻칠을 여러 번 입히며 형상을 만든 뒤에 틀을 빼내어 만든다.

원효스님, 그 마음을 찾아서

비교할 수 있는 학술적 가치가 있어서 고려 말기 불상 연구에 귀중한 자료가 된다고 한다.

1789년 조선 정조 13년에 중창하여 오늘에 이르고 있다.

🪷

【 깨달음2 】화쟁, 불교 사상을 회통시키다

신라의 학승들이 당나라로 유학을 가서 저마다 다른 스승에게 배우고 오면서 신라 불교계에는 여러 종파가 생기게 되었다. 그러다 보니 경전을 놓고 이렇게 저렇게 해석하면서 이게 옳으니 저게 옳으니 하면서 논쟁이 많이 일어났다. 부처님 말씀을 기록해 놓은 것이 경전인데 그 기록이 서로 다른 것이 있기 때문이다. 원효가 볼 때는 다 같은 소리며 같은 이치였다.

그래서 그는 각 경전의 요점인 '종요(宗要)'를 알면 종파 간에 서로 다투거나 논쟁할 필요가 없다는 것을 밝히는 저술 활동을 펼쳤다. 모든 부처님의 가르침은 서로 다르게 표현되었다 하더라도 오직 부처가 되는 길인 일불승(一佛乘)을 가르쳤다.

이것이 원효스님의 화쟁(和諍) 사상이다. 각 종파를 회통(會通)시킨 통불교적 사상으로 종파불교가 발달한 당시의 중국에서도 이해하기 어려울 정도로 차원 높은 경지였다. 당시 중국불교는 여러 종파로 갈려 불교 사상 전체를 하나의 가르침으로 통일시키진 못하고 있었다.

이렇게 『십문화쟁론(十門和諍論)』을 저술하고 『대승기신론소(大乘起信論疏)』 등을 저술할 당시 원효스님은 불교철학에 있어서 더 이상 걸림 없는 경지였다. 특히 『대승기신론소』는 중국 스님들이 『해동소(海東疏)』라 부를 정도였다.

무위사(無爲寺), 평범한 듯 유서 깊은

無爲寺

- **주소** 전라남도 강진군 성전면 무위사로 308 (성전면 월하리 1175-3)
- **원효 관련** 원효 창건
- **주요 관점** 선각대사편광탑비, 보존각(성보박물관), 파랑새의 전설

일주문 앞에 서서_ 끝까지 정성을 다하라

무위사 법당이 완성된 후, 어떤 노거사(老居士)가 찾아와 극락전에 벽화를 그리겠다고 하였다. 그래서 허락하였더니 "49일 동안 이 안을 들여다보지 말라."고 당부하였다.

마지막 날, 궁금증을 견디지 못한 주지스님이 법당 안을 몰래 들여다보았

무위사 일주문 넓은 평지에 있어 옛날의 사세를 짐작할 수 있다.

원효스님, 그 마음을 찾아서

일주문의 황룡과 청룡 죽은 영혼을 달래주는 수륙제를
행하던 사찰의 특징

다. 그러자 노거사는 없고 파랑새가 그림을 그리고 있다가 날아가 버렸다. 끝내 그림을 다 완성하지 못하였다.

이와 비슷한 이야기는 부안 내소사, 영광 불갑사에도 전한다.

내소사 대웅보전은 금빛 나는 새가 단청을 마무리하는 순간 안을 들여다본 이는 사미승이었고, 불갑사는 법당 내부와 문살 조각을 하는 데 여기서도 궁금증을 못 참은 사람은 공양주 보살이었다.

이런 이야기의 공통점은 호기심을 참지 못한 일, 꼭 마지막 날이라는 점, 참지 못한 이는 주지스님, 사미승, 공양주 등 신분과 상관없이 모든 대중이라는 점이다.

어떤 일이든 경박하게 대하지 말고, 마지막까지 마음을 놓지 말고 끝까지 정성을 다하라는 교훈을 담고 있다.

선각대사탑비(보물)
고려 초기에 무위사를 중창한 형미스님의
행적을 기린 탑비

절로 가는 길, 절집 이야기

무위사는 강진군에 있는 고찰이다. 617년(진평왕 39) 원효가 창건하여 관음사

극락보전(국보) 조선조 건축 양식의 초기에 속하며 맞배지붕으로 지은 단아하면서도 소박한 건축미를 보여준다.

(觀音寺)라 하였다. 617년은 원효가 탄생한 해이기 때문에, 그해에 무위사를 창건했다는 것은 맞지 않는다. 원효가 창건했다는 것이 사실이라면 사찰 창건 연도는 백제 멸망 이후인 신라 문무왕 집권기(661-681)일 가능성이 크다. 현재 원효 관련 유적은 남아 있지 않다.

극락보전 아미타여래 좌상(보물) 아미타여래는 흙으로 빚었고 좌우 협시보살은 나무로 만들었다.

무위사 사적에 따르면 신라 헌강왕(875년) 때 도선국사가 처음 세웠다. 905년 가지산문 계열의 선각대사 형미(逈微: 864-917)가 주석하면서 절이 크게 중창되고 사세를 떨친 것으로 알려져 있다. 이러한 내용은 절에 있는 '선각대사 편광탑비'를 통해 알 수 있다.

국보인 극락전 벽에 29점의 벽화가 있었으나, 지금은 본존불 뒤의 백의관음보살 벽화만 남아 있다. 나머지 28점은 보존각(성보박물관)에 소장되어 있다.

【 깨달음3 】 마땅히 구제받아야 할 중생을 지금 여기 두고

어느 날 원효스님은 길에서 대안대사를 만났다. 대안대사는 원효스님보다 나이가 많았지만 스님이라기보다는 괴짜로 통했다. '대안(大安)'이라고 불리는 스님은 경주 남산 골짜기에서 풀로 엮은 움막집에서, 어미를 잃은 새끼나 늙고 병든 산짐승들을 보살펴 주며 거지 같은 행색으로 살고 있었다. 사람들은 만나면 "편안하시게! 대안(大安)하시게!" 이렇게 외치고 다녔으므로 '대안스님'이라고 불렀을 뿐, 그가 어디에서 왔는지, 어떤 사람인지 아무도 몰랐다.

그 대안대사는 이야기를 좀 하자며 원효스님에게 같이 가기를 청하였다. 그래서 대안대사를 따라갔는데, '부곡' 또는 '소'라 불리는 천민 부락이었다. 원효스님은 이러한 천민부락을 아직까지 한 번도 가본 적이 없었다. 왜냐하면 젊어서 화랑이었을 때는 귀족 출신이니까 이런 천민마을에 갈 이유가 없었고, 출가해서는 스님이라서 그런 마을에 갈 일이 없었다.

대안대사는 어느 주막집으로 떡하니 들어갔다. 원효스님은 승려로선 도저히 용납할 수 없는 일이기에 주막에서 나와 버렸다.

돌아가는 원효스님의 귓전에 대안대사의 말이 들렸다.

"마땅히 구제받아야 할 중생이 여기에 있는데 어떤 중생을 구제한다는 말이요?"

금탑사(金塔寺), 예불 소리가 비자림에 번지는 곳

金塔寺

- **주소** 전라남도 고흥군 포두면 금탑로 842 (포두면 봉림리 700)
- **원효 관련** 문무왕 때 원효 창건
- **주요 관점** 극락전, 괘불, 원효와 의상 진영

일주문 앞에 서서_ 대충 산 것 같아

금탑사는 고흥반도 남단에 있어 교통이 매우 불편하다. 금탑사 탐방을 마치고 나와 비자림 앞을 지나는데, 한 아저씨가 손을 들어 내 차를 세웠다. 배낭을 메고 챙이 긴 모자와 장갑까지 끼고 있는 모습으로 봐서 가끔 목격하는 여행자의 모습이다. 그는 포두면사무소까지만 태워 달라고 부탁하였다.

"여행 중이세요?"

"네, 지금 걸어서 전국을 일주하는 중인데, 무릎에 이상이 온 것 같아서요. 고장 나면 큰일이니까요."

그는 작년에 자전거로 전국 일주를 이미 마쳤다고 하였다. 그러고 나니 걸어서 일주하자는 욕심이 생겼다. 여기저기 관광도 겸하여 일주를 하다 보니 시간이 많이 걸린다고 한다. 무릎이 아파서 집으로 돌아가지만

일주문의 황룡과 청룡 바다가 가까운 절의 특징이다.

원효스님, 그 마음을 찾아서

금탑사 전경과 극락전

치료를 한 후 다시 하겠단다.

"내년이면 환갑 나이인데 한시라도 젊을 때 해야죠."

"대단하십니다."

"뭘요. 젊을 때는 그냥저냥 대충 산 것 같아 아쉬웠거든요. 나이 좀 드니까 시간이 아깝다는 생각이 들어요. 암튼 뭐든 열심히 한다는 게 중요한 것 같아요."

그를 포두면사무소 앞에 내려주고 반성문처럼 메모를 해 보았다.

> 설렘이 없는 사랑처럼
> 그냥저냥 걸었구나
> 열정이 없는 삶처럼
> 그냥저냥 걸었구나

🪷
절로 가는 길, 절집 이야기

문무왕 때 원효가 창건하였으며, 절 이름은 창건 당시 금탑이 있어 그렇게 불렀다고 한다. 혹은 인도 아육왕의 금탑 건립 고사를 기리기 위해 금탑사라 하였다고도 한다.

여러 차례 소실과 중수를 거듭하다가, 1861년(철종 12) 유명(有明)이 다시 중창하였으나 일제강점기 이후 급속히 쇠락하였다. 최근에는 다시 중건 불사가 이어져, 1988년 무너진 산신각을 삼성각으로 고쳐 지었고, 1992년에는 극락전을 보수하여 오늘에 이른다.

금탑사 전체가 돌계단과 돌축대를 쌓고 당우를 지었다.

현존하는 당우로는 전남유형문화재로 지정된 극락전을 비롯하여 명부전·삼성각·범종각·요사채 등이 있다. 이 중 극락전은 여덟 팔(八) 자 모양으로 가장 화려한 팔작지붕이다. 지붕 처마를 받치는 공포가 기둥 위와 기둥 사이에도 있는 다포계 양식이다. 공포와 그 밖의 조각수법으로 보아 조선조 말기의 건축양식을

일주문 근처의 비자나무 숲 고흥 8경의 한 곳이며 금탑사 주변 13ha에 이르는 면적에 3,300여그루가 군생하고 있다.

잘 보여주고 있다.

그 밖에도 약 250여 년 전에 제작된 괘불(掛佛)이 보관되어 있고, 1,000여 년 전에 그렸다는 원효와 의상의 영정이 있다지만, 그 연대에 대해서는 신빙성이 없다.

주위의 울창한 비자림은 천연기념물 제239호이다. 비자나무가 금탑사와 암자 주변에 무성하게 자생하고 있어 장관을 이룬다.

아육왕의 금탑 건립 고사

아육왕은 인도 아소카(Ashoka) 왕의 한자식 이름이다. 여래의 열반 100년 후, 인도를 통일한 아육왕은 거듭된 정복 전쟁으로 인해 잔인한 성정을 가지게 되었다. 8만 4천 명의 궁인을 죽였고 심지어 성 밖에 지옥 같은 집을 지어 죄인을 다스렸다. 이때 소산(消散) 비구가 있어 잔인한 왕을 교화하였다. 아육왕은 잘못을 뉘우치고 바른 믿음을 얻게 되었다. 이후 수많은 탑과 사원, 그리고 종교적 교리에 대한 단상들을 새겨 놓은 많은 석주들을 세웠다. 전설에 따르면 그가 세운 불탑은 8만 4천 기로서 자신이 해친 사람 수만큼 탑을 세워 이를 참회하고자 했다. 불교의 자비와 비폭력의 정신을 통치의 기본으로 삼았다.

【 깨달음4 】스승의 역할 그만두고 보살행을 하다

"마땅히 구제받아야 할 중생이 여기에 있는데…"

원효스님은 대안대사의 이 말에 큰 충격을 받는다. 대승불교의 핵심 사상은 '중생 구제'이며 이 사상에 대한 탁월한 이론과 해석으로 명성을 얻은 원효스님이기에 더 충격이었다.

천민 동네라고 가지 않으려 하고 주막은 부정한 곳이라 생각하며 뛰쳐나왔던 자신의 행동이 부끄러웠다. 불구부정(不垢不淨)이란 더러운 것도 아니고 깨끗한 것도 아니라는 말씀인데, 분별만 한 것이 더 부끄러웠다. 자신도 모르게 불법에 맞지 않는 행위를 한 것이다.

공부가 부족한 것을 크게 깨우친 원효스님은 승려들을 가르치던 일을 그만둔다. 머리 기르고 속복을 입고 신분을 숨긴 채 어느 절로 들어간다. 그 절에서 밥을 짓고 승방에 불을 지펴주는 부목 생활을 한다. 원효스님은 보살의 마음을 내어서 수행하듯 승려들을 깍듯이 모시며 시봉 생활을 하였다.

이 절에는 곱추인 스님이 한 분 계셨는데 '방울스님'이라 불렀다. 이 스님은 밥을 다른 사람들과 같이 제때에 와서 먹지 않고, 언제나 밥을 다 먹은 뒤 설거지가 끝나면 부엌에 나타나서는 누룽지 남은 게 있으면 달라고 해서 먹곤 하였다. 부목들이 무시하고 놀렸지만 그런 것에 개의치 않고 방울스님은 매번 누룽지를 얻어먹었다. 원효스님은 방울스님을 불쌍히 여겨 자비로운 마음으로 잘 받들어 모셨다.

사성암(四聖庵), 사성이 머물며 수도한 뜻은

- **주소** 전라남도 구례군 문척면 사성암길 303 (문척면 죽마리 산 7-1)
- **원효 관련** 544년 연기조사 창건. 원효 수도처
- **주요 관점** 약사전의 그림, 유리광전 마애여래입상, 좌선대

일주문 앞에 서서_ 나는 또 이리 걷는다

봄날, 사성암에서 내려다보면 섬진강과 그 샛강인 서시천이 한눈에 들어온다. 더 압권인 것은 섬진강과 서시천을 따라 이어지는 하얀 벚꽃길이 띠를 이루어 굽이굽이 휘어지며 펼쳐져 장관을 이룬다. 뿐만 아니라 구례시 인근 도로는 모두 벚꽃길이라서 봄이면 사성암에서 보이는 지상 풍경은 온통 벚꽃 세상이다.

사성암 전경 주차장에서 가파른 비탈길을 500m쯤 오른다.

이곳 벚꽃길의 모태는 지리산 쌍계사 벚꽃길이다. 일제 강점기부터 조성된 길이라 이제는 노거수가 된 고목이 각양 각색의 모양으로 줄지어 서 있다. 긴 세월 동안 얼마나 많은 희로애락의 사연을 지니고 있을까 상상해 본다. 벚꽃이 필 때면 그 사연들이 꽃으로 피어나는 듯하다. 비록 허무일지라도, 또다시 삶은 계속되고.

쌍계사 벚꽃 길에 낙화 휘날리는 날

- 이경렬 -

육십 몇 해의 겨울을 견디며
이 봄날도 폭발하듯 일제히 펼쳐 보였지만

바람으로 흩날리는 저 처절함에 익숙하지 않느냐
봄은 또 미련 없이 떠나가는 허무를 남기고

평생 되풀이로 축적되는 기만이어도
노거수 아래를 나는 또 이리 걷는다

구례 시가지와 섬진강의 모습이 내려다 보이고 우측으로는 지리산 연봉도 보인다.

원효스님, 그 마음을 찾아서

유리보전 마애약사여래를 모신 곳.　　　**마애약사여래입상**(전남유형문화재)

절로 가는 길, 절집 이야기

사성암은 구례읍에서 약 2km 남쪽인 죽마리 오산(鰲山) 꼭대기에 있다. 원래 오산암이라 불렸고, 544년(백제 성왕 22) 연기조사가 처음 건립하였다고 전해지고 있다. 수시로 셔틀버스가 다니고 있어서 접근하기가 매우 쉽다.

오산은 해발 530m로 그리 높지 않은 산이지만, 사방이 한눈에 들어오는 뛰어난 경승지이다. 「봉성지」에서는 "그 바위 형상이 빼어나 금강산과 같으며, 옛날부터 부르기를 소금강"이라 하였다. 암자 뒤편으로 돌아서면 우뚝 솟은 절벽이 전개되는데 풍월대, 망풍대, 신선대 등 12 비경으로 알려져 있다.

「사성암사적」에 4명의 고승, 즉 원효와 의상이 같은 시기에 수도한 곳이며, 이후 도선국사, 진각대사가 수도하였다고 하여 사성암이라 부르고 있다. 원효바위라는 좌선대가 있는데, 원효가 좌선하던 자리이다.

사성암 마애여래입상은 법당인 약사전에 있는데, 원효가 선정에 들어 손톱으로 그렸다는 불가사의한 전설이 있다. 약 25m의 기암절벽에 음각으로 새겨졌으며 왼손에는 애민 중생을 위해 약사발을 들고 있는 것이 특징이다. 마애여래입상은 고려시대 작품이라는 것이 정설이다.

『원감국사문집』에도 "오산 정상에서 참선을 행하기에 알맞은 바위가 있다. 이들 바위는 도선, 진각 양 국사가 연좌수도 했던 곳"이라 하였다. 이와 같은 기록들로 보아 통일신라 후기 이래 고려까지 고승들이 참선을 하던 수도처였던 것으로 보인다.

【 깨달음5 】 "원효, 잘 가시게." 방울스님의 인사

원효스님은 자비심으로 보살행을 하면서 그 절에서 밥 짓고 청소하며 성심으로 시봉하였다. 그러던 어느 날 학승들이 『대승기신론』을 교재로 삼아 공부하면서 자기들끼리 대승의 핵심사상은 이거니 저거니 하면서 논쟁하였다. 마루를 닦던 원효스님이 옆에서 들으니까 이 스님들이 이치에 맞지 않는 엉뚱한 말을 하기에 불쑥 끼어들어서 스님들에게 설명하였다.

그랬더니 "부목 주제에 스님들 공부하는 데 와서 아는 체를 하느냐."고 야단을 쳤다.

원효스님은 비로소 신분을 속이고 살아야 하는 자신의 실수를 느꼈다.

논쟁하던 스님들은 스승을 찾아가서 『대승기신론』이 너무 어려워 이해하기 힘들다고 하였다. 그러자 스승은 원효스님이 쓴 『대승기신론소』를 주면서 그것으로 공부하라고 하였다. 스님들이 그 책을 읽어보니 내용이 너무 쉽고 깊이가 있었다. 더구나 끼어들어 말한 부목이 한 말과 같음을 알고 이상하게 생각하였다.

할 수 없이 원효스님은 그날 밤에 그 절을 떠나기로 하였다. 모든 대중들이 잠잘 때 몰래 대문을 열고 나오는데, 문간방에 있던 방울스님이 문을 탁 열면서,

"원효, 잘 가시게."

라고 하였다.

방울스님은 일찍이 원효스님을 알고 있었던 것이다.

문수사(文殊寺), 깊고 높은 문수보살의 지혜가

- **주소** 전라남도 구례군 토지면 문수사길 138 (토지면 문수리 74)
- **원효 관련** 원효, 의상, 윤필이 수행한 수도처
- **주요 관점** 삼층법당, 문수전, 와불전

일주문 앞에 서서_ 한 중년의 미소 띤 우울

지리산 자락 한 귀퉁이에 있는 문수사. 이슬비가 내리는 산길을 아슬아슬한 곡예를 하듯 가까스로 문수사 아래에 도착하였다. 힘든 운전을 한 나도, 힘겹게 올라온 내 차도 잠시 쉬고 싶은데 일행은 호기심 가득하여 이미 문수사로 올라가고 있었다.

그때, 주차장 옆에 피어 있는 나리꽃을 만났다. 빗물에 젖어서 몸서리쳐지도록 진하고 눈부신 황색은 내 감성에 던지는 엑센트였다. 그 순간 이 길을 오를 때의 힘겨움과 내 젊은 날과 현재 내 삶의 여정이 뒤섞여 버리는 느낌, 그래서 오는 허무함, 따라서 오는 우울감 등과 겹치면서.

아마도 내 나이에 이르면 누구나 겪는 일이 아닌가 싶다. 그러나 그것은 내 삶의 본질이면서 내가 수용하고 감수해야 할 일이 아니던가.

문수전 허름한 산신각을 닮아 친근하고 소박하게 보인다.

문수사 대웅전 삼층 목조건축물로 진천 보탑사. 법주사 팔상전을 연상하게 한다.

나는 찬찬히 나리꽃을 맞이했다. 웃으면서.

비 내리는 산길에서 나리꽃을 만나다

- 이 경 렬 -

축축이 젖은 우수와 더불어

빠르지도 느리지도 않은 노래

잔잔히 웅얼거리는

한 중년의 미소 띤 우울을 보았다

절로 가는 길, 절집 이야기

547년(백제 성왕 25년) 연기조사가 창건하였다. 여기서 10km쯤 남쪽에 있는 사성암은 544년에 지은 것으로 보아 거의 같은 시기에 지리산 일대에서 건립을 주도한 것으로 보인다.

이곳에서 원효, 의상, 윤필 세 도반이 수행한 것으로 전해진다. 이후 서산, 소요, 부유, 사명대사 등 여러 고승대덕이 수행 정진한 제일의 문수도량이다. 서산대사의 젊은 시절 수행처이기도 했는데 이때의 한 고사가 전해져 내려온다.

서산대사가 불법을 깨우치기 위해 용맹정진하던 중 걸승이 찾아와 함께 수행하기를 청했다. 처음에는 식량이 모자라 거절했다. 노승의 청이 너무 간절해 같이 수행하게 되었다. 밤잠을 자지 않고 수행에 전념하던 어느 날, 노승이 새벽녘에 주장자를 앞산으로 날려 황룡으로 만들더니 그 용을 타고 안개 속으로 사라지는 것이다. 이후 문수사는 깨달음을 얻어 성불하는 수행처로 널리 알려지게 되었다.

1984년 이후, 옛 대웅전 터에 지금의 고금당 선원을 짓고 진입도로를 완성하여 사찰의 면모를 갖추게 되었다. 문수전, 삼성각, 고봉선원, 방장굴, 설선당 등을 지은 후, 석축을 쌓아 3층

문수전의 문수보살 후불탱이 매우 독특하다.

법당 대웅전(목탑)을 건립하여 오늘에 이르게 되었다.

【 깨달음6 】 자신의 환영을 보다

"원효, 잘 가시게."

라고 말한 방울스님은 원효스님을 훤히 꿰뚫어 보고 있었다.

보살행을 한답시고 되지도 않는 말을 하는 스님들 비위를 맞추며 그들을 받드는 원효스님을 지켜보고 있었던 것이다.

원효스님은 방울스님을 불쌍하게 보았지만 사실 방울스님은 도력이 훨씬 높은 분이었다. 원효스님의 눈에는 그가 보이지 않았지만 그의 눈에는 원효스님이 훤히 보였다. 그런 줄도 모르고 방울스님을 불쌍하게 생각하여, '불쌍한 방울스님'을 또 열심히 구제하였다.

"원효, 잘 가시게."라는 방울스님의 한마디에 원효스님은 자신의 환영을 보게 된 것이다.

도림사(道林寺), 도인들이 숲처럼 모였다던

道林寺

- **주소** 전라남도 곡성군 곡성읍 도림로 175(곡성읍 월봉리 산 27-1)
- **원효 관련** 660년 원효 창건
- **주요 관점** 원효성사 주석처, 보광전 안의 괘불탱, 삼존불상, 도림사계곡

일주문 앞에 서서_ 수행하듯 정을 쪼아

동악산 도림사는 참으로 안정된 절이다. 건물 하나하나가 모두 제자리에
정좌한 모습으로 앉아 있다. 당우들이 모두 정갈해 보여서인지 한 번 온 사
람들은 저절로 마음이 차분해져 여기를 떠나지 못할 것 같은 매력이 있다.
젊은 스님이 우리 일행에게 차를 권한다. 여기는 외래 손님에게 항상 다례
(茶禮)를 행한다고 하니 그저 고마울 뿐이다.

도림사 전경 오도문을 지나면 보광전, 응진전, 등 12개의 당우가 짜임새 있게 배치되어 있다.

도림사의 단정한 스님과 정갈한 차 맛을 즐기며 담소하며 주변 이야기를 나누었다.

도림사에서 계곡으로 올라가다 보면 계곡 암반에 암각 글씨가 많이 새겨져 있는데, 논어의 명귀나 싯귀들이다. 조선의 선비들은 '죽어 호랑이는 가죽을 남기고 사람은 이름을 남긴다'는 세속적 의식이 남아 있는 듯하다.

주석처 암각 글씨 오른쪽부터 차례로 원효조사, 의상대사, 윤필거사, 도선국사, 지환대사, 주석한 곳[留錫處] 라는 글자가 선명하다.

동악산 도림사 계곡 시인 묵객들이 많이 찾던 곳이며 지금도 인기 있는 관광지다.

절에서 조금 더 올라가면 명문이 새겨진 작은 바위가 하나 있다. 원효조사, 의상대사, 윤필거사, 도선국사 등 고승들의 이름이 새겨져 있다. 누가 새겨 놓았을까 상상해 본다. 어느 스님이, 따르고 배워야 할 선지식의 이름을 수행하듯 정을 쪼아 새겨 놓은 것은 아닐까. 그 절박하고 절실한 염원이 망치질의 힘이 아니었을까. 불교를 그렇게도 핍박하던 조선 선비들도 차마 이것만은 건드리기 어려웠을 것이다.

절로 가는 길, 절집 이야기

도림사는 곡성읍에서 서남쪽으로 4km 떨어진 동악산 줄기인 성출봉(형제

오도문 경내로 들어가는 작은 문이며, 현판 글씨는 남종화의 대가인 허백련의 글씨다.

봉) 중턱에 자리잡고 있다. 660년(무열왕 7)에 원효가 창건하였다.

스님 관련 유물유적은 없지만, 도림사에서 등산길로 2분 거리에 백여 년 전에 음각한 암반이 있는데, "원효대사 의상대사 윤필거사 도선국사 지환대사 … 주석한 곳[留錫處]…"이라는 글귀가 한자로 새겨져 있다. 스님이 의상대사, 윤필거사와 함께 수행한 설화를 근거로 만들어진 것으로 추정한다.

동악산은 스님이 이 절과 길상암(吉祥庵)을 창건할 때, "온 산의 풍경이 음률에 동요되어 아름다운 음악소리가 들렸다."고 해서, 또는 "하늘의 풍악에 산이 춤췄다."고 해서 동악산(動樂山)이라고 하였다고 한다. 아름다운 계곡을 따라 기암괴석을 이루고, 넓은 암반에는 조선시대 이래 근세에까지 많은 시인 묵객들이 다녀간 흔적이 글씨로 남아 있다.

876년 도선국사가 중창하였다. 도선, 사명, 서산 등 도인들이 숲같이 모여들어 절 이름을 도림사라 했다고 한다.

법당인 보광전을 비롯하여 응진당, 지장전, 약사전, 칠성각, 요사채 등이 있다. 1683년(숙종 9)에 제작된 도림사 괘불(유형문화재)도 소장하고 있다. 절 입구에는 허백련 화백이 쓴 '오도문'이라는 현판이 걸려 있다.

🪷
【 깨달음7 】지금 분별을 일으키고 있는 그놈이 바로

원효스님은, 그곳에 살고 있는 실제 중생을 분별하고 외면하면서 무슨 중생을 구제하겠다고 하느냐는 대안대사의 말을 질책으로 알아들었다.

그래서 자기 자신에 대해 깊이 뉘우쳐서 신분을 속이고 이곳에 와서 부목 생활을 했는데, 지금 와서야 대안대사가 했던 그때 그 말씀이 그런 뜻이 아니었음을 알게 되었다.

마땅히 구제받아야 할 중생은 바로 원효스님 자신의 분별심(分別心)이었던 것이다.

옳으니 그르니, 깨끗하니 더럽니, 술집에 가도 되니 말아야 하니 하는 그 분별심이 바로 중생이라는 말이다.

"지금 이 순간 분별심을 내는 네놈이 중생인데 어디 밖에서 중생을 찾고 있느냐?"

라는 질타였다.

향일암(向日庵), 좌선대에 앉아 일출을 보셨을

向日庵

- **주소** 전라남도 여수시 돌산읍 향일암로 1 (돌산읍 율림리 70)
- **원효 관련** 659년 원효 창건
- **주요 관점** 관음전, 원효 좌선대, 바위가 된 경전, 전체 경치

❀
일주문 앞에 서서_ 청정 고요할 뿐

향일암 관음전 처마 끝의 풍경(風磬)이 남해에서 불어오는 센 바람에 흔들리며 요란하게 소리를 낸다. 사찰 경내를 모두 일깨우듯 부드럽지만 바장이는 소리다.

풍경은 잠잘 때도 눈을 감지 않는 물고기처럼, 수행자는 늘 깨어 있어야 한다는 뜻으로 달아 놓는다. 한편으로는, 화재 예방 차원의 풍경이라고도 한

금오산은 거북(자라)을 뜻한다. 자라의 머리부분.

거북등 무늬의 바위도 많고 거북석상도 많다.

다. 풍경이 울리려면 바람이 불어야 하고, 바람이 불면 그만큼 화재의 위험이 크기 때문이다.

그 불은, 세상에서 일어나고 사람이 끌 수 있지만, 마음속에서 일어나는 불은 어찌해야 할까. 원효가 요석궁을 나올 때, 요석공주의 가슴에서는 어떤 불이 일어났을까. 이 마음의 불을 스님은 어떻게 껐을까. 요석은 또한 어떻게 끄며 살았을까.

나는 좌선대에 앉아 먼 바다를 바라보고 있는 스님을 그리다가, 이에 겹쳐서 요석궁 깊은 궁중에서 홀로 앉아 있는 요석공주를 상상해 보았다.

저 아래 바다는 그저 청정 고요할 뿐이다. 바닷바람과 아우르는 풍경소리는 여전히 무심하다.

절로 가는 길, 절집 이야기

659년(선덕여왕 8년)에 원효가 기도 중에 관세음보살을 친견하고 원통암(圓通庵)을 창건하였다. 그 내용이 『여수군지』 및 『여산지』에 기록되어 있다. 그렇다면 그 시대에 이미 여수 돌산도는 신라의 영토라고 추정할 수 있다.

남해 보리암, 강화 보문사, 낙산 홍련암과 함께 널리 알려진 우리나라 4대 해수관음 기도 도량이다. 이러한 관음성지는 관세음보살님이 상주하는 성스러운 곳을 의미한다. 대웅전 뒤편 위쪽에는 흔들바위(=경전바위)가 있다. 걸망이 무거워 경전들을 바다를 향해 던졌는데, 그 경전들이 허공으로 치솟으며 바위로 변해 경전바위가 되었다는 전설이 전해진다. 지금은 출입금지 구역이다.

관음전 아래 바닷가 방향에 '원효대사 좌선대'가 있어 쉽게 볼 수 있다.

650년에 윤필거사가 수도하면서 원통암을 금오암(金鰲庵)이라 개칭하였다. 1715년에 인묵대사가 지금의 자리로 암자를 옮기고, '해를 바라본다'는 뜻

가파른 계단과 등용문을 지나야 일주문을 만난다.

좌선대 바다를 향해 앉아서 선정에 들었을 원효성사를 상상해 본다.

의 향일암이라고 명명하였다.

다도해 해상국립공원에 위치한 향일암은 금오산 기암절벽 사이의 울창한 동백나무와 남해 수평선에서 솟아오른 일출 광경이 천하일품이어서 전국 각지에서 관광객들이 찾는 명소이다. 경내에는 대웅전과 관음전, 칠성각, 취성루, 요사채 등이 있다. 이 건물은 화재 이후 1986년에 새로 지은 것이다.

【 깨달음8 】 '일체유심조'란 말의 진정한 뜻은

원효스님은 대안대사의 말을 다시 돌이켜 생각하니 중생이 따로 밖에 있는 게 아니라, 지금 분별을 일으키고 있는 그놈이 바로 중생이고, 한량없는 번뇌가 곧 중생이라는 것을 깨달았다.

이런 분별하는 마음을 가지고 세상을 보니까 세상에는 도인이 수도 없이 많았지만 자신의 눈에 보이지 않았을 뿐이다. 천민촌에 있는 그 사람들은 중생이고 나는 보살이어서, 내가 그들을 구제해야 한다는 생각이 바로 '중생심'이었다.

원효스님은 '일체유심조'란 말의 뜻을 잘 알고 있다고 생각했는데, 마침내 확연히 그 뜻을 알게 되었다. 중생도, 부처도 다 내 마음이 만든다는 것을 알게 된 것이다.

화암사(花巖寺), 극락으로 들어가는 저 깊은 곳

- ○ **주소** 전라북도 완주군 경천면 화암사길 271(경천면 가천리 1078)
- ○ **원효 관련** 694년 일교국사 창건. 원효, 의상, 설총이 수도한 곳
- ○ **주요 관점** 우화루, 극락전, 철영재, 극락전 하양구조

일주문 앞에 서서, 잘 늙은 절 한 채

화암사, 내 사랑

- 안 도 현 -

인간세 바깥에 있는 줄 알았습니다
처음에는 나를 미워하는지 턱 돌아앉아
곁눈질 한번 보내오지 않았습니다.

나는 그 화암사를 찾아가기로 하였습니다
세상한테 쫓기어 산속으로 도망가는 게 아니라
마음이 이끄는 길로 가고 싶었습니다.
계곡이 나오면 외나무다리가 되고
벼랑이 막아서면 허리를 낮추었습니다.

마을의 흙먼지를 잊어먹을 때까지 걸으니까
산은 슬쩍, 풍경의 한 귀퉁이를 보여주었습니다.
구름한테 들키지 않으려고 구름 속에 주춧돌을 놓은
잘 늙은 절 한 채

그 절집 안으로 발을 들여놓는 순간

그 절집 형체도 이름도 없어지고

구름의 어깨를 치고 가는 불명산 능선 한자락 같은 참회가

가슴을 때리는 것이었습니다

인간의 마을에서 온 햇별이

화암사 안마당에 먼저 와 있었기 때문입니다.

나는, 세상의 뒤를 그저 쫓아다니기만 하였습니다

화암사, 내 사랑

찾아가는 길을 굳이 알려주지는 않으렵니다.

누군가가 화암사에 걸어놓은 안도현 시인의 시인데, 이런 설명도 있다. "잘 늙었다는 것은 비바람 속에서도 비뚤어지지 않고 꼿꼿하다는 뜻이며 그 스스로 역사이거나 문화의 일부로서 지금도 당당하게 늙어가고 있다는 뜻이다."

절로 가는 길, 절집 이야기

화암사로 오르는 길은 별스럽다. 600여 년 전 화암사에 사셨던 해총스님은 이 길을 '수십 길 되는 폭포, 바위 벼랑의 허리에 한 자 너비의 가느다란 길'로 묘사하였다. 국립경주박물관장 박영복 선생은 '천길 낭떠러지에 바위를 쪼아 만든 손바닥만한 너비'의 길로 그 모습을 생생히 전해주고 있다.

사찰로 창건된 것은 694년 진성여왕 때 일교국사에 의해서라 한다. 원효와 의상이 함께 수행하였고, 설총이 공부하던 곳이라 전한다. 원효는 686년에 입적하였기에 아마도 창건 이전의 수행처이거나 설총의 청년기에 창건되

우화루(보물) 몇 차례 고쳐 지었으나 우리나라 유일의 하앙식 구조로 된 건축 양식이다.

었을 것으로 추정한다.

주요 전각으로는 중심 전각인 극락전(국보)과, 우화루(雨花樓, 보물), 적묵당, 철영재가 있다. 임진왜란으로 많은 건물이 소실되었으나 건축사적으로 소중한 극락전과 우화루 등은 그대로 남았다.

극락전은 잡석으로 터를 돋운 위에 민흘림기둥을 세우고 지붕을 올린 터라 소박, 질박한 아름다움이 넘친다. 우화루는 하앙구조의 처마로 유명하다. '하앙(下昻)'이란 일종의 겹서까래로 처마 길이를 길게 뺄 수 있도록 고안한 건축 부재이다.

철영재는 사육신 성삼문의 조부인 성달생이 관찰사로 부임해 왔다가 간 후, 훗날 퇴락해 가는 절을 보고 중창 불사를 하였다고 한다. 조선조 초기에는 불교에 대한 탄압이 조선조 중·후반기와는 같지 않았음을 알 수 있다.

극락전(국보) 극락전 역시 하앙식 건축물이다.　　**하앙식 양식** 처마와 나란히 긴 나무를 놓고
서까래를 길게 빼어 처마를 내었다.

【 깨달음9 】 '원효대사'라는 이름이 장애가 되고 있음을

원효스님은 천민들이 사는 동네로 다시 갔다. 그 사람들을 구제하러 간 게
아니다. 내가 너를 구제한다느니 하는 '나'와 '너'의 분별이 사라졌기 때문
에, 그들은 더 이상 구제할 대상이 아니었다.

그런데 그곳에 가자마자 원효스님은 또 다른 장벽에 부딪혔다.

"위대한 원효대사님께서 오셨다."라고 하며 마을 사람들이 자기를 떠받들
었다. 자기는 모든 분별하는 마음을 다 버렸는데, 마을 사람들은 그런 원효
스님을 떠받들고, 자기는 그들과 친구가 되려고 갔는데, 그들은 원효스님
을 높은 사람으로 떠받드니 친구가 되기가 어렵게 된 것이다.

"이게 내 문제일까, 아니면 그 사람들 문제일까?" 하고 생각해 보니, 자기가
그들을 차별하거나 그들을 낮추어 생각하고 있다면 그것은 자신의 문제지
만, 지금은 그것이 아니었다.

"나는 이제 그들에 대해 완전히 열린 마음을 냈는데, 그들이 마음의 문을
닫고 나를 떠받드는데 내가 어떻게 할 수가 있겠는가?"

이런 생각이 들자 원효스님은 이것도 자기 문제라는 걸 알게 된다. 그 유

명한 '원효대사'라는 이름이 장애가 되고 있음을 깨달은 것이다.

❀

그 유명한 '원효대사'라는 이름이 장애가 되고 있음을 깨달은 후, 원효스님은 공개적으로 요석공주와 스캔들을 일으켜 '원효대사'라는 그 유명한 이름을 버린다. 그러자 이제까지 그를 위대하다고 받들던 왕족과 귀족, 그리고 스님들은 전부 "계를 파괴한 자"라고 손가락질하며 외면하였다.

천민들이 신분적 차별 때문에 사회에서 소외되었다면, 원효스님은 파계로 인해 승려사회 뿐 아니라 불교가 지배하던 그 사회로부터 외면당했으니 결국 소외된 것은 마찬가지였다.

파계 후 다시 천민 동네로 가니, 승려사회에서 쫓겨난 별 볼 일 없는 사람이 온 거라 여긴 그들은 기꺼이 원효스님을 친구로 받아들였다. 비로소 그들과 더불어 친구로 살게 된 것이다. 이제 위대한 원효라 할 만한 어떤 징표도 없어져 버린 것이다.

이후로 스스로를 소성거사(小性居士)라 칭하며 깡패들과 어울리기도, 술꾼들과 어울리기도 하였다. 그런데 원효대사와 어울려 돌아다니던 사람들이 몇 년 지나면 도둑놈이 도둑질 안 하고 스님이 되겠다고 하고, 살생하던 사람이 살생을 안 하게 되고, 깡패가 깡패짓을 멈추고, 술꾼이 술에 취하지 않게 되었다. 이것이 보살이 중생을 구제하기 위하여 인연을 따라 화현하는 모습이다. 보살의 마지막 단계인 화작(化作)* 이라 한다.

* 화작(化作): 세속에 들어가 중생과 같은 모습으로 같이 살아가면서 제도하는 것을 말한다. 제도한다는 마음조차 없이 같이 살아가는 것을 일러 화작이라고 한다.

고림사(古林寺), 원효스님의 좌선대는 없어도

古林寺

- **주소** 전라북도 진안군 진안읍 상역로 174-96 (진안읍 군상리 1161)
- **원효 관련** 672년 원효 창건
- **주요 관점** 원효 좌선대, 관세음보살상

일주문 앞에 서서_ 승화하는 그 경지는

'내려오는 차와 만나면 어떻게 피하지?' 하는 걱정이 들 만큼 좁은 산길을 올라갔다. 도착하여 보니 돌로 쌓은 몇 단의 축대가 앞을 막고, 대웅전도 '고림사'라는 현판을 달았을 뿐 소박한 요사채처럼 보인다.

아무도 없었다. 이 소박한 절은 그저 '고요함'뿐. 그리고 외로움.

이 외로움이라는 것의 근원을 살펴보면 긍정과 부정의 양태가 있는 것 같다. 부정의 상태를 생각해 보면 사람들과의 관계 속에서 나타나는 심리이

고림사에서 내려다 보이는 진안 시내 방향

원효스님, 그 마음을 찾아서

다. 그들과 얼마나 가까운가, 그들과 어떤 공통성이 있는 가, 그들과 어떤 일을 교류하고 있는가 등등.

그런가 하면, 긍정의 상태에서 보면 고독(외로움) 자체는 인간의 본질이라는 시각이다. 외부적인 상대적 환경이 아닌 자신의 내부적 본질이라는 개념. 이는 자기 정화나 자기 뒤돌아보기가 아닐런지.

이런 상념 속에 있는데 차가 올라오는 소리가 들렸다. 외출에서 돌아오는 스님이었다. 비구니 스님. 원효대에 대해서 묻자,

"너무 위험하다고 폐쇄했대요. 발길이 끊어져 지금은 어디인지 아무도 모르죠."

대웅전 인법당으로 쓰였다가 요사채가 생기면서 대웅전이 되었다.

오른쪽 관세음보살은 1928년 고림사 화재 때 소실되지 않은 유일한 성보문화재이다.

이 말씀에 원효대 탐방을 포기해야 했다.

내려오면서, 아무도 모르는 그곳에 앉아 좌선하였을 원효스님을 생각해 본다.

외로움을 어떻게 승화시켰을까. 승화하는 그 경지는 무엇일까.

🪷

절로 가는 길, 절집 이야기

고림사는 진안중학교에서 약 1.5km의 산길을 올라가야 하는 부귀산 중턱에 있다.

672년(문무왕 12) 원효가 창건하였다. 사찰 주변에는 스님이 좌선을 하던 좌선대가 남아 있다고 하는 데, 주지스님 말씀에 의하면 20여 년 전 폐쇄되었다고 한다. 전하는 바에 따르면, 원효는 삼국통일의 대업이 원만히 이루어지기를 소망했다. 주로 '안(安)' 자가 붙은 곳에서 수도하였다고 한다. 전라북도 부안의 변산과 진안의 이 사찰이 잘 알려져 있다.

창건 이후 연혁은 전하지 않는다. 단지 고려 때에 상림사 또는 운림사로 불렸다고 한다. 조선시대에 들어와 절 주위에 수백 년 된 고목들이 울창한 숲을 이루고 있어서 고림사(古林寺)라 하였다.

1928년 불에 타 없어진 것을 1932년에 중건하였다. 이때 불길 속에서 건져낸 관세음보살상이 유일하게 남아 현재 법당에 모셔져 있다.

주위가 한적하고 경치가 아름다워 진안군의 옛 이름인 월랑의 월랑팔경(月浪八景) 중 부귀산에 지는 일몰 '부귀낙조(富貴落照)'와 고림사의 저녁 종소리 '고림모종(古林暮鐘)'이 유명하다.

🪷

【 깨달음10 】이 땅에 나투신 부처님

원효스님의 삶을 네 가지 법계[四法界]에 비추어 살펴보면,

청년시절 화랑 때가 첫 번째 단계인 사법계(事法界) 차원의 삶이었다. 사법계 세계는 같이 욕하고 같이 싸우고 하며 서로 어울려 더러움에 물드는 단계이다.

출가 후 법을 구하기 위해 죽음을 두려워하지 않고 용맹 정진하던 시절은

두 번째 단계인 이법계(理法界) 차원의 삶이다. 이법계 세계는 세상에 물들지 않으려고 이 더러운 세계를 멀리 떠나서 깨끗한 세계에서 사는 단계이다.

해골바가지 물을 마시고 일체유심조를 깨달은 이후는 세 번째 단계인 이사무애법계(理事無碍法界) 차원의 삶이다. 이사무애법계 세계는 더러움 가운데 있으면서도 더러움에 물들지 않는 것이다. 진흙 속에서 피어나지만 진흙에 물들지 않는 연꽃과 같은 세계이다.

파계 후 세상 속으로 들어간 이후는 네 번째 단계인 사사무애법계(事事無碍法界) 차원의 삶이다. 사사무애법계 세계는 걸레가 되어 더러움을 닦아내 버린다. 더러움에 물들지 않는 것이 아니라 나를 더럽혀 상대를 깨끗이 해 버린다. 진흙 속에서 피어나는 한 송이 연꽃이 아니라 그 한 송이 연꽃을 피우는 진흙이 되어 버린다. 원효스님이 깡패나 술꾼들과 어울리며 소성거사로 다닐 때에 저절로 이들이 교화되는 경우와 같다.

원효스님은 진정으로 이 땅에 나투신 부처님이라고 말할 수 있다.

팔성사(八聖寺), 원효스님과 8인의 성인을

○ **주소** 전라북도 장수군 장수읍 비행로 1455-94 (장수읍 용계리 1267)
○ **원효 관련** 7세기 초 해감 창건. 원효의 강론, 강법
○ **주요 관점** 부도전, 황금 마니차, 조망, 성적선원, 흑지금선묘

일주문 앞에 서서_ 근심 걱정 버리고

'해우소'는 사찰 화장실을 일컫는 이름으로 널리 사용되는 말이다. 통도사 극락암에서 오래 머물다가 득도하신 경봉스님이 처음 사용했다고 한다.

어느 날 경봉스님은 休急所(휴급소), 解憂所(해우소)라고 쓴 팻말 두 개를 내밀면서, '급한 것을 쉰다.'는 뜻의 휴급소를 소변보는 곳에 걸게 하고, '근심을 푼다.'는 뜻의 해우소는 대변보는 곳에 걸게 하셨다.

대웅전과 관음보살 입상

원효스님, 그 마음을 찾아서

경봉스님은 그 이유를 이렇게 말씀하셨다.

"우리 극락암 변소에 갔다가 사람들이 팻말을 보고 저마다 한소리를 해. 이 세상에서 가장 급한 것이 무엇일까? 무엇보다 자신이 누구인지를 찾는 일일 텐데, 중생들은 급한 일은 잊어버리고 바쁘

사찰 입구의 부도탑
암반을 깎아 계단을 만들고 그 위에 부도탑을 모셨다.

지 않은 것은 바쁘다고 해. 내가 소변보는 곳을 휴급소라고 한 것은 쓸데없이 바쁜 마음을 그곳에서 쉬어가라는 뜻이야. 그럼 해우소는 무슨 뜻이냐. 뱃속에 쓸데없는 것이 들어있으면 속이 답답하고 근심 걱정이 생기지. 그것을 다 버리는 거야. 휴급소에 가서 급한 마음 쉬어가고, 해우소에서 근심 걱정 버리고 가면 그것이 바로 도를 닦는 거야."

- 목경찬, 『들을수록 신기한 사찰 이야기』

절로 가는 길, 절집 이야기

팔성사 창건에 관한 이설이 많다. 하나는 백제 무왕 3년(603)에 해감스님이 창건하였을 때, 그의 제자 7인도 함께 따라와서 각자 암자를 하나씩 짓고 수행하여 유래한다는 것이다. 팔공암(八公巖)이 있어 팔공산이라 한다는 설도 있다. 팔공산의 옛 이름인 성적산(聖迹寺)이란 이름도 성인의 자취가 있는 산이란 뜻이다. 『장수군지』에는 당시 스님들이 각각 거주했던 암자로

용탑사, 문수암, 보현암, 수문암, 광명암, 벽계암, 국사암, 팔공암을 팔성사에 속해 있던 암자라고 구체적으로 거론하고 있다.

척판구중과 관련된 이야기도 있다. 원효가 던진 척판으로 목숨을 구한 당나라의 1천 명 대중이 천성산에 와서 모두 득도하였을 때, 이들 천 명의 뒷바라지를 하던 8명은 미처 공부를 마치지 못하였다. 이들은 원효를 따라 이곳에 와서 수행하여 득도하였다. 성인 8명이 나왔기에 팔성사라 부르게 되었다는 것이다. 이는 대구 팔공산 설화의 이설인 듯하다.

신라 진평왕이 중수했고 원효의 도량이라고 전한다. 남북쪽에 만향점이 있다. 원효와 의상이 이곳에서 강법할 때 향기가 퍼져 나와 붙인 이름이라 한다. 그 위치는 확실하지 않다.

현재 팔성사는 1974년에 대웅전을 새로 짓고, 1991년에 인법당 자리에 극락전을 중창하고 성적선원(聖迹禪院)을 지었다.

대웅전 옆에 관음보살입상이 있고 그 옆으로 범종루가 위치하여 아름다운 조화를 이룬다.

원효스님, 그 마음을 찾아서

『삼국유사』에 기록된 원효 관련 이야기(1)

『삼국유사』의 저자 일연(一然, 1206-1289)은 원효의 다양한 모습을 가감 없이 여러 각도에서 서술하고 있다. 원효와 일연은 고향이 같은 지금의 경산이다. 경산에서는 지금도 원효와 그의 아들 설총, 그리고 일연을 삼성(三聖)이라 부르며 기리고 있다.

태종춘추공조(太宗春秋公條) 668년

태종 김춘추의 생애와 업적에 대한 기록이다. 김유신의 막내 누이 문희와의 결혼 이야기, 백제가 망해가는 과정, 당나라와의 외교 등 그의 활약상을 소개하고 있다. 원효에 대한 부분이 언뜻 나타나 있는데 이야기는 이러하다.

668년 당나라 소정방이 고구려를 치기 위해 평양성 교외에 주둔하고 있을 때, 당군이 편지를 보내어 군수물자를 급히 보내라고 하였다.

태종이 신하에게,

"고구려로 들어가 당나라 군사가 주둔한 곳에 이르기에는 위태로운 형세요. 그러나 우리가 청한 당나라 군사가 식량이 떨어졌는데 보내주지 않는다는 것도 도리가 아니니 어찌해야 좋겠소?"

하고 물으니, 김유신이 말하였다.

"신들이 그 군수물자를 수송할 수 있습니다. 대왕께서는 염려하지 마십시오."

그리고 김유신과 김인문 등이 고구려 국경으로 들어가 부족한 군량미를 갖다주었다.

또 당군과 신라가 합세하여 고구려를 언제 칠까 날짜를 물었는데, 소정방이 난새와 송아지를 그려 주었다. 사람들이 그 뜻을 몰라 원효에게 물으니, "속히 군사를 돌리라는 것이다. 난새와 송아지를 그린 것은 둘이 끊어짐을 말한 것이다." 하여 김유신이 속히 군사를 돌려 후퇴하여 고구려 공격을 피할 수 있었다는 이야기다.

난새는 중국의 전설 속의 새를 이르는 말이다.

영월암(映月庵), 빼어난 풍광에 달빛이 어린 듯

映月庵

- **주소** 전라북도 장수군 산서면 봉서로 182-135 (봉서리 520-1)
- **원효 관련** 창건연대 미상. 원효가 한철 수행
- **주요 관점** 극락전, 성은정사, 팔공산 조망

일주문 앞에 서서_ 푸른 하늘에 오르네

이곳 영월암의 성은정사는 절보다 높은 위치에 자리 잡고 있어 풍광이 매우 뛰어나다. 조선시대에 관리나 유생들이 이런 곳으로 나들이를 많이 왔을 것이다. 그들이 풍류와 주색을 즐길 때, 스님들은 가마꾼도 해야 하고 절에서는 음식을 준비하며 온갖 어려운 부역을 하였다. 이러한 횡포와 탄압은 불교를 거의 말살 수준에까지 이르게 했다.

절 위에서 본 영월암 전경 산비탈에 층층별로 당우를 지었다.

그러다가 명종 때 섭정하던 문정왕후는 불교계를 잠시 부흥시켰는데, 그 중심 스님이 허응 보우(虛應普雨, 1509-1565)이다.

왕후의 후원으로 중요한 정책을 제언하고 이를 실천으로 옮겼다. 폐지된 승과(僧科)를 부활시켰는데, 이때 치러진 시

극락전 아미타여래를 모시고 관음보살과 대세지보살이 협시하고 있는 단출한 본전.

험에서 서산 휴정이나 사명 유정과 같은 뛰어난 인물이 나오게 된다. 그들이 중심이 되어 임진왜란에서 큰 활약을 한다.

그러나, 문정왕후가 죽자, 전보다 더한 혹독한 탄압을 받게 되고 모든 책임이 보우에게 지워진다. 그는 승직을 박탈당하고 제주도로 유배되었다. 당시 제주목사에 의해 보우는 장살(杖殺)을 당하고 만다. 불교 중흥을 위해 온 몸을 바친 한 선사를 곤장으로 때려죽인 것이다. 그의 나이 56세 때 일이다. 그리고 유생들은 보우를 나라 망친 희대의 요승으로 기록하고 있다.

그는 죽임을 당하기 직전 게송 한 편을 남긴다. 삶과 죽음에 초연한 선사로서의 모습이 느껴져 경외감이 절로 일어난다.

> 허깨비가 허깨비 마을에 들어가
> 50여 년 광대놀이를 하였네
> 영욕의 인생 잘 놀았으니
> 승려의 탈을 벗고 푸른 하늘에 오르네

성은정사 많은 사연과 더불어 영월암 경내 맨 높은 곳에 있다.

성은정사에서 보이는 풍광 멀리 장수 팔공산과 호남금남정맥이 아스라이 이어져 있다.

절로 가는 길, 절집 이야기

달이 오래 비치는 절이라 하여 영월암(映月庵)이라 부른다. 영월암의 달 뜨는 경치는 장수 10경 중 하나이다. 근처에 삼한시대 이래 내려온 사찰 토굴 터가 있어 원효가 한철 겨울을 지내면서 수행하였다고 한다. 옛 토굴 터는 구체적인 위치와 흔적을 찾기 어렵다.

해발 350m의 높은 곳에 자리하여 인근의 산야가 다 내려다보인다. 북동쪽으로 신무산, 팔공산, 성수산으로 이어지는 호남금남정맥이 한눈에 들어온다. 경내지 위쪽에 성은정사(城隱精舍)라는 전각이 있는데, 조선시대 이래로 문인들의 쉼터로 쓰인 곳이다.

전각들은 산세를 거스르지 않고 좁은 공간을 위로 향하면서 요사채, 극락전, 범종각, 칠성각 등이 하나씩 배치되어 있다.

중창 불사는 지역 신도들이 주축이 되어 진행했는데 1952년 석주(石柱), 석정(石鼎)스님 등이 직·간접적으로 참여하였다고 한다. 1987년 대웅전을 중건하였다. 제월당(요사채)은 1992년과 2004년에 대지(大智)스님이 지었다.

『삼국유사』에 기록된 원효 관련 이야기(2)

동경흥륜사십성조(東京興輪寺金堂十聖條) 702년

지금의 흥륜사는 원효의 자취는 찾을 수 없고 이차돈이 순교한 자취를 여러 곳에 남기고 있다. 옛 흥륜사에는 진흙으로 빚은 신라 10성이 모셔져 있었는데, 폐사되었다. 1980년대에 다시 지었다고 한다.

기록된 원효 이야기의 전문은 다음과 같다.

"동쪽 벽에 앉아서 서쪽으로 향한 진흙상(泥塑)이 아도, 염촉, 혜숙, 안함, 의상이다. 서쪽 벽에 앉아서 동쪽을 향한 진흙상은 표훈, 사파, 원효, 혜공, 자장이다."

전후소장사리조(前後所將舍利條) 650년

자장법사와 의상대사에 대한 이야기인데, 중국에서 가져온 사리와 불경 등에 대한 관리와 보존에 관한 이야기다. 이 중 의상전을 인용하면서, "원효와 함께 당나라로 들어가고자 하여 고구려에 이르렀으나 어려움이 있자 되돌아왔다(與元曉同伴欲西入 至高麗 有難而廻)."고 기록하고 있다.

개암사(開巖寺), 천년 길지에 주석한 도량

- **주소** 전라북도 부안군 상서면 개암로 248 (상서면 감교리 714-2)
- **원효 관련** 634년 묘련스님 창건. 676년 원효 중수
- **주요 관점** 일주문, 대웅전, 석불좌상, 응진전 16나한상, 울금바위, 원효굴

일주문 앞에 서서_ 개암사 젖샘

개암사 뒷산 울금바위에는 원효가 수도하던 원효방이라 불리는 동굴이 있다. 이 동굴에는 극심한 가뭄에도 마르지 않는 샘이 있다. 마을 사람들은 이 샘을 원효샘이라 부른다. 원래는 샘물이 없었다. 제자 사포(蛇包)가 차를 달여 원효스님께 드리려 했을 때, 갑자기 바위 틈에서 물이 솟아났다. 맛이 매

대웅전 (보물)과 뒷산의 울금바위 임진왜란 때 소실되었다가 1636년에 중창하였다.

석불지장보살상 지장전에는 석조지장보살과
뒤에 작은 지장보살을 모셨다.

울금바위 아래의 복신굴
원효굴은 산성쪽으로 가야 한다.

우 달아 젖과 같으므로 이후 늘 이 물로 차를 달였다 한다.

여기 '차(茶)를 달였다'는 기록은 한국 다도의 원형으로 여겨져 차인(茶人)들
에게 널리 숭앙 되고 있다. 동굴 속 바위벽에서 스며나온 이 샘물은 바닥에
한 바가지만큼씩만 고이며, 물빛이 젖처럼 뽀얗고 부드럽고 뒷맛이 달콤하
여 젖샘이라고도 부르게 되었다.

고려시대 이규보는 이곳에 와서 시(詩)를 지어 이렇게 찬탄하였다.

> 산을 돌아 위태로운 사다리 올라
>
> 발을 포개어 실 같은 길 가니
>
> 위에 있는 백 길의 산마루를
>
> 일찍이 원효성사께서 지붕으로 삼았네
>
> 존엄한 자취 어디에 있는지 아득하고
>
> 남겨진 진영만이 비단에 머물러 있구나
>
> 다천에 맑고 깨끗한 물 괴었으니
>
> 마시매 그 맛 젖과 같구려
>
> (하략)

절로 가는 길, 절집 이야기

개암사는 진입하는 입구부터 아름답다. 23번 도로에서 개암사 방향으로 들어서면 벚꽃길과 개암제 저수지 길이 유명하다. 이어 일주문에서부터 불이교까지 전나무 숲길이 잘 가꾸어져 있다. 사천왕문과 청허루를 지나면 대웅전과 울금바위의 절묘한 풍경이 매우 인상적이다.

634년 백제의 왕사 묘련스님이 창건하였다. 676년에 원효와 의상이 머물면서 중수하였다고 한다. 1096년 원감국사가 중창하였고, 이때에 많은 이들에게 『능가경』을 강설하였다. 이후 개암사 뒷산을 능가산이라 부르게 되었다. 현재는 크지 않은 사찰이지만 원효와 의상, 진표율사, 원감국사 등의 고승 대덕이 인연을 맺었던 오랜 역사를 간직한 고찰로 크게 번성한 바 있다.

삼국통일기에 백제부흥군이 이곳 주류성에서 마지막까지 항전 이후, 원효는 이곳에 와서 백제 유민들의 아픔을 달랬다. 절 마당에서 바로 능가산 울금바위가 보인다. 울금바위 왼편 봉우리 아래에는 백제부흥군이 머물던 넓은 바위굴인 복신굴이 있으며, 오른편 봉우리에는 스님이 머물렀던 바위굴인 원효방이 있다.

개암사 죽염전래관에서 보급하는 개암 죽염도 유명하다. 진표율사께서 제조 방법을 전수한 이래 주로 불가 스님들 사이에서 민간요법으로 전래되어 온 건강 소금이다. 지금은 현대적인 설비를 갖추어 상업화하면서 많은 사람들에게 알려지게 되었다.

관음전에는 특이하게 해상용왕, 남순동자가 관세음보살 좌우를 협시하고 있다.

『삼국유사』에 기록된 원효 관련 이야기(3)

낙산이대성조(洛山二大聖條) 671년

원효는 의상이 관음보살을 친견하고 낙산사를 지었다는 사실을 알고, 그곳에 가서 예를 올리려고 가게 되었다. 가는 도중에 벼를 베고 있는 여인을 만나 장난삼아 벼를 달라고 하자 여인은 벼가 안 영글었다고 장난조로 말하였다.

또 월경 생리대를 빨고 있는 여인을 만난다. 물을 달라고 부탁하자 여인은 그 더러운 물을 떠서 주었다. 소나무 위에 파랑새가 그에게 그만 쉬라 하고 사라졌는데 소나무 아래에 신발 한 짝이 있었다. 절에 도착하니 나머지 한 짝이 거기에 있는 것을 보고 관음보살의 진신임을 깨달았다고 한다.

이혜동진조(二惠同塵條)

이혜는 혜공과 혜숙을 말하는데 이들의 기이한 행적을 소개한 부분이다. 혜공은 원효의 스승이자 친구였다. 혜공은 항사사(恒沙寺)에 거처하며 원효보다 먼저 미치광이 행세를 한다. 삼태기를 지고 저자에서 노래하고 춤추며, 백성들에게 불법을 전하며 살았다. 원효는 여러 소(疏)를 지으면서 항상 혜공을 찾아가 의심나는 것을 물었는데, 가끔씩 서로 말장난을 하였다.

어느 날 둘은 물고기와 새우를 잡아먹고 돌 위에 대변을 보았는데, 혜공이 말했다.

"너는 똥을 누고 나는 고기를 누었다(汝屎吾魚)."

그 때문에 오어사(吾魚寺)라고 이름을 바꾸게 된 것이다.

두 스님의 유쾌한 법거량의 이야기다.

6
경남권역

송계사(松溪寺), 솔 향기 그윽한 소박한 기도 도량

○ **주소** 경상남도 거창군 북상면 송계사길 321(북상면 소정리 산 27)
○ **원효 관련** 652년 원효, 의상 창건
○ **주요 관점** 문각, 비로자나불 석상, 극락보전, 대웅전, 삼성각

일주문 앞에 서서_ 넘치는 풍요가 있어도

지난 5월에 '히말라야 트레킹'을 다녀왔다. 보통 만년설로 어우러진 설산을 감상하고 오는 것으로 여기거나 전문 산악인만 가능한 것으로 생각하는 경우가 많지만, 나는 8일간 짧은 일정으로 히말라야를 감상하기에 가장 좋은 곳의 하나인 '푼힐 전망대'를 다녀왔다. 일반인도 충분히 가능한 코스다.

히말라야를 오르다 보면 가파른 곳곳에 작은 마을들이 나타난다. 이곳에는 쉬고, 먹고, 자는 시설이 있다. 일종의 간이휴게소로 '롯지'라 한다. 전기가 없는 곳이 많고 음식도 한두 가지뿐이고, 숙박을 하게 되면 침낭이나 방한복을 반드시 준비해야 한다. 모든 시설이 허름하고 열악하다고 볼 수 있다.

이곳 사람들은 참으로 느긋하다. 표정도 잔잔하고 말도 조용조용하며 여유롭다. 카투만두 시내 거리에서 만난 젊은이는 토마토 네 개와 기름나물 두 묶음을 놓고 팔고 있다가 나와 눈이 마주치자 천진한 웃음으로 대한다. 심지어 큰 개가 많이 보이는데 대부분 거리에 앉아 있거나 자고 있다. 사람도 개도 저마다 마냥 평화롭고 느릿느릿하다.

롯지든 개인 집이든 화초를 많이 기른다. 여러 종류의 화초를 울타리, 베란다 등 화분이 놓일 만한 곳이면 대부분 놓여 있다. 그 높은 산허리에 살면서

오가는 사람도 별로 없는데 마치 의무인 듯 가꾸고 있다.

우리는 갖고 있는 것이 너무 많아, 이것 때문에 오히려 불편하고 스트레스를 받는 경우가 많다. 많이 갖기 위해 얼마나 치열한 경쟁을 하는가. 넘치는 풍요가 있어도 여유롭거나 넉넉한 마음은 줄어들고 있다.

네팔 사람들이 왜 행복 지수가 높은지 충분히 짐작할 수 있다.

절로 가는 길, 절집 이야기

송계사는 덕유산 동부 송계계곡에 숨어있는 소박한 절이다. 절 이름에 어울리게 주변에는 아름드리 적송이 울창한 숲을 이루고 있다. 거창 12경 중 하나로 꼽히는 울창한 숲과 시원한 계곡, 넉넉하고 기운찬 송림과 맑은 공

대웅전 극락보전에 이어 바로 위에 있어 두 전각이 모두 주불전이라 할 수 있다.

기는 그 자체로 방문객의 마음을 깨끗하게 정화시켜 주기에 충분하다.

원효와 의상은 수리봉 아래에 영취사를 창건하고, 주변에 5개의 부속 암자를 세웠다. 임진왜란 때 모두 소실되었다. 부속 암자 중 송계사만을 조선 숙종 때 진명대사가 중창하였다. 한국전쟁 때 소실된 것을 1969년에 중건하였으며, 이때 영취루를 해체하여 문각으로 다시 지었다. 사찰 입구 문각(門閣)이라는 전각이 그것이다. 여느 사찰의 일주문이나 불이문과는 달리, 출입구 오른쪽에 범종이 있고, 왼쪽 작은 방에는 비로자나불 석상이 있는 독특한 3칸짜리 구조이다.

경내로 들어와서 보는 문각
사진의 오른쪽에 비로나자불 석상이 있고 왼쪽은 범종이 있는 매우 독특한 구조

문각 안의 비로자나불 소원을 빌면 한 가지는 꼭 이루어진다고 한다.

문각을 통과하여 경내에 들어서면 바로 극락보전이 있다. 극락보전은 1920년대에 지어진 건물로 법당 우측에 다락방을 만들어 다실로 사용하고 있다. 법당과 요사를 함께 쓰는 것이니 인법당인 셈이다. 바로 위쪽에 대웅전이 있고 맨 위쪽에는 삼성각이 있다.

『삼국유사』에 기록된 원효 관련 이야기(4)

원효불기조(元曉不羈條)

불기(不羈)란, 도덕이나 사회 관습 따위에 얽매이지 아니하는 것을 뜻한다. 원효에게 어울리는 제목이다. 원효에 대한 기록이 가장 많이 남아 있는 주요한 조목이다. 탄생과 자람, 요석공주 일화, 설총의 일화, 소성거사로서의 행적 등 많은 이야기의 일대기를 소개하고 있다.

의상전교조(義湘傳敎條)

의상대사가 승려가 된 후 중국으로 가서 교화를 보고자 하는 의상의 행장이다. 여기에도 우리가 잘 아는 이야기를 싣고 있다. 원효와 함께 길을 나서 요동 변방으로 가던 길에 국경을 지키는 군사에게 첩자로 의심받아, 갇힌 지 수십 일 만에 겨우 풀려나 죽음을 면하고 돌아왔다는 내용이다.

이 이야기는 최치원이 지은 의상대사의 본전과 원효의 행장에도 적혀 있다고 한다. 이 당시에는 삼국 통일기라서 서로 큰 분쟁이 있어 국경 검색이 엄하고 살벌하던 시기였다. 11년 후 다시 당나라로 가려 했을 때 육지로의 여행은 매우 위험하다는 것을 알고 바닷길을 택한 한 이유가 되기도 했다.

고견사(古見寺), 원효스님이 또다시 오실 듯

- **주소** 경상남도 거창군 가조면 의상봉길 1049(가조면 수월리 1)
- **원효 관련** 677년 원효 창건
- **주요 관점** 범종, 석불, 은행나무

일주문 앞에 서서_ 열반이란 이런 건데

우리 일행이 고견사에 이르렀을 때, 마침 천도재를 마치고 남녀노소 일가족이 문을 나서고 있었다. 슬프고 심각한 표정으로 말없이 범종각이 있는 곳으로 갔다. 나중에 알고 보니 그쪽 한구석은 고인의 유품을 태우는 곳이었다.

40세 전후로 보이는 한 여인은 새로 지은 범종루 옆에 홀로 앉아서 눈물을 흘리고 있었다. 흐르는 눈물이 볼을 적시고 턱을 지나 상복 앞섶에 떨어지는 그대로 망부석처럼 꼼짝하지 않았다. 고인과 어떤 관계인지, 고인이 어떻게 돌아가셨는지 모르지만, 하염없이 눈물을 흘리며 허공에 눈을 두고 있는 여인의 처연함은 차라리 아름다웠다.

불교에서는 죽음을 '열반'이라고 한다. 또는 입적(入寂), 입멸(入滅)이라고도 한다.

어느 신도가 부처님의 제자 사리불에게 물었다.

사성각 안의 용왕탱 삼성에 용왕님이 추가되어 사성각이라 하였다.

고견사 석불(유형문화재) 고려시대에 조성된 것이라고 한다.

"사리불이여, 도대체 열반이란 무엇입니까?"

"벗이여. 탐욕과 노여움, 어리석음의 소멸, 이것을 일러 열반이라 한다."

곧 소멸이라는 뜻이다. 번뇌가 완전히 사라진 상태, 편안한 경지, 아무것도

없다, 멸했다, 적정(寂靜), 해탈 등 ⋯⋯

열반이란 이런 것인데, 나는 왜 이 여인의 모습만 자꾸 떠오르는지, 참!

절로 가는 길, 절집 이야기

최근에 완공된 거창산림치유센터 입구에 '고견사 의상봉'이라고 쓴 이정표

가 서 있다. 우두산(牛頭山) 의상봉으로 가는 산행길에 고견사가 있기 때문

이다. 주차장에서 약 1.8km 거리의 산길, 계곡길을 거슬러 올라가야 한다.

고견사(古見寺)라는 이름은 원
효가 절을 창건할 때, 이곳에
와보니 전생에 이미 와 본 곳
임을 알았다고 하는 것에서 유
래한다.

공민왕 7년(1358) 지희(智熙)스
님이 중수한 이래 여러 차례
중수가 있었다. 조선 왕실에서

절 뒤의 절벽에 새긴 마애불

는 고려 왕씨들의 명복을 빌기 위하여 밭 100결을 하사하고, 향을 내려 해
마다 2월과 10월에 수륙재를 지내게 한 원찰이다. 경내 입구에는 최치원이
심었다고 전해지는 천여 년 된 은행나무가 보호수로 지정되어 있다.

한국전쟁으로 소실되었다가 1988년 성법스님과 재일교포 배익천 선생이
시주하여 대웅전과 종각을 중건하였다. 이후 1995년, 2006년에 여러 당우
를 신축하여 오늘에 이르고 있다.

마애불에서 내려다 본 은행나무 수령이 약 1000년이라 한다.

현존하는 당우로는
대웅전과 나한전,
약사전, 산신각, 요
사채 2동 등이 있다.
유물로는 1630년에
주조된 범종과 석
불, 탱화 4점, 『법화
경』 등이 있다.

『삼국유사』에 기록된 원효 관련 이야기(5)

사복불언조(蛇福不言條)

사복(蛇卜)은 과부의 몸에서 태어나 12세가 되도록 일어나지도 못하고 말도 못하여 사동(蛇童)이라 불렀고, 사파(蛇巴)라고도 불렀다. 어머니가 죽자, 비로소 일어났고 원효 앞에 가서 말을 하게 되었으며, 시체를 업고 무덤에 들어가자 땅이 오므라졌다는 전설이 있다. 신라 십성(十聖) 중의 한 인물이다. 흥륜사에 진흙상으로 모셔져 있는 것으로 보아 매우 훌륭한 고승이었음을 알 수 있다.

어느 날 사복의 어머니가 죽었다. 그때 원효는 고선사(高仙寺)에 머물고 있다가 사복을 보고 맞이하여 예를 올렸다. 사복은 답례를 하지 않고 말했다.

"옛날 그대와 내가 함께 불경을 싣고 다니던 암소(사복의 어머니)가 지금 죽었는데 나와 함께 장사 지내는 것이 어떻겠는가?"

"좋다."

그래서 원효는 사복의 집으로 가서 시신 앞에서 소리내어 외웠다.

"태어나지 말지니, 죽는 것이 괴롭구나. 죽지 말지니, 태어나는 것이 괴롭구나."(莫生兮其死也苦, 莫死兮其生也苦)

그러자 사복이 말하기를,

"말이 번거롭다."(詞煩)

그래서 원효가 다시 짧게 말하였다.

"죽고 사는 것이 괴롭구나." (生死苦)

두 사람은 상여를 메고 활리산 동쪽 기슭으로 갔다. 원효가 말하였다.

"지혜 있는 호랑이를 지혜의 숲속에 장사 지내는 것이 마땅하지 않은가?"

사복은 곧 게(偈)를 지어 말하였다.

"옛날 석가모니 부처님께서 사라수 사이에서 열반에 드셨도다. 지금 또한 그러한 자가 있어, 연화장(蓮花藏)의 세계로 들어가고자 하네."

그리고 시체를 업고 땅속에 들어갔다고 한다.

관룡사(觀龍寺), 뛰어난 경관을 배경으로 앉은 觀龍寺

- ○ **주소** 경상남도 창녕군 창녕읍 화왕산관룡사길 171(창녕읍 옥천리 292)
- ○ **원효 관련** 583년 추정, 원효 기도처
- ○ **주요 관점** 약사전, 석조약사여래, 대웅전, 대웅전 내부, 용선대 석조석가여래좌상

일주문 앞에 서서_ 왜 오래 사나 했더니

> 내 나이 일흔둘에 반은 빈집뿐인 산마을을 지날 때
>
> 늙은 중님, 하고 부르는 소리에 걸음을 멈추었더니
>
> 예닐곱 아이가 감자 한 알 쥐어주고 꾸벅, 절을 하고 돌아갔다
>
> 나는 할 말을 잃어버렸다
>
> 그 산마을 벗어나서 내가 왜 이렇게 오래 사나 했더니
>
> 그 아이에게 감자 한 알 받을 일이 남아서였다
>
> 오늘도 그 생각 속으로 무작정 걷고 있다
>
> — 오현스님 (시조 시인) —

관룡사에서 15분쯤 오르면 만나는 용선대 석조여래좌상(보물)

약사전과 삼층석탑(보물) 임진왜란 때에도 불에 타지 않고 남아 있는 유일한 건물이다.

감자 한 알을 주고 돌아가는 시골 아이의 순박함과 진정함이 느껴지는 장면이다. 시(詩)와 선(禪)이 하나라고 하며 어렵게만 느껴지는 한시나 선시를 일반인도 쉽게 접근할 수 있도록 노력하신 분이 오현스님이다. 2018년 설악산 백담사에서 입적하셨다.

"그 아이에게 감자 한 알 받을 일이 남아서 오래 살았다."고 하는 그 넉넉

약사전의 석조약사여래좌상(보물) 용선대에 계신 석불을 본떠서 조성된 고려시대 불상.

하고 깊은 선의 경지를 알 듯 모를 듯하다. 보시를 하는 기쁨과 보시를 받는 기쁨을 누리며, 그런 기회가 있음을 또한 감사하는 마음도 담겨 있다.

스님이 겪는 이 아름다운 순간이 극락이 아닐까. 아이의 행동도 부처님이

원효스님, 그 마음을 찾아서

고 스님의 마음도 부처님 마음이다.

수월관음도(보물) 본존불 뒤쪽으로 돌아가면 볼 수 있다.

절로 가는 길, 절집 이야기

보물이 많기로 유명한 관룡사(觀龍寺)는 화왕산 병풍바위 아래에 있다. 고풍스러우면서도 운치가 있는 전각들 뒤를 배경으로 하여 경치가 매우 아름답다.

조선 후기 건물 양식인 대웅전(보물)을 중심으로 명부전, 응진전, 산령각, 칠성각이 오밀조밀하게 모여 앉았다. 대웅전 맞은편 쪽엔 원음각과 종각이 자리했다.

일설에 따르면, 원효와 그 제자인 송파스님이 이곳에서 백일기도를 드리고 있던 중 화왕산 정상의 세 개 못에 아홉 마리 용이 깃들어 있었다. 절이 창건될 때 구름 위로 승천하는 것을 보았다고 한다. 신라 8대 사찰 중 하나였으며, 삼국통일 후 원효가 중국 승려 1,000명에게 화엄경을 설법한 도량이라 한다.

관룡사 용선대에는 석조석가여래좌상(보물)가 있다. 동쪽을 향해 앉아 있으며, 주위로 구룡산 전경이 비경으로 펼쳐진다. 통일신라시대 불상으로 한 가지 소원은 반드시 들어주신다고 한다.

임진왜란 때 사찰 대부분이 소실되었는데, 오직 약사전은 화재를 면했다고 한다. 약사전에는 석조약사여래좌상이 유명하다. 약사전 대들보에서 먹으로 쓴 여섯 글자를 발견했다. '永和五年己酉(영화5년기유)'. 서기 349년이니 무려 1,660여 년 전에 약사전이 지어진 셈이다.

『삼국유사』에 기록된 원효 관련 이야기(6)

광덕과 엄장이라는 두 승려는 우애가 깊어 매우 친하게 지냈다. 어느 날 광덕이 먼저 죽었다. 그래서 그의 아내와 함께 함께 장사를 지냈다. 그리고 엄장은 광덕의 부인에게 말했다.

"남편이 죽었으니 나와 함께 사는 것이 어떻겠소?"

광덕의 아내는 이를 허락하고 엄장의 집에 머물렀다. 밤이 되어 엄장이 정을 통하려고 하니 거절하며 말했다.

"대사가 극락정토를 구하는 것은 물고기를 잡으려고 나무 위에 올라가는 것과 같습니다."

엄장이 괴이하게 여겨 물었다.

"광덕도 이미 그러했는데 나라고 해서 어찌 안 되겠소?"

이에 부인은 10여 년을 같이 살면서 하룻밤도 잠자리를 같이하지 않았다고 하며, 광덕은 매일 밤 극락정토를 염원하는 수행을 하였다고 말했다. 엄장은 이 말을 듣고 부끄러워 물러 나와 바로 원효에게 가서 도 닦는 묘법을 간곡하게 물었다. 원효는 정관법(淨觀法)*을 지어 그를 지도하였고, 엄장도 열심히 도를 닦아 역시 극락으로 가게 되었다는 이야기이다.

* 정관법(淨觀法): 사고의 더러움을 제거하고 번뇌의 유혹을 없애는 수행법.

율곡사(栗谷寺), 넉넉함을 보여주는 아담한 절

- o **주소** 경상남도 산청군 신등면 율곡사길 182
- o **원효 관련** 원효 창건(진덕여왕 5년, 651년)
- o **주요 관점** 율곡사 대웅전, 목조아미타삼존불좌상

일주문 앞에 서서_ 부처님의 영수(靈樹)에 더하여

율곡사 대웅전 앞 넓은 마당에는 거목의 감나무가 몇 그루 있다. 푸르른 하늘을 배경으로 떠 있는 주황빛 감을 보면 참으로 풍성하고 아름답다. 감은 현대인에게 참으로 고마운 과일이다. 식이섬유가 많아 소화를 촉진하고, 철분과 칼륨이 풍부하여 혈액순환을 촉진하고 빈혈을 예방하는 데 도움이

율곡사 전경 넓은 경내에 거목의 감나무가 많아 넉넉한 가을 풍경을 그려낸다.

보물로 지정된 아담하고 우아한 대웅전 중앙의 사분합문과 양쪽의 삼분합문이 잘 어울린다.

된다. 그리고 낮은 칼로리와 높은 식이섬유 함량으로 다이어트에 도움이 된다고 한다.

언젠가 텔레비전에서 원효스님 전기를 방송했다. 감을 따고 있는 설총에게 스님이 말했다.

"까치란 놈이 와서 먹게 몇 개는 놔두거라."

이것이 마음이 넉넉해지고 훈훈해지는 '까치밥 이야기'이다.

재산이 많아서 이웃을 도울 수 있는 게 아니라, 마음이 넉넉한 사람이 이웃을 도울 수 있다는 생각이 든다. 그런 사람이라면 줄수록 채워지는 행복한 마음일 것이다.

석가모니는 무우수(無憂樹 콩과의 상록수) 아래에서 태어났고, 보리수(菩提樹 뽕나무과의 무화과나무) 아래에서 깨달음을 얻었으며, 사라쌍수(沙羅雙樹 상록수의 하나) 아래에서 열반에 드셨다. 이들 세 나무를 부처님의 3대 영수라고 한다.

여기에 넉넉한 보시를 하는 감나무를 하나 더하여 4대 영수라고 하고 싶다.

절로 가는 길, 절집 이야기

산청군 신등면 율현리 지리산 동쪽 자락에 있는 절로, 원효가 창건하였고 930(경순왕 4)년에 감악조사가 중창하였다.

고려시대 연혁에 관한 기록은 전혀 알 수 없다. 대웅전 기단 앞에 당시 유물로 생각되는 석조팔각불대좌(石造八角佛臺座)가 남아 있어 고려시대에도 존재했다는 것을 짐작한다. 조선 성종 때 간행된 『동국여지승람』 단성현조에 "栗谷寺 在尺旨山" 즉 "율곡사는 척지산에 있다."라고 기록된 것을 보면 조선 초기에도 율곡사가 있었음을 알 수 있다.

천왕문 등 당우가 많았던 것 같지만 현재는 대웅전, 칠성각, 관심당, 요사채만 남아 있다. 현재의 대웅전은 조선 중기에 지어진 건물이며, 이후에도 여러 차례 중수되었다.

보물로 지정된 대웅전은 단층팔작지붕의 다포계 건물이다. 정면 3칸, 측면 2칸으로 정면과 측면 길이의 비가 황금비를 이루는 그리 크지 않은 아담한 형태를 갖추고 있다. 그 어디에도 견줄 수 없는 단정하고 우아한 자태를 자아낸다. 특히 정면 3칸 중 가운데 1칸은 문짝이 4짝인 사분합문을, 좌우에는 문짝이 3짝인 삼분합문을 달아 손길이 많이 갔음을 알 수 있다.

넓은 주차장으로 보아 예전에는 대찰이었던 곳임을 알 수 있다.

낭지승운(朗智乘雲) 보현수조(普賢樹條)

원효가 반고사에 있을 때 자주 낭지를 찾아가 만났다. 낭지스님은 원효에게 『초장관문』과 『안심사심론』을 짓게 하였다. 원효가 다 지어서 낭지에게 보내며 게(偈)를 적어 보냈는데, 그 내용은 이러하다.

> 서쪽 골짜기의 중(원효 자신)이 머리 조아려
> 동쪽 산봉우리의 상덕고암(낭지) 앞에 예를 갖추나이다.
> 미세한 먼지를 불어 보내 영취산에 보태고
> 잔 물방울을 날려 용연(龍淵)에 던지나이다.

자신의 책을 '미세한 먼지', '잔 물방울'이라 하며 매우 겸손함을 나타내었다.

낭지는 원효, 지통의 스승으로 구름을 타고 중국의 청량산에 가서 신도들과 강론을 듣고 삽시간에 곧 돌아오곤 하는 등 여러 가지 신통력이 많았다고 한다.

수도사(修道寺), 극락교를 건너면 바로 극락

○ **주소** 경상남도 의령군 용덕면 덕암로 581-137(용덕면 이목리 636)
○ **원효 관련** 662년 원효 창건
○ **주요 관점** 극락전, 진신사리, 사층석탑, 만세루, 부도밭

일주문 앞에 서서_ 행(行)하는 것

2022년 4월 6일, 수도사를 찾은 우리 일행은 절 앞에 도착하여, 꽃으로 장엄된 모습에 놀라지 않을 수 없었다. 독특한 아치형의 극락교를 건너면 온통 유채꽃이 펼쳐지고 막 피어나는 복사꽃과 나무들의 새순, 그리고 절 뒤(병풍바위)에는 대나무 숲과 녹차잎이 고운 녹색으로 물이 오르고 있었다. 화엄 극락세계가 여기인 듯.

독특한 모습의 극락교 일주문이나 해탈교의 역할을 하고 있다.

사층석탑 여러 탑부를 모아 새로 올린 모습으로 1, 3층 탑신 형식은 고려 후기의 것이고 기단석과 2층은 통일신라 말기의 것으로 추정한다.

여느 절 같지 않게 스님께서 우리를 반갑게 맞이해 주셨다. 곤륜덕암 주지 스님이다. 우리에게 차를 대접해 주면서 수도사에 대해 친절히 안내해 주신다.

더욱 놀란 것은 '홍쑥차'를 직접 만들어 보급하고, 심신 수련을 위해 '기공 체조'를 창안하여 책을 만들고, 시민들에게 직접 강의도 하신단다. 또한 여러 가지 동영상을 만들어 보급하면서 불법을 전한다니 그야말로 불법 실천 가다.

원효스님은 분황사에 머물면서 『화엄경소』를 짓다가 제4권 십회향품을 끝으로 마침내 붓을 놓았다. 이때 비로소 세상으로 나아가 불법을 전했다. 불법이란 몸소 실천하는 데 있음을 보여준 좋은 본보기라고 한다.

덕암스님과 이야기를 나누면서 법정스님의 말씀이 떠올랐다.

원효스님, 그 마음을 찾아서

"듣는 것만으로는 부처님의 가르침을 알 수 없다. 행하는 것, 그것이 도를 구하는, 진리를 구하는 진실한 모습이다."

절로 가는 길, 절집 이야기

전설에 따르면 원효가 극락전 뒤 바위벽(병풍바위) 아래에서 100여 명의 제자와 함께 수도했다고 한다. 이런 연유로 수도사라고 불렀다. 1420년(조선 세종 2) 국률과 정암·유곡 등이 중창하였고, 1592년(선조 25) 임진왜란 때 불에 탄 것을 유정(惟政)이 중건하였다.

사찰 입구에 다다르면 극락교가 보이고, 가파른 산비탈 위로 수도사가 보인다. 극락교를 건너면 만세루가 있고, 만세루를 지나면 중심 전각인 극락전이 있다. 극락전 옆에는 칠성각이 있다. 칠성, 독성, 용왕이 모셔져 있고, 산신은 그 위에 있는 산신각에 따로 모셔져 있다.

극락전 앞뜰 5층 석탑은 하부기단이 무너진 채 위태로운 형상으로 서 있는 바 이 석탑의 원위치는 그 자리가 아닌 듯 보인다. 또 수도사는 동쪽 산기슭에 8기로 이뤄진 부도군이 있다. 이것들을 미루어 옛날에는 이 절의 규모가 제법 컸을 것이라는 주지의 말이다.

아미타불을 모신 극락전에는 부처님 진신사리가 있다. 2017년 손상된 칠성탱을 수리하던 중 1901년 봉안된 부처님 진신사리 7과가 나왔다고 한다.

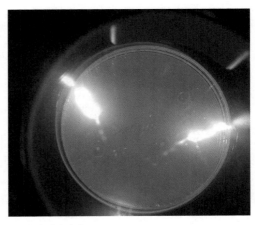

부처님 진신사리

원효의 구심주법

선정(禪定)에 있어서, 우리나라에서는 보편적으로 원효스님이 주창한 구심주법(九心住法)과 좌선의 행법이 채택되었다. 이 구심주를 닦기 위해서는 먼저 고요한 곳에 머무를 것, 계(戒)를 청정하게 지킬 것, 의복과 음식에 부족함이 없을 것, 선지식(善知識)을 만나야 할 것, 모든 연(緣)이 되는 사무를 쉴 것 등 다섯 가지 환경에 대한 선행조건이 제시된다.

본격적인 수행인 구심주는, 사람들의 마음이 그들을 둘러싸고 있는 외부 세계로부터 받는 자극과 유혹 등으로부터 동요됨이 없이, 평화롭고 고요한 마음을 이루게 되는 경지를, 다음과 같이 아홉 가지로 나눈 것이다.

① **내주(內住: 내면적이 됨)** 세상의 인간관계 속에서 마음을 분별하게 하는 육진(六塵)*에 끌려가지 않고 마음을 내면으로 향하게 하는 것.

② **등주(等住: 평등하게 됨)** 너와 나에서 벗어나 평등한 생각으로 차별적인 번뇌를 꺾는 것.

③ **안주(安住: 평안하게 됨)** 차별적인 번뇌를 완전히 끊어내어 방편인 평등한 생각마저도 버림으로써 안·아·비·설·신·의에서 드러나는 번뇌에서 대치하는 생각이 모두 지워지고 편안히 머무르는 것.

④ **근주(近住: 가까이 머무름)** 내 눈에 보이는 일체의 현상들은 무상(無常)임을 깨달아 모든 현상에 대해 능히 생각할 만한 것이 없음을 밝게 아는 것으로, 무상을 깨닫는데 근주의 묘(妙)가 있는 것.

---

* 육진(六塵): 중생의 마음을 더럽히는 여섯 가지. 색(色), 성(聲), 향(香), 미(味), 촉(觸), 법(法)을 말한다.

원효스님, 그 마음을 찾아서

⑤ **조순(調順: 조절하여 순하게 됨)** 마음으로 바깥 현상(물체)에 집착하는 생각을 일으키지 않으므로 정해진 마음이 바깥으로 흩어지지 않게끔 조절하는 것.

⑥ **적정(敵靜: 고요함)** 모든 현상들을 분별하는 상(相)이 마음을 산란하게 하는 것인데, 앞에서 말한 것과 같이 닦아 익힌 마음이 움직이지 않게끔 완전히 제거하여 동요하지 않는 것.

⑦ **최극정(最極靜: 지극히 고요함)** 그래도 또 마음이 흩어져 동요를 일으키면 마음뿐이기 때문으로 '유심(唯心)' 즉, 정념(靜念)을 일으켜서 일어나는 마음의 동요를 다스리고 곧바로 자상(自相)이 없음을 깨닫는 것.

⑧ **전주일치(傳住一趣: 오로지 한가지 길에 머무름)** 이와 같은 적정(번뇌가 끊어진 상태)이 앉아 있을 때만 유지되는 것이 아니라, 어느 때, 어떠한 일을 하더라도 적정의 상태를 유지할 수 있게끔 하는 것.

⑨ **등지(等持: 한결같은 마음을 유지함)** 이와 같은 적정의 상태가 애씀이 없이 자연스럽게 이루어지게 될 때 진여삼매(眞如三昧 부처 마음)의 상태가 된다는 것.

원효암(元曉庵), 묵묵히 올라야만 만나는 원효스님

- **주소** 경상남도 함안군 군북면 사촌리 산70-1(사촌4길 863)
- **원효 관련** 667년 원효와 의상이 창건
- **주요 관점** 의상대, 원효와 의상 진영, 칠성각

일주문 앞에 서서_ 지금도 진행형이지만

한때, 혼란한 시대에는 문화재 도굴, 도난 사건이 무수히 많았다. 방치되었던 유적이나 유물 또한 많았다. 물론 지금도 진행형이라 볼 수 있다.

원효암과 관련한 아래 기사에서 보이는 화상이나 금불상도 한 예인데, 당시 기사를 그대로 옮겨 본다.

七星閣에 竊盜 釋迦畵像盜難

군북 사촌리의 의상대사 원효암에서는 대담한 절도범이 침입하야 칠성각에 걸어놓은 山王畵像(산왕화상), 神衆畵像(신중화상), 釋迦畵像(석가화상) 合三매를 절취하여 간 사실이 잇다. 함안결찰서에서는 각지로 수배를 내리고 수사에 대활동중이라는데 이 화상은 동사에 수십년 내려온 寺寶인 동시에 가치로도 육백여원 가치가 잇다한다. (동아일보. 1934.07.20)

金佛像발굴

사촌리 山 원효암서 약 3km 떨어진 산기슭에서 지난 21일 林鍾洙씨(34, 가야면 혈곡리 이곡부락)가 고철을 찾기 위해 땅을 50cm를 파헤치다 약 1천3백 년 전 신라 때 유물로 보이는 금불상(높이 7.6cm 무게 65g)을 발굴했다. (경향신문. 1967.02.24)

원효스님, 그 마음을 찾아서

원효암 전경 대웅전과 칠성각, 요사채가 전부이며, 주차하기에도 매우 협소하다.

절로 가는 길, 절집 이야기

절의 초입부터 좁고 험한 산
길을 약 2km 정도 올라가야
한다.

667년에 원효와 의상이 창
건했다고 전해지고 있으나
이를 뒷받침할 만한 기록은
남아 있지 않다. 1370년(고

의상대는 중건한 지 30년 된 작은 건물이다.

려 공민왕 19) 중창했다는 기록이 전해지고 있다.

그 후 오랫동안의 내력은 알려지지 않으며 한국전쟁 후에 중건되었다.
1990년 칠성각과 의상대를 제외한 사찰 건물이 화재로 소실된 후, 대웅전
과 요사채를 다시 지어 오늘에 이른다.

원효대사지존상
의상 진영과 나란히 모셔져 있다.

의상대사지존상

여항산 가파른 산허리 중간에 완만한 수평의 경내지가 형성되어, 산허리를
따라 공양간, 대웅전, 조사전 등이 선형으로 배치되어 있다. 원효암은 '의상
대절' 혹은 '조사당절'이라 불리기도 한다. 원효와 의상 두 분의 진영을 모
셔놓은 조사당이 있는 까닭이다. 이 전각에는 '의상대'라는 현판을 붙여 놓
았다.

칠성각(문화재자료)은 1370년에 건립되었다고 하며, 1935년 중건된 기록이
남아 있다. 내부 불단 중앙에 커다란 칠성탱이 조성되어 있고, 좌우로 독성
탱·산신탱이 걸려 있다. 한때 칠성각은 주법당으로 사용되었다 한다.

칠성각과 요사 사이에 약수터가 있다. 이 약수를 집으로 가져가 술을 빚으
면 오래도록 변하지 않는다 하여 예로부터 신비의 약수로 알려져 있다.

대중 교화를 위한 원효의 노력

원효가 살던 당시 신라는 원광과 자장의 교화에 큰 영향을 입었다. 그러나 왕실을 중심으로 하는 귀족불교였고 호국불교였기에 일반 서민층은 가까이하기에 어려웠다. 이러한 때에 혜공이 등에 삼태기를 지고 거리를 돌아다니며, 술에 취하여 가무를 즐기면서도 대중을 교화하고자 노력하였다. 또 대안(大安)대사는 특이한 옷차림으로 돌아다니며 동발(銅鉢)을 치면서 "대안! 대안!" 외치며 사람들을 위무하였다. 대중불교의 선구자들이라 할 수 있다.

원효 역시 이들의 뒤를 이어 무애행을 하며 대중 교화에 힘썼다. 서민 대중의 교화에 나선 것은 입당 포기 후로서, 요석공주와 결혼하고 소성거사라 자칭하던 때 이후로 보여진다. 스스로 소성거사라 부른 것은, 속죄의 한 방법이었다기보다는 오히려 대중 교화의 '방편'이었던 것으로 짐작된다.

속세 복장을 하고 마을에 나다니다가 우연히 한 광대가 괴상한 박을 가지고 춤과 만담을 벌이는 것을 본다. 원효는 이들과 함께 '무애'를 따다가 박의 이름을 짓고, 무애가(無碍歌)라는 노래를 지어 춤추고 노래하며 여러 마을을 돌아다녔다. 『화엄경』의 "모든 것에 걸림 없는 사람이 한 길로 생사를 벗어났도다."(一切無碍人 一道出生死) 라는 가르침을 실천한 것이다. 이로써 세상 사람 중 염불할 줄 모르는 사람이 없게 되었으니, 원효의 교화가 그렇게 큰 영향을 준 것이다.

장의사(藏義寺), 바다를 보며 즐기는 다향 藏義寺

- **주소** 경상남도 고성군 거류면 신용9길 295 (거류면 신용리 1076)
- **원효 관련** 632(?) 642년 원효 창건
- **주요 관점** 천불전, 사성각, 산신탱화

🪷
일주문 앞에 서서_ 당신 죽은 후
'부부사랑 이야기' 글에서 요약해 옮겨 본다.

어머니는 내가 친정에 가면 부엌에도 못 들어오게 하셨고 오남매의 맏이라 그러셨는지 남동생이나 당신보다 항상 내 밥을 먼저 퍼 주셨다. 어느 날 오랜만에 친정에서 밥을 먹게 되었다. 이번에는 내가 밥을 퍼서 여느 때처럼

석불좌상 하나의 부재로 양각한 것이며 고려시대에 조성된 것으로 추정한다.

원효스님, 그 마음을 찾아서

남해의 당동만 이 근처의 화당리에서 이순신 장군이 적진포해전을 치른 곳으로 알려져 있다.

내 앞에 놓자 어머니가 말씀하셨다.

"애, 그거 내 밥이다."

"엄마 웬일이유? 늘 내 밥을 먼저 퍼주시더니…."

"누가 그러더라. 밥 푸는 순서대로 죽는다고. 아무래도 내가 먼저 죽어야 안 되겠나."

그 뒤로 어머니는 늘 당신 밥부터 푸셨다. 그리고 그 이듬해 어머니는 돌아가셨다.

어머니가 돌아가신 후 그 얘기를 생각하며 많은 눈물을 흘렸다. 그리고 남편과 나, 누구의 밥을 먼저 풀 것인가를 많이 생각했다. 그러다 남편 밥을 먼저 푸기로 했다.

남편을 먼저 보내고 고통스럽더라도, 내가 더 오래 살아서 남편을 끝까지 보살펴 주고 뒤따라가는 게 좋겠다는 결론이다. 남편은 먼저 밥을 퍼주는 아내의 뜻을 알 수 있을까.

❀
절로 가는 길, 절집 이야기

대웅전 뒤 사성각에 있는 여성산신
거류산의 산신이 여성이기 때문이라 한다.
(모계사회의 전통이 살아있었다는 증거이기도 하다.)

**칠성신, 독성존자, 산신과 함께 모시고 있는
용왕** 아마도 바다가 내려다 보이는 곳이기
때문일 것이다.

거류산은 거류면 중심에 있다. 해발
570m의 비교적 높은 산에 해당한
다. 일주문 앞에 주차장이 있으며 5
분쯤 올라가면 바로 장의사 전경이
눈에 들어온다. 절 뒤쪽에는 기암
괴석이 웅장하게 솟아 있다. 울창한
수목이 어우러져 뛰어난 경관을 자
랑하고 있다. 뒤쪽 산에는 3천여 평
의 차밭 죽로다전(竹露茶田)이 있다.
해풍을 맞이하는 소나무숲과 대나
무숲의 이슬을 머금고 자라는 차향
(茶香)이 가득하다. 남해바다 당동만
을 굽어볼 수 있는 자리에 위치하고
있다.
「고성부거류산장의암중창기문」의
기록에 의하면, 632년에 원효가 창
건하였다고 전하나, 그 이후 자세한
사적을 알 수 없다. 1885년 수해로
사찰이 소실되어, 1891년 원래 위
치에서 좀 더 아래쪽으로 내려온 현재 자리에 성담 법운(聖潭法雲)대사가 중
수하였다. 이후 1920년 호봉(虎峰)스님에 의해 중건되었다.

원효스님, 그 마음을 찾아서

보광전에 주존불로 봉안되어 있는 석조관음반가상은 경남 유형문화재이다. 오른쪽 다리를 왼쪽 다리 위에 올린 반가좌를 하고 있다. 18세기 초를 전후해 조성된 석조불상의 특징을 잘 보여준다.

고려 문장가 이규보가 상상한 원효

원효는 소성거사라 자칭하며 거리낌 없는 무애행을 하였다. 저잣거리를 돌아다니며 이 사람 저 사람과 어울려 호로병을 흔들며 무애춤을 추는 모습을 상상하게 한다. 맨머리 모습일 수도 있고, 텁수룩한 머리에 두건을 쓴 모습일 수도 있다.

이규보는 원효보다 550여 년 후대 고려 사람이다. 그런 그가 느끼는 스님에 대한 인상은 사뭇 자유로운 모습이다. 그러면서 인생을 한 마당 놀음(一場戲)이 아니냐고 묻는다.

> 머리를 깎아 맨머리가 되면 원효대사요
> 머리를 길러 두건을 쓰면 소성거사라
> 비록 몸을 천백(千百)으로 나타내지만
> 마치 손바닥을 가리키는 것 같으니
> 이 두 가지의 아주 다른 모습을 짓는 것도
> 단지 한 마당 놀음뿐이로구나
>
> — 『동문선』의 글을 강승환 교수 옮김 —

용문사(龍門寺), 호국도량이면서 지장도량

- **주소** 경상남도 남해군 이동면 용문사길 166-11(이동면 용소리 868)
- **원효 관련** 663년 원효 창건
- **주요 관점** 대웅전, 대웅전 천정, 명부전, 용화전 석불, 지장삼존대불

일주문 앞에 서서_ 지장보살의 전생 이야기

먼 옛날 무량겁 전에, 한 바라문 집안에 18세의 꽃다운 소녀가 있었다. 그녀는 전생에서 깊고 두터운 복을 심어 많은 공경과 사랑을 함께 받았다.

소녀의 아버지인 '시라선견'도 불교에 대한 믿음이 두터워 불(佛), 법(法), 승(僧) 삼보를 철저히 공경하고, 계율과 선정 등을 부지런히 수행하다가, 수명이 다하여 천상에 태어났다.

소녀의 어머니 '열제리' 부인은 달랐다. 사도에 빠지고 방탕한 생활에 빠져, 인과의 이치를 믿지 않을 뿐만 아니라, 불교에 대한 비방도 서슴지 않았다. 그러던 어느 날 부인은 술에 취해 쓰러져 자다가 심한 고통 속에 죽고 말았다.

소녀는 어머니마저 잃은 슬픔과 외로움 가운데, 불현듯 한 생각이 스쳤다.

"우리 어머니는 어느 곳에 다시 태어났을까?"

평소 신앙과 거리가 먼 분이셨으니 결코 좋은 세상에는 이르지 못하였으리라는 생각이 들었다. 소녀는 더욱 불안하게 되었다. 소녀는 부모가 남긴 재산을 모두 팔아 어머니를 위한 재(齋)를 올리기로 하였다. 꽃과 향, 여러 가지 의복과 음식과 탕약을 마련하여 여래가 계신 절을 찾아 길을 떠났다.

그날따라 길거리에는 수많은 걸인들이 추위와 굶주림에 떨고 있었다. 소녀

에게는 그들의 고통이 그대로 온몸에 달라붙는 느낌이었다. 소녀는, '중생
공양이 제불공양(諸佛供養)이라 했으니…'라고 생각하며, 배고픈 사람에게
는 음식을 주고 추위에 떠는 사람에게는 옷을, 병고에 시달리는 사람에게
는 약을 주며 위로했다.

전 재산을 처분하여 마련한 음식과 옷과 약이었지만 어느덧 바닥이 나고
말았다. 소녀는 입고 있던 옷까지 모두 벗어주고 더는 어찌할 수 없게 되었
다. 소녀는 어느 구덩이 속으로 들어가 벗은 몸을 가리고, 유일하게 남은 향
을 사르고 꽃을 흩으며 기도하였다.

"여래님, 이제 저는 더 이상 감히 부처님 앞에 나아갈 수 없게 되었습니다.
저를 어여삐 여기신다면, 불쌍한 사람들을 구제하여 주세요. 저의 조그만
정성을 헛되지 않게 해 주세요. 그리고 어머니의 혼령을 위해 자비를 베푸
시고 그 태어난 곳을 알게 하여 저의 괴로움을 덜어주시길 바랍니다."

지장삼존대불 절의 상단에 위치하며 최근에 완공되었다.
좌우에 무독귀왕과 도명존자가 협시하고 있다.

석조보살좌상 임진왜란 때 불타버린 용문사 재건 공사를 하던 중 출토되었다.

대웅전 천정의 그림 바닷가 건축의 특징을 알 수 있는 거북, 게, 여러 가지 물고기, 해초를 그려놓았다.

그 순간, 여래가 소녀 앞에 불쑥 나타나셨다.

"착하다, 성녀여. 18세 처녀의 몸으로 옷을 벗어 걸인에게 주고, 벗은 몸을 구덩이 속에 담고 있었으니 누가 너를 보살이라 하지 않겠느냐. 너의 공양을 달게 받고 소망을 성취시켜 주리라."

이때부터 지장보살(地藏菩薩 땅속 구덩이에 몸을 담고 있는 보살)이라 부르게 된 것이다.

여래는 소녀를 인도하여 지옥에서 고통받는 중생의 모습과 지옥의 실체를 파악하게 한다. 또 소녀는 여래가 무간지옥에 오셔서 소녀의 어머니와 죄인들을 구제하여 하늘나라에 태어나게 하셨다는 사실을 알게 되었다.

그래서 소녀는 여래께 나아가 원을 세운다.

"맹세하오니 저는 미래의 시간이 다할 때까지, 죄의 고통에 빠진 중생이 있으면 널리 방편을 베풀어서 해탈케 하겠습니다. 그리고 죄의 고통을 받는 육도중생(六道衆生) 모두를 해탈케 한 다음에야 저는 성불할 것이옵니다."

지장보살은 성불을 포기하고 지옥이 텅 빌 때까지, 여전히 중생 구제를 위해 계신 것이다.

원효스님, 그 마음을 찾아서

절로 가는 길, 절집 이야기

663년 원효가 창건할 때는 보광사라 하였으나, 802년에 현재의 자리로 옮길 때 용연(龍淵) 위쪽에 터를 잡았다고 해서 용문사라는 이름으로 재창건되었다.

임진왜란 때는 사명대사의 뜻을 받들어 승려들이 일본군에 맞서 싸운 까닭에, 숙종이 호국사찰이라 하여 수국사(守國寺)로 지정했다. 숙종은 용문사 경내에 축원당을 건립해 주고 위패를 비롯하여 연옥등, 촉대 등을 하사했다고 한다.

대웅전은 영조 47년(1773)에 중창이 완료된 후 오늘에 이른다. 지붕 아래에는 네 마리의 용이 조각되어 있다. 대웅전 천정에는 바다를 상징하는 거북, 게, 물고기, 해초 등을 조각하여 바닷가 건축물의 특징을 잘 보여준다. 이

용문사 목조(木槽) 통나무 몸통 둘레 3m, 길이 6.7m 나되는 거대한 크기이며, 임진왜란 때 승병의 밥을 퍼담아 쓰던 밥통이라고 전해온다.

대웅전은 매우 화려한 장식으로 짜여 있어 18세기 무렵 대웅전의 특징이 잘 나타나 있다. 남해안 지역 사찰 건축물 중 흔치 않은 불교문화유산으로 건축사적 가치가 높다.

명부전에는 지장보살이 있다. 매우 정교한 솜씨로 표현되었으며, 원효가 직접 조성하여 백일기도를 드려서 대도 성취의 기율을 삼았다

는 설이 있다. 영험이 많다고 하여 우리나라의 대표적인 지장도량이기도 하다.

용화전에는 미륵보살 석불이 있다. 임진왜란 당시 불타 버린 용문사를 재건할 때 경내에서 출토된 것이다. 화강암 석재로 앉아 있는 보살의 모습이다. 조각 수법은 고려 중기 작품으로 여겨진다.

자료를 통해 본 원효의 행적

아래의 내용은 동국대학교 정희경 교수가 2018년 4월 화성시 원효학술대회에서 발표한 논문 「원효 전기 자료의 재검토」에서 인용하였다.

한 고승의 일대기를 직접적으로 보여주는 자료는 「행장(行狀)」과 「탑비(塔碑)」라 할 수 있다. 대개 덕이 높고 업적이 뛰어난 고승이 입적하면 제자들은 스승의 행적을 모으고 정리하여 그 삶을 기리는 「행장」을 만든다. 이 「행장」의 내용을 토대로 「탑비」를 제작하기도 하는 데, 「탑비」는 국왕의 허가를 받아야만 세울 수 있으며, 국왕이 시호(諡號)와 탑명(塔名)을 내리면서 당대 뛰어난 한학자에 의해 탑비에 새겨질 문장이 작성되고 명필가에 의해 글자로 완성된다.

원효의 경우, 현존하는 「행장」이 없다. 고려말 일연(一然, 1206-1289)이 『삼국유사(三國遺事)』에서 '효사본전(曉師本傳)', '효사행장(曉師行狀)'이라는 자료를 언급한 점으로 보아, 13세기 후반에는 원효의 「행장」이 존재했었음을 알 수 있지만, 아쉽게도 현재로서는 확인할 수 없다.

<원효의 주요 행적과 자료 출처>

행적	자료 출처
출생시기	『삼국유사』
출생장소	「고선사 서당화상비」, 『송고승전』, 『삼국유사』
가계	「고선사 서당화상비」, 『삼국유사』
출가시기	『송고승전』
스승	『삼국유사』
유학시도	『송고승전』, 『삼국유사』「전후소장사리」「의상전교」
오도	『종경록』, 『송고승전』, 『임간록』
오도장소	「월광사 원랑선사탑비」, 『송고승전』「의상전」
저술	「고선사 서당화상비」, 「분황사 화쟁국사비」, 『송고승전』, 『삼국유사』
혼인	『삼국유사』
후손	「고선사 서당화상비」『삼국유사』
제자	「고선사 서당화상비」
대중교화	「고선사 서당화상비」『송고승전』, 『삼국유사』
입적시기	「고선사 서당화상비」
입적장소	「고선사 서당화상비」

화방사(花芳寺), 호국도량이면서 약사여래의 서원이

- **주소** 경상남도 남해군 고현면 화방사길 128-6 (대곡리 1448번)
- **원효 관련** 원효 창건
- **주요 관점** 채진루, 약사여래대불, 이충무공 충렬묘비

일주문 앞에 서서_ 약사여래를 많이 모신 까닭

서기 660년 전후로 삼국은 국운을 건 전쟁을 계속하고 있었다. 한 집안의 가장이 전쟁터에서 죽거나 소식이 없거나 부상을 당하여 고생하는 일이 부지기수였다. 아이들이나 노인, 아녀자들은 의식주를 해결하기 위해 전국을 떠돌며 방황하게 되었다. 이런 일은 백제뿐만 아니라 신라나 고구려도 그랬다. 정도의 차이가 있을 뿐. 이들을 돕거나 위로해 줄 사람은 별로 없는 형편이었다.

일반 백성들은 불교가 무엇인지, 부처님이 누구인지 잘 알지를 못하였다. 그저 높은 사람들이나 왕을 위한 가르침이라고 여겼다.

원효는 이러한 백성들의 아픔을 위로하고자 약사여래를 모셨다. 인간의 병마와 고통을 덜어주고 살아남기 위해 고생하는 이들에게 꿈과 희망을 주기 위해서 약사여래가 필요했다. 원효는 신라뿐만 아니라 백제 땅 곳곳을 다니면서 절을 짓

반야심경과 금강경 목판 해인사 팔만대장경 판각에 관여했을 것으로 추정한다는 기록이 있다.

원효스님, 그 마음을 찾아서

약사불 위에서 내려다 보이는 화방사 전경

고 백성을 위무하는 일에 온 정성을 다하였다.

불경을 가르치는 것이 아니었다. '나무아미타불'을 지극 정성으로 염불하면 극락왕생할 수 있다고 가르쳤다. 부처님은 멀리 계신 것이 아니고 가까이에 함께 계시다며 이들을 위로하였다.

이곳 화방사의 약사여래대불도 이 시대에 마음이 병들고 어려운 사람에게 희망과 위로가 되었으면 좋겠다고 염원해 본다.

절로 가는 길, 절집 이야기

호국성지 화방사는 남해 제1봉 망운산(786m) 중턱에 자리잡고 있는 천년 고찰이다.

남해 3대 사찰로 불리는 화방사, 용문사, 보리암이 비슷한 시기에 원효에 의하여 창건되었다. 신문왕 때 원효가 망운산 남쪽에 건립한 연죽사가 화방사의 전신이다. 13세기경 진각국사 혜심이 연죽사를 현 위치의 서남쪽 400m쯤으로 옮기고 영장사라 개칭하였다.

임진왜란 때 모두 불타 버린 것을 서산대사의 제자인 계원, 영철 두 스님이 1636년에 현재 자리에 지으면서 연꽃 모양이라 하여 화방사라 개칭한 후 오늘에 이르고 있다. 화재와 재건, 신축 등 부침을 거듭하다가 1984년에 보광전 자리에 대웅전을 신축하였다.

오랫동안 이순신 장군의 제사를 올렸다는 기록이 있다. 채진루에는 1997년에 원력불사로 복원한 '이충무공 충렬묘비' 목판 비문이 있다. 이 목판 비는 높이 3m, 폭 1.6m로 나무판 앞뒤에 충무공의 충절을 기리는 내용 1,300여 자가 새겨져 있다. 남해 충렬사에 서 있는 비와 똑같은 크기와 내용이다. 예전에 탁본해 두었던 것을 새로 복원하였다.

약사여래대불 조성지 화방사는 현재 약사도량으로 많이 알려져 있다.

원효스님, 그 마음을 찾아서

대웅전을 중심에 두고 좌우에 특히 조선조에 많이 유행하던 부불전인 명부전과 응진전을 배치한, 이른바 3불 전형 배치를 보이고 있다. 불전의 수에 따라 보통 대웅전을 중심으로 좌우 모두 예배용 전각으로 구성된 것을 3불 전형이라 한다.

주차장에서 해탈교를 건너 계단을 오르면 만나는 일주문.

고려시대에는 현재 해인사에 보관된 고려 팔만대장경을 남해군 고현면 일대에서 판각했다. 이때 화방사가 대몽항쟁의 정신적 구심 역할뿐만 아니라 대장경 판각 전반에 관여했을 것으로 추정된다고 기록되어 있다.

현재는 약사도량으로 유명하다. 약사여래대불이 대규모로 조성되어 있다. 남해에서 가장 역사가 깊고 규모가 큰 「복지법인 화방복지원」을 설립했다. 부처님의 구세대비 사상을 실천하고 있다.

원효의 위대한 저술 활동

원효스님은 불교뿐만 아니라 도가와 유가에도 밝았고, 제자백가 사상에도 밝았다. 연구 범위도 소승과 대승, 경·율·론 등 거의 모든 부문을 다 망라하고 있어 그야말로 초인간적인 학해(學解)와 저술 활동이라 아니할 수 없다. 더욱이 그의 대표적 저술이라 할 수 있는 『대승기신론소』와 『금강삼매경론』에서 보인 탁월한 이해와 견해는 중국의 석학들마저 찬탄과 경이를 아끼지 않을 정도였다고 한다. 스님은 100여 부 240여 권의 저서를 남긴 대저술가이다. 그러나 현재까지 전해지는 것은 아쉽게도 20부 22권뿐이다. 우리나라뿐만 아니라 당시 동아시아를 통틀어서 그 양과 질에 있어서 최고 수준의 저술가였다. 사실 한국불교사에서 스님을 능가하는 저술가는 없다. 신라의 의적(義寂)이 25부, 경흥(憬興)이 40여 부, 태현(太賢)이 50여 부의 저술을 남겼다. 중국에서도 천태지의는 30여 부, 현수법장(法藏)은 50여 부, 규기(窺基)의 경우도 50여 부의 저술을 남겼지만, 누구도 성사의 저술량을 능가하지 못한다.

많은 저서 그 대부분이 우리나라를 비롯하여 중국 및 일본에 전해져 높이 평가되고 많은 영향을 주었기에 더욱 의미가 크다. 『십문화쟁론』을 본 이들은 모두 훌륭하다고 했고, 번역되어 인도에까지 유포되었다. 『금강삼매경론』은 신라를 비롯하여 일본과 중국 등지에서도 찬양받았던 저서이다. 또 『기신론소』와 『화엄경소』는 법장을 비롯한 당나라 화엄학승들에게 많은 영향을 끼친 저서다. 『보살계본지범요기』는 일본의 명혜(明惠)가 강의했으며, 8세기 초의 일본 지경(智憬)은 『무량수경종요』에 대한 소를 지었다고 한다. 의천은, 만일 『능가경』을 강의하려면 스님의 소에 의지해야 한다고 말했고, 또 그는 『금강경』을 강의하기도 했다.

현존하는 것 중 일부를 보면 다음과 같다.

『십문화쟁론(十門和評論)』, 『열반경종요(涅槃經宗要)』 1권, 『대승기신론소(大乘起信論疏)』 2권, 『대승기신론별기(大乘起信論別記)』 1권, 『대혜도경종요(大慧度經宗要)』 1권, 『금강삼매경론(金剛三昧經論)』 3권, 『발심수행장/대승육정참회』, 『중변분별론소(中邊分別論疏)』 2권, 『무량수경종요(無量壽經宗要)』 1권, 『이장의(二障義)』 1권, 『법화경종요(法華經宗要)』 1권, 『화엄경소(華嚴經疏)』 3권.

보리암(菩提庵), 좌선대는 의구하거늘

○ **주소** 경상남도 남해군 상주면 보리암로 665 (상주면 상주리 2065)
○ **원효 관련** 663년 원효 창건
○ **주요 관점** 삼층석탑, 보광전, 향나무관음보살상, 좌선대

일주문 앞에 서서_ 좌선대를 바라보며 참선의 의미를

보리암에 이르러 둘러보면, '어쩌면 이리 풍광이 좋은 곳에 가람을 세웠을까.' 하는 감탄이 절로 일어난다. 기암괴석의 오묘한 배치와 아스라이 보이는 남해, 그리고 점점이 박힌 듯한 섬들이 마치 환영처럼 보인다.

보리암에서 서쪽으로 저만치 떨어져 앉아 있는 좌선대로 가 본다. 원효와 의상 그리고 윤필거사가 참선했다는 곳이다. 큰 바위를 몇 개 쌓아 놓은 듯도 하고 오랜 세월 동안 풍우로 마모된 듯도 하다. 10여 미터 높이로 혼자

보리암에서 보이는 상사암과 상주 해변

극락전 보리암 건물 중 그 규모가 가장 크고 만불전이라고도 한다.

올라가기에는 너무 위험하여 포기하고 바라보기만 한다.

참선에 대해 어느 스님이 다음과 같이 말했다.

"참선(禪)은 마음에 안정을 얻고자 하는 사람이, 조사의 어록이나 선지식을 친히 뵙고 그들이 깨달은 진리에 직접 참여하여 연구하는 것입니다.

자기 자신의 참모습을 보는 것이라고 말할 수 있는데, 깨달음에 이를 수 있는 자신의 가능성[佛性]을 발견하고 부처와 자신이 둘이 아니라는 확신을 가지게 되는 것을 말합니다. 마음을 안정시켜 혼탁한 의식과 거칠고 불순한 감정을 없앰으로써 자신의 본성, 불성을 발견하는 것이 바로 선의 목적이지요.

참선을 하는 방법은, 늘 한결같은 마음[佛心]으로 살면 그것이 곧 참선이 되는데 그렇지 못할 때에는 좌선을 통하여 몸과 마음을 안정한 뒤에 참선하게 됩니다. 즉 고요한 곳에 가부좌를 틀고 단정히 앉아 호흡을 고른 뒤에, 화두를 보면서 참선하면 간화선(看話禪)이 되고 고요히 스스로 그 흘러가는 마음을 관찰하면 묵조선(默照禪)이 되는 겁니다.”

절로 가는 길, 절집 이야기

원효가 이곳에 초당을 짓고 수도하면서 관세음보살을 친견한 뒤 산 이름을 보광산, 초암의 이름을 보광사라 지었다고 한다. 창건연대가 683년이라고 하는 데, 용문사의 전신인 보광사가 663년 창건되었기 때문에 663년이라고 해야 타당하다.

보광전에는 큰 대나무 조각을 배경으로 좌정하고 있는 향나무 관세음보살상이 있다. 이 관세음보살상은 왼쪽에는 남순동자, 오른쪽에는 해상용왕을 거느리고 있다. 김수로왕의 부인인 허황후가 인도에서 모셔왔다고 하나 신빙성이 없다.

보리암 삼층석탑 신라석탑이라 부르고 있으나, 고려 초기의 작품으로 추정한다.

사진 가운데가 좌선대
안전장치 없이 일반인이 올라가기에는 매우 위험하다.

보리암 삼층석탑은 성사가 금산에 처음으로 절을 세운 것을 기념하기 위해 가락국의 허황후가 인도에서 가져온 파사석으로 탑을 만들었다고 한다. 또는 허황후가 가져온 부처 사리를 이곳에 안치하기 위해 탑을 세웠다고 한다.

사찰에서 500m 정도 떨어진 금산산장 바로 너머에 '좌선대'가 있다. 원효, 의상, 윤필 삼사(三師)가 수도 좌선하던 자리인데, 바위 위에 삼사가 앉았던 자리의 흔적이 뚜렷이 남아 있다고 한다. 전국의 3대 기도처의 하나로, 낙산사 홍련암, 석모도 보문사와 함께 한국 3대 관세음보살 성지로 꼽힌다. (4대 기도처는 향일암 포함)

태조 이성계가 기도하여 왕위에 오른 일을 감안하여 조선왕조의 원당으로 또한 호국 기원 도량으로 지금까지 알려져 있다.

원효의 『금강삼매경론』 이야기

『금강삼매경론(金剛三昧經論)』에 대해 이러한 설화가 있다.

"왕비가 병이 나자 약을 찾아 중국으로 사신을 보냈는데, 사신이 바다 위에서 용궁으로 초대를 받아 용왕으로부터 금강삼매경이라는 불경을 얻어 돌아왔다. 그런데 용왕이 준 불경은 처음부터 순서가 이리저리 뒤섞인 데다 내용도 어려워서 승려들 가운데 아는 사람이 없었다. 대안대사가 왕명을 받고 순서를 맞추기는 했지만, 대안 또한 '불경의 의미를 해석할 수 있는 승려는 원효 한 사람뿐'이라며 풀이하기를 사양했다."

당시 『금강삼매경』은 중국과 신라에서 읽히고 있었지만, 누가 썼는지는 정확한 기록이 없다. 매우 난해한 책으로 알려져 있어 스님뿐 아니라 일반 대중들은 더욱 어려울 수밖에 없었다.

원효는 그 책에 주석을 달았다. 한자로 썼기에 중국인은 별도의 번역을 거치지 않고 자기 나라말을 읽듯이 바로 읽을 수 있었다. 당시 당나라에선 책을 읽고 감탄을 금하지 못했는데, 우선 성사의 수려한 명문장에 감탄했고, 그보다 더 빼어난 깨달음의 안목을 극찬하였다.

그 주석서의 처음 이름은 『금강삼매경소』였다. 급기야 부처의 경지에 비교되는 보살의 저서에나 붙이는 '론(論)' 자를 『금강삼매경소』에 붙이게 되었다. 중국 승려가 "이것은 보살의 경지에서만 나올 수 있는 저술이므로 당연히 '논'이란 명칭을 붙여야 한다."고 해서 '논'이 되었다고 한다.

그래서 『금강삼매경소』에서 '소(疏)' 자를 떼고 '론(論)'자를 붙여 '금강삼매경론(金剛三昧經論)'이 된 것이다.

---

* 부처님 말씀은 경(經), 부처님 행동은 율(律), 부처님의 제자, 보살의 논문을 논(論), 고승이나 학승의 논문을 소(疏)라고 한다. 원효스님이 즐겨 쓴 종요(宗要)는 요점(要點) 혹은 서책의 요목(要目)을 말한다.

광산사(匡山寺), 원효스님의 흔적은 없으나

- ○ **주소** 경상남도 창원시 마산회원구 내서읍 광려로 542
- ○ **원효 관련** 원효 창건
- ○ **주요 관점** 극락전. 목조보살좌상

일주문 앞에 서서_ 절에서 잘 어울리는 신발

대부분 절에는 요사채 문 앞에 댓돌이 있고 댓돌 위에는 하얀 고무신이나 털신이 놓여 있다. 깨끗하게 닦여 있고 가지런히 놓인 모습을 보면 스님의 이미지에 잘 어울려 보인다.

내가 어릴 때, 그러니까 1960년대에 많이 신고 다녔던 추억의 신발이기도 하다. 보통은 질기고 질긴 검정 고무신을 신었고 부잣집 아이들은 흰 고무신을 많이 신었다.

비가 많이 내리던 날, 도랑에서 물장난을 하고 놀다가 고무신이 벗겨져 흙탕물에 쓸려가면 찾기가 매우 힘들었다. 한쪽은 잃어버리고 한쪽만 들고 집에 가며 울던 모습. 나의 한 모습이기도 하다.

대한제국의 순종황제는 고무신을 처음 신은 최초의 한국인이라고 한다. 1920년대에 대량생산이 되면서 대중화되었다. 일제 말기에는 군수품으로 나가게 되어 고무신을 신지 못한 때도 있었지만, 해방 이후 고무신은 가장 많은 사랑을 받던 신발이었다.

지금도 신발가게에 가면 드물게 고무신을 살 수가 있지만, 무엇보다도 애기가 신을 수 있는 아주 작은 고무신을 볼 수 있다. 손가락 길이만 하고 여러 가지 색을 입혀서 귀엽고 앙증맞게 생긴 그 모양을 보면 사고 싶어진다.

이렇게 만든 꽃신은 신발이 아니라 장식용으로 변모하였다.

암튼 이제는 시골에서도 볼 수 없고 이렇게 절에 와야만 볼 수 있다. 검소하고 깨끗한 이미지의 하얀 고무신은 절에서 가장 잘 어울리는 신발이다.

절로 가는 길, 절집 이야기

신라 문무왕 5년(665년) 원효와 중국 승려 은신이 함께 창건했다고 하지만 근거를 알 수 없다. 이후의 연혁 또한 알려지지 않는다. 조선 후기에 와서 철종과 고종 때 중건했다는 기록이 전한다. 범어사의 말사로 뒷산은 광려산(匡廬山·722.6m)이다. 산세가 중국의 여산(廬山)을 닮았다고 해서 '려' 자를 따오고 여산에 살았다는 신선 '광유'의 '광' 자를 합쳐서 붙인 이름이라한다.

광려산 중턱에 높은 축대를 쌓아 다진 평평한 대지 위에 자리 잡은 광산사

높은 계단을 올라 해탈문에 이르면 정면으로 극락전이 나타난다.

극락전의 목조보살좌상 전체적으로 당당하고 풍성해 보이며 조선 후기 조각 양식이다.

산신각의 산신 독성각과 산신각이 따로 있으며 한 사람이 그린 듯 독특하고 세밀한 묘사가 돋보인다.

는, 해탈문을 들어서면 바로 극락전과 마주한다. 극락전을 중심으로 좌우에 선원과 요사가 마주 보고 있다. 선원의 한쪽에는 3층 석탑이 있다.

주불인 아미타불을 중심으로 대세지보살과, 관세음보살이 좌우 협시를 하고 있다. 이는 현대에 새롭게 조성한 것이나, 우협시보살인 대세지보살상은 유형문화재로 지정되었다. 전체적으로 이 보살상은 신체의 비례가 잘 맞고 자세가 안정감을 준다. 조선 후기 보살상의 조각 양식이 사실적으로 잘 표현된 수작이라고 한다.

❀
원효의 『대승기신론소』 이야기

『대승기신론소』는 불교문헌 가운데 대표적 논소이자 대승불교의 개론서라 할 수 있는 주석서이다. 『대승기신론』은 마명(馬鳴 중인도 마갈타국 출신)의 저술로 전해지고 있는데, 대승의 바른 믿음을 일으키는 논서라는 뜻이다.

원효가 '소'(주해)와 '별기'(노트)를 단 『대승기신론』은 대승불교의 정수를 간명하게 정리한 논서로, 원저자의 정신을 드러내는 방향으로 주석하였다.

원효는 첫머리에 나오는 권두시를 해설하면서 일심(一心)의 관점에서 불·

법·승 삼보를 총체적으로 파악해야 한다고 설명하였다고 한다.

만물의 근원을 '일심(一心)'이라고 규정하고 일심을 이루는 것으로 '진여문'과 '생멸문'을 제시하였다. '진여문'은 일심이 본래 그대로 오염되지 않은 채 드러나는 진리의 문을 뜻하며, 생멸문이란 일심이 무명·번뇌에 가려져 생사고락의 육도를 윤회하는 중생의 문을 가리킨다. 진여문과 생멸문은 일심의 두 문(門)이라 한다.

제목에 대한 해설에서 '대(大)'는 포용한다는 뜻으로 진리를 의미한다. '승(乘)'은 수레를 뜻하는 것으로 '대승'은 곧 모든 사물과 사람에 적용되는 진리다. '기신'은 믿음을 불러일으키는 것인데 그 믿음이란 '그렇다'라고 말하는 것을 가리킨다고 했다.

이 책에서 해석하는 자세는 간명함을 위주로 했지만, 조직적이고 종합적이어서 우리나라 및 중국의 『기신론』 연구자들에게 중요한 지침서가 되었다. 이 방면의 대표적 인물로 꼽히는 중국의 법장(法藏)도 원효의 주석과 해석을 대부분 그대로 따르고 있다. 중국에서는 '해동소(海東疏)'라 하여 이 책에 대한 특별한 명칭을 붙였다. 고간본은 일본 다이쇼대학에 소장되어 있다. 대정장경(大正藏經) 및 『원효전집』 등에도 수록되어 있다 한다.

안정사(安靜寺), 참으로 마땅한 절터

安靜寺

- **주소** 경상남도 통영시 광도면 안정1길 363(광도면 안정리 1888)
- **원효 관련** 654년 원효 창건
- **주요 관점** 동종, 대웅전, 만세루, 명부전, 칠성각 벽화

일주문 앞에 서서_ 자등명 법등명의 가르침

인도의 웨살리 지역에 심한 기근이 찾아와 많은 비구들이 한꺼번에 걸식하기 어렵게 된 적이 있었다. 부처님께서는 "뜻이 맞는 사람들끼리 인근으로 흩어져 이 어려운 우기를 견뎌라."고 말씀하시고는 아난다와 함께 벨루와 마을에서 안거하셨다.

안정사 전경 해탈교를 건너서 만세루와 범종루 사이의 계단을 오르면 바로 대웅전이다.

원효스님, 그 마음을 찾아서

벨루와에 계시는 동안 부처님은 심한 병을 앓으셨다. 고통스러워 하시는 부처님을 눈물로 지키던 아난다가 여쭈었다.

"세존께서 계시지 않으면 저희는 누구를 믿고 무엇에 의지해야 합니까?"

부처님께서 말씀하셨다.

"너 자신을 등불로 삼고

만세루 숙종 12년에 지은 것으로 경남지역 누각의 특징을 잘 보여준다.

너 자신에게 의지하라, 너 자신 밖의 다른 것에 의지하지 말고 오직 너 자신에게 전념하라. 법을 등불로 삼고, 법에 의지하라. 법을 떠나 다른 것에 매달리지 말라. 자기 몸을 깊이 관찰하고 정신을 집중한다면, 그런 수행자는 육신에 대한 갈망에서 벗어날 것이다. 느낌과 마음과 법에 대해서도 마찬가지이다. 자기와 법을 등불로 삼고 의지한다는 것이다."

절로 가는 길, 절집 이야기

빼어나게 아름다운 소나무로 둘러싸인 안정사는 654년 원효가 창건하였다. 성사가 이곳에 와서 벽발산(碧鉢山)이라 이름을 붙였다고 전한다. 석가모니 부처님의 상수제자인 마하가섭 존자가 부처님으로부터 법을 부촉받아 미래세의 미륵부처님께 가사와 발우를 전하기로 하였는데, 그 발우가 바로 벽발산에 있다고 전하기 때문이다. 원효는 "의발(衣鉢)을 간직한 채 내세불(來世佛) 미륵을 기다리는 벽발산은 참으로 마땅한 절터이다."라 하며 안정사를 창건하였다고 한다. 아주 먼 미래세에 남해의 통영 앞바다가 융기하여 육지가 된다는 전설도 있다.

통일신라시대에는 전국 굴지의 대가람이었다. 여러 차례 중수를 거듭하였고 법화종에서 가장 큰 사찰로 만들었다. 대웅전에는 1358년(공민왕 7)에 조성한 삼존불이 봉안되어 있고, 나한

석가여래 좌우로 약사여래와 아미타여래 삼존불을 모셨다. 고려 공민왕 때 봉안했다.

전은 1626년에 중건한 건물로 석가모니불과 16나한상 등 불상 23위가 이 있다. 그리고 경남 유형문화재인 아름다운 범종이 있다.

산내 암자로는 의상암, 가섭암, 은봉암, 천개암이 있다. 원효암과 윤필암은 현재 터만 남아 있다. 벽발산 정상에 서면 동남쪽으로는 거제도의 계룡산과 노자산이, 남으로는 한려수도 여러 섬의 산들이, 북으로는 거류산과 소

안정사 대웅전 창건 이래 몇 번의 중창이 있었고, 현재의 대웅전은 1852년에 조성된 것이다.

가야 벌판이 한폭의 동양화처럼 보인다. 많은 지명을 원효가 붙였다고 한다.

예로부터 이름난 선사들이 수행하던 곳이었고, 근세에는 성철스님도 이곳에서 수행하셨다.

원효스님, 그 마음을 찾아서

❀
원효의 『십문화쟁론』 이야기

『십문화쟁론(十門和諍論)』은 대립과 분열을 종식시키고 화합을 이루기 위한 불교적 논리를 집대성한 원효의 대표적 저술이다.

원효는 자신이 저술한 의도를 "백가의 서로 다른 쟁론을 화해시켜 일미의 법해로 돌아가게 한다(和百家之異諍 歸一味之法海)."고 밝힘으로써 화쟁 사상의 논리를 천명한다. 2권 1책의 목판본으로, 원문은 상권 9·10·15·16의 4장과 불분명한 1장만 해인사에 남아 있다.

온갖 모순과 피아(彼我) 대립, 시비 쟁론이 모두 끊어진 절대 조화의 세계가 '무쟁'이라면, 피아의 대립과 모순이 있는 현실에서 모든 대립과 모순 및 다툼을 조화, 극복하여 하나의 세계로 지향하려는 것이 '화쟁' 사상이다.

십문을 다음과 같이 정리해 보았다.

제1문 삼승일승화쟁론(三乘一乘和諍論) 일체 불법이 곧 일불승(一佛乘)이라는 통불교사상(通佛教思想)이라고 할 수 있다. (色心不二, 정신과 육체는 하나다.)

제2문 공유이집화쟁문(空有異執和諍門) 공과 유의 대립은 수백 년 동안 해결되지 못한 숙제로 남아 있었는데, 원효는 과감히 공과 유의 무대립론(無對立論)을 전개하여 오랫동안 병폐로 남았던 집착을 화해시켰다. (依正不二, 환경과 인간은 하나다.)

제3문 불성유무화쟁론(佛性有無和諍論) 일체의 중생은 모두 불성이 있으며, 모두가 마땅히 성불할 수 있다는 『열반경』의 설을 진실한 말씀이라 단정하고, 중생의 영원한 이상향을 제시하였다. (空有不二, 무와 유는 하나다.)

제4문 인법이집화쟁문(人法異執和諍門) 주관적인 인간 존재와 객관적인 법(法)의 존재인 인과 법에 대한 불교계의 쟁점에 대하여, 인과 법이 본래 공이지만 집착하면 병이 되고 놓아 버리면 그대로가 반야요 보리이며 열반이라고 보았다. (眞俗一如, 진리의 세계와 속세는 하나다.)

제5문 삼성이의화쟁문(三性異義和諍門) 그 원문이 마멸되어 자세한 내용은 파악하기 어렵다고 한다. 여러 다른 이론(異論)을 화쟁한 것으로 볼 수 있다고 한다.(我法不二, 나와 법은 하나다.)

제6문 오성성불의화쟁문(五性成佛義和諍門) 일체중생이 모두 성불할 수 있음을 주장하면서, 성불하지 못한다고 말한 것이 경각심을 일으키기 위함일 뿐 진실한 말이 아니라고 보았다. (染淨不二, 더러움과 깨끗함은 하나다.)

제7문 이장이의화쟁문(二障異義和諍門) 번뇌장과 소지장(깨달음을 위한 수행 과정에서 사고 작용이 원인이 되는 장애)을 자기의 독특한 견지에서 해석하였다.(因果不二, 원인과 결과는 하나다.)

제8문 열반이의화쟁문(涅槃異義和諍門) 열반의 바른 뜻을 밝혔다. (二乘一乘一如, 수단과 목표는 하나다.)

제9문 불신이의화쟁문(佛身異義和諍門) 평등하고 원만한 깨달음에서는 영원과 무상을 따로 내세울 수 없다고 하였다. (佛性異義, 불성에 관한 이론은 서로 다르지 않다.)

제10문 불성이의화쟁문(佛性異義和諍門) 불성에 대한 서로 다른 견해들을 회통시켰다. (涅槃異義, 열반에 관한 이론은 서로 다르지 않다.)

가섭암(迦葉庵), 석양에 감도는 종소리

- **주소** 경상남도 통영시 광도면 안정1길 363 안정사 산내
- **원효 관련** 654년 원효 창건
- **주요 관점** 가섭암 본전

일주문 앞에 서서_ 두타 수행과 마하가섭 존자

마하가섭 존자는 부처님의 제자 중에서 '두타행의 으뜸'이라 한다. 바라문 가문 출신으로 부모님의 강요로 결혼하였는데, 존자가 출가할 때 아내도 같이 출가하였다. 교단의 비구니 가운데 '전생의 삶을 기억하는 데 제일인 자'로 불렸다.

마하가섭 존자의 두타 수행은 의식주의 일상생활에서 소욕지족을 실천함

가섭암 전경 안정사 주차장에서 20여분 걷거나 차량으로 오를 수 있다.

덧대어 지어서 ㄷ 자형이며 처음에는 다목적으로 사용하였다.

으로써 탐욕에서 벗어나고자 노력하는 수행법의 하나이다. 산과 들로 떠돌면서 온갖 괴로움을 무릅쓰고, 속세의 번뇌를 끊고 청정하게 불도를 닦는 일이다.

마하가섭 존자는 20여 년 동안 교단을 이끌었다. 많은 수행자들이 자주 찾아 설법을 들었으며, 교단의 화합을 도모하고, 수행에 집중하도록 이끌었다. 존자와 관련된 이야기로는 두타 수행, 이심전심의 염화미소, 다자탑전 반분좌, 곽씨쌍부 등이 상세하게 전해지고 있다.

염화미소는 부처님께서 설법 중 연꽃을 들어 보이신 것을 보고 마하가섭이 그 의미를 알고 미소를 지었다는 것이고, 반분좌는 부처님이 설법하실 때 다소 늦게 도착한 마하가섭에게 좌복의 반을 내어주어 앉게 했다는 이야기이며, 곽씨쌍부는 부처님께서 열반하셨을 때 뒤늦게 마하가섭이 도착하니 발을 관 밖으로 내보였다는 이야기다.

절로 가는 길, 절집 이야기

벽발산 남쪽 은봉암에서 보면, 의상암이 정면으로 보이고 원효암터가 왼쪽에 위치해 있으며 더 왼쪽으로 거의 정상 부근에 윤필암이 있던 곳이 보인다. 전국 여러 곳이 그렇듯 원효, 의상, 윤필이 서로 관련된 곳이다.

가섭암은 성사가 654년에 창건하였다고 전하는 벽발산 안정사의 산내암자이다. 그중 가장 역사가 깊을 뿐만 아니라, 중심이 된다. 벽발산은 봉황이 알을 품은 형세다. 가섭암은 저녁예불 때 석양에 감도는 종소리가 특히 아름다워, 이를 '가섭모종(迦葉暮鐘)'이라 하며, 벽발산의 아름다운 8경 중에 하나로 꼽는다.

가섭암 법당은 본래 일자(一字)형이었다. 세월이 지나면서 스님이 거주하는 방과 손님을 접대하는 누마루를 법당 좌우에서 앞으로 달아내어 현재 ㄷ자형 건물이 되었다. 증축할 때 기존 건물의 목조가구에 덧달아 내는 결구 방식이 다양하여 학술적 가치가 높다 한다.

'나무아미타불'과 '관세음보살'

절에 가면, "나무아미타불 관세음보살"을 반복하는 염불을 자주 보고 듣는다. '나무'는 귀의한다는 뜻이므로 아미타불과 관세음보살 두 분에게 귀의한다는 표현이다.

이 염불을 처음 창시한 분이 원효라고 한다. 원효가 살던 시대는 고구려, 백제, 신라가 서로 나라의 운명을 걸고 전쟁을 하던 시기라서 남자들은 전쟁터에 나가야 했다. 전투 중에 죽거나 다치는 일이 비일비재 했다. 이런 형편에서 여자들도 아이들도 굶주리고 병들어 죽는 경우가 허다하였다. 이토록 삶과 죽음의 경계에서 백성들은 고단한 삶을 살아가야 했다.

이들을 위로해 주는 것은 아무것도 없었다. 오직 착취와 강제만 있을 뿐이었다. 그렇다고 불교가 위로를 주지도 않았다. 왕실과 귀족만을 위한 불교인 까닭에 부처님을 알지도 못했다. 이들과는 너무나 멀고 높은 곳에 있었다.

원효는 대중 속에 들어가 이들을 위로하였다. 저잣거리를 돌아다니며 그들과 함께 고락을 나누며, 누구든지 간곡한 마음으로 '나무아미타불'을 열 번만 외치면 극락왕생할 수 있다고 하였다. 부처님은 어려운 경전 속에 있는 것이 아니라, 대중과 함께 계시니 지극한 마음만 있으면 된다고 위무하였다.

'나무아미타불'은 원효가 만들었고, 의상은 후에 '관세음보살'을 덧붙였다고 한다. 같이 염불할 경우 "나무아미타불 나무관세음보살"이 된다.

'나무아미타불'은 서방정토의 극락을 보장받는다는 의미이다. 의상이 덧붙인 '관세음보살'은 대자대비한 마음으로 중생들을 구제하고 제도한다는 의미가 강하다. 세월이 흐르면서 이 둘을 묶어 염불하는 것이 자연스러워졌다. 죽음에 대한 두려움과 현실의 어려움을 구제한다는 의미가 된 것이다.

의상암(義湘庵), 원효와 의상이 함께 참선하며

- **주소** 경상남도 통영시 광도면 안정1길 363 안정사 산내
- **원효 관련** 원효와 의상이 함께 참선
- **주요 관점** 원효와 의상 진영

일주문 앞에 서서_ 윤필거사는 누구?

원효, 의상, 윤필을 삼성(三聖)이라 부른다. 이들은 매우 인연이 깊어 전국의 여러 곳에 많은 설화를 남기고 있다.

안양 삼막사는 셋이 막을 치고 수도하였다는 곳이고, 근처의 염불사도 비슷한 설화가 있다. 남해 보리암에 가면 좌선대가 있는데 역시 셋이 좌선 수

밑에서 올려다 본 의상암 전경 꽃무릇이 한창이다.

의상암 뜨락은 매우 좁고 본전이 많이
쇠락하였다.

본전 오른쪽에 의상대사와 원효성사의 진영이 모셔져
있다.

도하던 곳이라는 전설이 있고, 심지어 무등산은 원효암을 중심으로 원효봉
과 의상봉, 윤필봉이 삼각형 위치로 있기도 하다. 이곳 벽발산에는 의상암,
원효암, 윤필암이 있었던 곳이다. 지금은 의상암만 남아 있다. 이들 세 분은
같이 도를 닦은 도반일 가능성이 높다고 한다.

불교의 바른 깨달음(正覺)을 성취하는 길에는 속(俗)과 비속(卑俗)의 구별이
없고, 출가(出家)와 재가(在家)의 구별이 없다고 한다. 재가불자들이 출가한
스님보다 더 높은 경지에 오른 사람들이 많기 때문이기도 한데 그런 재가
불자를 불교에서는 거사(居士)라고 부른다. 성사, 대사, 국사 등의 호칭이 있
는데 유독 윤필만이 거사라고 하는 것을 보아서는 출가하지 않았지만 원효
나 의상과 같은 높은 경지에 오른 사람이라는 추측이 가능하다.

윤필은 역사서에는 기록이 없고 야사에만 전할 뿐이라서 더욱 궁금하다.

절로 가는 길, 절집 이야기

의상암은 벽발산 안정사 산내암자로, '의상대사 신선대 의상암'이라고 한
다. 벽발산 기슭 해발 620m 가파른 산허리 중턱에 있는 작은 암자가 정겹

다. 초막을 길게 붙여 지은 듯한 전각의 툇마루 위로 의상암이라는 현판을 붙였다. 옆쪽 바위 밑으로는 맑은 샘이 나오고, 암자 좌측 아래로는 의상대사가 참선하였다고 전하는 신선대 바위가 있다.

사찰의 안내판에 의하면, '신라 문무왕 5년(645)에 의상대사가 창건하였다'고 전하는 데, 신라 문무왕 5년은 645년이 아니라 665년에 해당한다. 이때는 의상이 당나라에서 유학하고 있는 중이었다. 의상이 황복사(皇福寺)에서 출가한 것은 644년(선덕여왕 13)이며, 처음 원효와 유학길에 오른 것은 650년(진덕왕 4)의 일이다. 의상은 661년에 당나라에 입국하여 공부하다가, 668년 스승이었던 지엄(智儼)이 입적한 이후에 신라에 돌아온 것으로 알려져 있다.

따라서 의상암의 창건 시기는 안정사 창건 시점인 654년 전후일 가능성이 높다.

🪷
같으면서 다른 원효와 의상 ①_ 같은 시대 상황에서 활동

원효와 관련된 사찰이나 역사적 사실을 말할 때, '원효'보다는 '원효와 의상' 또는 '의상과 원효'라고 해야 더 자연스러움을 느끼고 더 친숙하게 들린다. 왜냐하면 이 두 사람은 뗄래야 뗄 수 없는 관계임을 잘 알기 때문이다.

불교사적으로 보거나 우리 사상사를 보더라도 이들만큼 큰 영향을 주며 오랜 세월 동안 면면히 회자되어 온 사람은 없다. 그만큼 대중들에게 가장 많이 알려져 있고 숭앙받으며 오늘날까지 존경받고 있다 할 것이다.

대표적인 예를 산의 이름에서도 찾아볼 수 있다. 우리나라 산 이름이나 봉우리 이름은 불교와 관련된 이름이 많다. 예를 들면 비로봉, 문수봉, 관음봉과 같이 부처와 보살을 이르는 이름들이 그것이다. 주목할 것은 원효봉, 의상봉이라는 이름이 한 쌍으로 많이 존재한다는 것이다. 이를 통해서 원효와 의상의 관계가 얼마나 밀착되어 있는지 알 수 있다.

서울의 북한산성 입구에서 보면 오른쪽이 의상봉, 왼쪽이 원효봉으로 나란히 우뚝 서서 산 아래를 지켜보는 형국이다. 부산의 금정산에도 원효봉과 의상봉이 있고, 광주의 무등산도 마찬가지이다. 이 외에도 순천의 금전산, 대전의 대둔산 등 봉우리 이름이 아니면 원효대, 의상대라는 이름으로 많은 설화나 전설을 품고 같이 있다.

이런 산에서는 틀림없이 원효암이라던가 의상암이라는 절이나 암자가 있고, 이들이 창건하였거나 수도하였다는 전설을 한두 가지씩 지니고 있다.

전국의 사찰에 있는 진영(초상화)에서도 이들의 관계를 짐작할 수 있다. 원효가 창건 또는 수도하였다는 사찰이 전국에 100여 개가 있는데, 이곳에 모신 스님의 진영이 현재까지 조사한 바로는 20여 곳에 있다. 이 중 다음의 일곱 군데에서는 원효성사와 의상대사의 진영이 나란히 함께 모셔져 있다. 여항산 원효암, 금정산 범어사, 백양산 선암사, 앵림산 안적사, 천성산 원효암, 대둔산 태고사, 봉황산 부석사 등이다.

이를 통해서 보면, 우리 민족의 의식 속에는 그들이 같은 시대 상황에서 살았던 것처럼 항상 원효성사와 의상대사가 동시적(同時的)으로 존재하였음을 알 수 있다.

은봉암(隱鳳庵), 도인의 출현을 기다리며

○ **주소** 경상남도 통영시 광도면 안정1길 364(통영시 광도면 안정리 173)
○ **원효 관련** 654년 원효 창건
○ **주요 관점** 은봉석성, 미륵불

일주문 앞에 서서_ 소박하고 가난한 절

벽발산 안정사의 산내암자는 모두 가난해 보인다. 가섭암은 덧대어 지은 법당과 요사채가 궁핍해 보이고, 의상암은 본전의 지붕이 낡아 비가 샐 듯하고, 원효암과 윤필암은 아예 터만 남아 있는 형편이다. 은봉암은 극락보전과 요사채가 한 건물로 붙어 있고 역시 낡아 보인다.

은봉암 극락보전이 요사채를 겸하고 있는 소박한 절이다.

물론 수행의 조건을 겉으로 보이는 환경에서 찾을 수는 없다. 화려하고 부유한 곳에서 정신적인 수련이 더 잘 된다는 것은 어불성설일 것이다.

그러나 근래에 중창되는 큰 사찰의 화려함을 보면 비교가 되고, 궁핍한 곳에서 수행하시는

은봉성석이 극락보전 옆의 추녀 끝에 붙어 있다.

스님이나 신도님에게 안타까운 마음이 드는 것은 어쩔 수 없다.

법정스님의 유명한 법문을 소개한다. 요정이었던 대원각 주인 할머니가 그 넓은 땅과 건물을 법정스님께 기증하셔서 그곳에 '길상사'를 개원하였다. 첫 법회 때 이렇게 말씀하셨다.

"나는 이 절이 부유해지거나 화려해지거나 번잡한 행사들을 벌여 나간다면 아무 미련 없이 이 절을 떠나겠습니다. 나는 이 절이 소박하고 가난한 절이 되기를 바랍니다."

절로 가는 길, 절집 이야기

안정사 산내암자로 원효가 654년 안정사와 함께 창건하였다. 산 아래로 안정사와 남해바다 풍경이 한눈에 들어온다. 가파른 계단 언덕을 오르면 울창한 대나무 숲을 뒤로 하고 있는 세 칸짜리 극락보전과 바로 옆으로 은봉성석 바위가 서 있다.

안정사 관련 사지(寺誌)는 일제 강점기 때에 거의 파기되거나 소실되었다고 한다. 임진왜란 당시 일본에 맞서 승병으로 활동한 스님들에 대한 기록이나 전적비 등, 승군 관련 기록도 모두 파기되었다.

선사들이 수행하여 원만히 공부를 성취한 뒤에는 은근히 은봉암에 올라와 머물곤 했다. 성철스님도 여기에서 수행했던 적이 있다. 또한 은봉암에는 은봉성석이라는 바위가 유명하다. 이 바위들을 은봉암 성석(隱鳳庵 聖石)이라 부르는데, 바위가 넘어질 때마다 큰 도인이 출현한다는 전설이 전한다. 첫 번째 바위가 넘어졌을 때 혜월선사(慧月禪師)가 출현하였고, 두 번째 바위가 넘어지자 종열선사(宗悅禪師)가 출현하여 한국의 선맥을 이어 나갔다는 것이다.

같으면서 다른 원효와 의상 ②_ 환경적 차이에도 불구하고

원효와 의상이 창건했다는 수많은 사찰은 물리적으로는 사실상 불가능한 일이다. 그만큼 이들의 영향력이나 대중성에 의해 떠받들어진 면이 많다고 할 것이다. 절의 격을 높이기 의해서도, 친밀함을 내세우기 위해서도, 영험함을 강조하기 위해서도 이 두 걸출한 승려가 필요했을 것이다.

또한 신라 삼국통일기라는 혼돈의 시대를 같이 살았다는 것에 대해서, 방법은 다르지만 백성을 위해 활약하고 존재했던 것에 대해서, 굳이 비교하거나 변별하지는 않았다.

그렇지만 이 두 사람은 매우 큰 차이점이 있다.

	원효	의상
출 생	서기 617년	서기 625년
신 분	6두품	진골
저 서	금강삼매경론 등 다수	화엄일승법계도
공 부	비유학파(국내파)	유학파(해외파)
사 상	일심, 화쟁, 무애 사상	화엄사상
포 교	대중화(아미타신앙)	제자 양성(아미타, 관음신앙)
자 성	직관적(민중불교)	통철적(귀족불교)
기 타	파계(요석, 설총)	지계(선묘)

이러한 차이에도 불구하고 나이나 신분을 초월한 형과 아우의 관계는 아니었을까. 공부가 많이 되어 이미 유명했던 원효에게 유학을 같이 가자고 권유한 이는 의상이었을 것이고, 의상은 신분이 진골이니 나라로부터 행정적, 재정적 뒷받침을 받았을 것으로 짐작한다. 의상은 선배이면서 도반인 원효에게 의지하지는 않았는지.

유학에서 돌아온 후에도 둘은 자주 교류하였으며 의상이 화엄 10찰을 짓고 제자를 키울 때, 원효는 의상의 도움을 받아 근처에 암자를 짓고 수도한 흔적이 많이 있다.

둘은 라이벌이 아니라 서로 돕는 도반이었다. 경쟁할 아무런 이유가 없는 이들을 경쟁자로 비교하는 것은 후세 사람들의 흥밋거리로 본 분별과 경계심에 지나지 않는다고 본다.

7.
경상 중앙권역

오도암(悟道庵), 청운대가 하늘을 떠받친 아래

悟道庵

- ○ **주소** 경상북도 군위군 부계면 원효길 280-103 (부계면 동산리 산 75)
- ○ **원효 관련** 654년 원효 창건
- ○ **주요 관점** 오도암 전경, 법당, 법당 내부, 청운대 서당굴

일주문 앞에 서서_ 삶의 궤적은 저러하구나

팔공산 북쪽의 동산계곡을 따라 오르다가 구불구불 산길을 30여 분 운전하면 하늘정원을 만난다. 주차를 하고 원효굴 이정표를 따라 계단을 오르면 청운대로 가는 길과 원효굴과 오도암으로 가는 지점이 나오는데, 먼저 원효굴 뒷산인 청운대를 올라가 둘러본다.

저 북쪽으로는 인각사를 품고 있는 화산이 아련하고, 그 너머 동쪽으로는

오도암 전경 714계단을 올라야 청운대 원효굴을 만난다.

원효스님, 그 마음을 찾아서

원효굴로 가는 잔도(棧道)
주차장에서 200여 미터 거리에 있다.

보현산 능선이 너울너울 아슴푸레 펼쳐 있다. 서쪽 군위 방면은 가산 아래 길과 마을들, 논밭이 저마다 제자리에서 제자리에 어울리게 펼쳐 있다.

팔공산 비로봉을 비롯하여 근처의 온 산야가 한눈에 들어오는 곳이다. 오도암과 원효굴을 탐방하고 나서 그런지 얼핏 경건함을 느끼면서, 슬쩍 내 삶을 뒤돌아보는 사색을 경험한다.

청운대에 올라 지나온 첩첩준령을 되돌아보다

- 이 경 렬 -

저토록 두루뭉술 유연했던가
한 고비 한 고비
절절히 고된 일이 아니었던가
내 삶의 이력마다
그토록 중요한 일이었건만
육십여 년 삶의 궤적은
저러하구나
여기는 대적(大寂)의 자리

원효굴 청운대 암벽에 뚫려 있는 작은 굴이다.

오도암 입구의 소박한 사립문

절로 가는 길, 절집 이야기

팔공산 비로봉 청운대 절벽 아래 제일 명당이라고 하는 이곳에 654년 원효가 창건하고 6년간 머물며 깨달음을 얻은 곳이라 한다.

해발 1122m 청운대 바위 절벽에는 성사가 수도했던 원효굴 또는 서당굴(誓幢窟)이 있다. 오르기 매우 어려운 곳이다. 처음 만나는 계단의 층계는 100여 개인데, 두 번째 만나는 계단은 무려 714계단을 올라야 하기 때문이다.

원효굴은 오도암을 거치지 않고 차량을 이용하여 갈 수 있다. 팔공산 하늘정원으로 오르는 길이다. 하늘정원 주차장에는 원효암 가는 이정표가 있고 200m 정도 올라서면 원효굴 50m라는 이정표가 보여 쉽게 접근할 수 있다.

원효스님, 그 마음을 찾아서

서당굴은 자연동굴로 보이는 작은 굴이다. 깊이는 1.5m 정도에 불과하다. 그 서당굴에서는 원효보다 22년 연상인 김유신 장군이 수도했다고 전한다. 김유신이 마셨다는 장군수(將軍水)가 있다고도 한다.

오도암은 1960년대 초에 독가촌 폐지에 따라 폐사되었다. 90년대 후반에 들어 옛터에 움막을 치고 자리를 잡았고, 최근 문화재 복원 사업을 통해 새로 지어진 암자이다.

현 주지스님의 원력으로 토담집을 세워 원효 천년 고찰을 되살려냈다. 토담집에 붙여 놓은 불인선원(佛印禪院)이란 편액 글씨는 일타스님이 써준 것이다. 지금 법당 안의 탱화와 불상은 1963년 폐사되던 당시의 것이라고 한다.

같으면서 다른 원효와 의상③_ 원효의 무애행과 의상의 정도(正道)

660년 백제 멸망, 668년 고구려 멸망을 원효성사와 의상대사는 함께 지켜보았다. 기나긴 전쟁으로 피폐해 진 신라는 물론이고 나라를 잃은 백제와 고구려 백성들은 더욱 어려운 삶을 살아야 했다. 이들을 위로하고 구제해야 할 시대적 운명을 이들은 알고 있었다. 불교적 이상사회로 통합하는 일에 함께할 동지라는 점도 공감하고 있었다.

하지만 구체적인 삶의 발자취는 전혀 다른 색깔을 보여준다. 원효는 당나라로 가지 않고 독학의 길로 들어서지만, 의상대사는 처음 마음먹은 대로 유학길에 올랐다.

원효는 종교와 세속의 경계를 거침없이 넘나드는 무애행으로 승속불이(僧俗不二)의 자유로움을 구가하며 과감히 대중 속으로 들어가 백성들의 언어로, 백성들의 눈높이에서 종교적 위로와 희망을 설파했다. 저잣거리 걸인들과 어울리기도 했고, 천민들의 촌락을 누비며 함께 춤추고 노래하며 그들과 가까이하였다.

이와 다르게 의상대사는 출가자로서의 계율을 엄격히 지키며 화엄학에 전념해 정도의 사표가 되었다. 수행 정진, 제자 양성, 불사 건립과 같은 승려 본연의 삶에 충실한 일생을 보내며 이 땅에 화엄종을 열어 갔다.

하지만 의상대사 역시 경주 중심의 당대 기득권 불교와는 다른 길을 추구했다. 스스로 진골 귀족 출신임에도 불구하고 양양 낙산사, 영주 부석사 등 왕도에서 멀찍이 떨어진 변방에 사찰을 건립해 새로운 불교를 세우는 일에 정진했다. 의상대사는 노비와 빈민 출신들도 거리낌 없이 제자로 받아들였고, 왕실이 하사한 토지 경작이나 귀족들의 후원에 기대지 않고 탁발에 의존해 사찰 살림을 꾸리며 지역민과 일상적으로 접촉하였다.

이처럼 의상대사는 구도자의 길을 엄밀히 지키면서도 기득권 교단과 골품제도라는 시대의 틀을 뛰어넘어 '불법 앞에서의 만인 평등'이라는 혁신적인 사상을 실현하려 하였다.

이처럼, 다름을 인정하면서도 백성을 위해 적극적으로 찾아다니던 원효의 무애행, 그리고 의상대사의 불교적 평등을 강조한 정도 사상은 신라 사회와 패망한 백제, 고구려 백성들에게는 정신적 등불이 되기에 충분하였다.

수도사(修道寺), 계곡 깊숙이 들어온 수도승은

- **주소** 경상북도 영천시 신녕면 치산관광길 404(영천시 신녕면 치산리 312)
- **원효 관련** 647년 원효와 자장율사가 창건
- **주요 관점** 원통전, 후불탱화, 약사삼존불, 노사나불괘불탱

일주문 앞에 서서_ 이렇게 피고 지며 함께

늦가을, 팔공산 치산계곡을 따라 십 리쯤 올라가면 적막하나 널찍한 마당이 있는 수도사에 이른다.

경내에 들어서니 스님 한 분이 마당 가득 놓인 국화 화분을 손보고 계시다. 국화를 많이 길러본 필자가 볼 때, 품종도 별로이고 잘 길러진 국화가 아니었다.

"국화를 좋아하시나 보네요?"

"허허허, 보살님들이 좋아해서."

"요즘은 좋은 품종이 많아요. 대국 소국 가릴 것 없이 다양하고 예쁜 꽃송이가 나와요."

"이놈들을 버릴 수가 있나요. 이것도 인연인데, 이렇게 피고 지며 함께 사는 거지요."

스님의 무심 천진한 표정을 보며, 쓸데없이 분별하는 내가 좀 부끄러웠다.

노사나불 괘불탱(국보) 만세루에 작게 모사해 놓았다.

수도사 전경 극락전 옆에 원통전이 있고 뒤에 삼성각과 산령각이 보인다.

얼핏 나옹선사의 잘 알려진 시편이 떠올랐다.

> 청산은 나를 보고 말없이 살라 하고
> 창공(하늘)은 나를 보고 티 없이 살라 하네.
> 사랑도 벗어 놓고 미움도 벗어 놓고
> 물같이 바람같이 살다가 가라 하네.

절로 가는 길, 절집 이야기

팔공산 북쪽의 치산계곡은 그 풍치와 쉼터가 아름다워 관광객에게 인기가
아주 많다. 약사 신앙의 성지인 관봉 갓바위로 오르는 코스에 있고, 공산폭
포가 절경을 이루어 등산객이 사시사철 붐빈다. 이 계곡 입구에서부터 약

4km 지점에 수도사가 자리 잡고 있다.

647년(진덕여왕) 자장율사와 원효가 함께 창건했다고 한다. 그러나 원효는 648년에 승려가 되었으므로 자장이 창건한 것으로 추정된다. 원효가 수도했기 때문에 수도사라고 했을 것이다. 추측하건대 자장이 한참 나이가 많고 자장(진골)과 원효(육두품)는 신분이 달라 아마도 스승과 제자의 관계가 아닐까 한다.

고려 희종 때 보조국사가 중창하였고, 1805년(순조)에는 징월(澄月)이 중창하였다. 본래 이름은 금당사(金堂寺)였다고 한다.

현존 건물인 원통전, 해회루, 삼성각, 신령각 등은 조선 중기 환암선사에 의해 중건되었다. 당우 밖에는 석불상과 양쪽에 보살상이 모셔져 있다. 주법당인 원통전 안에는 관세음보살이 좌상으로 모셔져 있고, 불상 뒤에는 후불탱화와 지장탱화, 신중탱화가 걸려 있다. 원통전 오른편에 괘불도 전한다. 본래는 산문도 있었다고 하나 지금은 없다.

석조 약사삼존불

원효와 요석공주의 안타까운 이야기에서 우리는 원효의 사랑법을 볼 수 있고, 의상과 선묘낭자의 애틋한 이야기에서는 의상의 사랑법을 엿볼 수 있다. 이 둘의 사랑과 삶은 완전히 상반된 모습을 보여 여러 사람이 각자 나름대로 의견을 나타내곤 한다.

의상은 철저히 율법에 매여서(?) 머리 깎고 금욕생활을 하였으며, 해탈을 위해 끊임없이 자기의 자유와 사랑을 억제하고 깨달음에 도달하기 위한 수행의 삶을 살았다. 인간의 자연스런 사랑의 욕정을 불법(계)으로 누르고 욕구를 억제하고자 한 것이다. 자기 의지로 절제하기가 버거우니 불법에라도 의지하여 절제하고자 하는 처절함이 묻어 있다.

그에게 사랑이란 인간이 억제하고 절제하여야 하는 한 욕정에 불과한 것은 아니었을까. 자기를 사랑하는 여인 선묘를 잔인하게 버리고, 그녀가 죽음에 이르러도 지켜야 하는 불법 아래에 있는 절제의 대상이었다.

반면, 원효는 율법을 타파하고 쓸데없는(?) 계율을 깨 버렸으며 철저히 자유와 사랑의 삶을 살아낸 사람이다. 율법으로부터 탈출하여 살았다고 말할 수 있지 않을까. 부처님의 가르침도 사랑 위에서 이루어지며, 모든 불법도 사랑이 그 반석이라는 섭리를 보여주려고 한 것이다.

그러나, 요석공주를 평생 '해바라기 사랑'에 애달프게 한 것은 어떤 뜻이었을까. 원효는 불법 아래 매이지 아니한 것 같으나 일면 진리로부터 얻어지는 사랑과 기쁨에는 도달하지 못한 것은 아닐런지.

어쨌든 대부분 사람들이 원효의 파계는 무애행과 대중 교화의 한 방편으로 해석하고 있다. 당시 신라 사회에서는 스님도(귀족, 왕실불교) 워낙 높은 신분이다 보니 일반인은 감히 접근할 수 없는 대상이었으니 그들과 쉽게 마음이 통하려는 방편으로서의 파계와 무애행이라는 설명이다.

대중들과 몸으로 부대끼며 그들을 교화하다 보면 교단이 요구하는 엄격한 계율을 지키기 어려운 일이다. 술꾼을 교화하기 위해서는 술도 마셔야 하며 기생을 교화하기 위해서는 기방에도 출입해야 한다는 것이다. 원효는 그것이 옳다고 생각했고 그 생각을 행동으로 옮긴 것은 아닐는지. 그러기에 인간미 넘치는 친근감을 갖게 한다. 계율에 얽매이지 않는 파격적인 행동은 그를 교단으로부터 멀어지게 만들었지만, 동시에 그러한 그를 대중들은 지지하고 따르지 않았을까.

인각사(麟角寺), 원효스님과 보각국사의 인연

○ **주소** 대구광역시 군위군 삼국유사면 삼국유사로 250(화북리 612)
○ **원효 관련** 643년 원효 창건
○ **주요 관점** 극락전, 삼층석탑, 보각국사탑, 보각국사 정조지탑

❁
일주문 앞에 서서_ 일연스님의 효심

인각사는 보각국사 일연이 머물면서 『삼국유사』를 완성한 절이다. 그런데 『삼국유사』는 불교 교리를 주제로 한 책이 아니고, 고려가 몽골의 간섭을 받던 시기에 외세 침탈 속에서 나라의 소중한 역사를 담은 책이다.

일연스님이 국사로 계시던 어느 날,

"그만 고향으로 내려가고자 하오니 허락하여 주소서."

78세 스님께서 국사에서 물러나 귀향하겠다고 간언하였다. 아쉬워하는 임금에게 일연스님이 이렇게 말했다.

"평생 불효자로 살아온 소승이 이제라도 노모를 모시고자 하는 것이옵니다."

일연스님은 13세 어린 나이에 출가하여 어언 65년. 서른 살이던 어머니는 이제 95세가 됐고, 승려로서 최고 직위인 국사 자리에 오른 일연스님은 더 늦기 전에 모친을 봉양하며 자식의 도리를 다하려고 했다.

그는 모친이 세상을 떠나기 전까지 고향인 경북 경산에서 극진히 모셨다고 한다. 이후 이곳 인각사로 들어왔다. 인각사에서 1km쯤 떨어진 곳에 일연스님의 어머니 묘소가 있다.

출가하여 승려가 되는 과정은 부모 형제와 헤어지고 세속 인연을 끊는 것

인각사 발굴 출토 부재 거대했던 사찰의 규모를 추정해 볼 수 있다.

으로 생각하기 쉽지만, 어쩌면 더 큰 효도를 위해 잠시 집을 떠나 공부하는 과정이 출가라는 더 깊은 뜻이 담겨 있다고 하겠다.

절로 가는 길, 절집 이야기

643년(선덕여왕 12)에 원효가 창건하였다고 전하나 확실한 기록은 없다. 창건 당시 시대 상황과 원효의 행적으로 볼 때 관련이 있을 것으로 추정할 뿐이다.

지금은 도로변에 인접한 평지 사찰이지만, 주변 지세는 심산오지로 남쪽에 화산, 북서쪽으로는 옥녀봉의 가파른 지맥이 드리워져 있다. 절 앞으로 위천이 흐르고, 그 북쪽에는 학소대가 병풍처럼 둘러 있다.

극락전과 삼층석탑 고려 전기의 석탑 연구에 매우 중요한 자료이다.

1307년(충렬왕 33) 이곳에서 『삼국유사』를 지은 일연이 중창하고 이곳에서 입적하였다. 당시 이 절은 크고 높은 본당을 중심으로 하여 그 앞에 탑, 좌측에는 회랑, 우측에는 이선당(以善堂) 등이 있고, 본당 뒤에 무무당(無無堂)이 있었다고 한다. 여기서 일연은 총림

미륵당 석불좌상
많이 훼손되었으나 조각 솜씨나 신체 비례 등에서 통일신라의 불상 양식의 특징을 잘 보여준다.

법회(叢林法會) 등 대규모의 불교행사를 개최하였다. 지금도 일연스님의 탑비와 부도가 남아 있으며, 국사전과 박물관이 있어 보각국사 일연의 자취를 엿볼 수 있다.

원효스님, 그 마음을 찾아서

중요문화재로는 1965년 보물로 지정된 인각사보각국사탑 및 비가 있다. 이 탑비는 1153년(의종 7)에서 1155년 사이에 사승(寺僧) 죽허(竹虛)가 왕희지(王羲之)의 글씨를 모아서 세웠다고 한다. 애석하게도 임진왜란 때 병화로 글자의 훼손이 심하여 알아보기 어렵다. 그

보각국사탑
1962년 부도탑이 있는 곳에서 이전하였고, 훼손이 심하나 일연대사의 일생을 자세히 기록하였다고 한다.

밖에도 법당 앞에는 삼층석탑이 있고, 정조탑 앞에는 높이 1.5m의 석불이 자리하고 있다.

원효가 창건한 절의 특징①

원효가 활약하던 시기는 국운을 건 삼국 간의 전쟁 시기다. 신라에는 왕실 사찰과 변방 사찰이 있었다. 변방 사찰은 호국불교를 앞세워 전쟁 물자 보급에 관여하였다. 신라가 군사적 필요로 세운 절이 많았다는 뜻이다.

이 시기에 원효가 창건한 절은 어떤 지형에, 어느 곳에 있는지 그 특징을 분석하여 본다. 잘 알려진 해골물 일화로 득도를 한 후와 그 전(661년 전과 후)으로 나누어서 살펴본다.

661년 이전에 원효가 창건한 절은 다음과 같다.

한강 유역을 확보하기 위해서 여주 봉미산 신륵사, 의정부 도봉산 원효사, 문경 청화산 원적사 등을 건립했고, 남해안 방어를 위해서는 여수 금오산 향일암, 통영 벽발산 안정사, 부산 앵림산 안적사 등을 세웠다. 양산 천성산 원효암과 미타암, 경산 구룡산 반룡사는 경주로 들어오는 길목에 세워 경

주 방어를 전술적 목적으로 삼았다.

이들 사찰은 군사적 목적을 달성하기 위해 조망권을 확보하고, 몸을 숨길 수 있는 고지대에 절터를 선택한 공통점이 있다.

이를 다시 정리하면 몇 가지 특성을 발견할 수 있다.

첫째 물이 절 우측에서 발원하는 경우가 많았다는 점은 초기에 자장율사의 영향을 받았다는 의미다. 자장이 선호하는 사찰 지형은 절터가 남향이라면 개천은 동쪽으로 흐르게 되는데, 이는 용신과 관련이 있다고 한다. 신라의 바다는 동해였고, 용왕은 동해에 산다는 믿음이다.

둘째 바위가 있는 곳을 선호한 점은 조망권을 확보하고 경계가 용이한 지형이기 때문이다.

셋째 절터가 능선 위보다는 좌우로 길쭉하게 공간이 확보되는 산비탈이 많다. 이는 전각을 좌우로 배치할 수 있는 음의 지형이다. 풍수학적으로 보면 음의 지형은 다양성과 평등성을 추구하는 공간으로 최적이라 한다.

불굴사(佛窟寺), 원효스님과 김유신의 수도처

- **주소** 경상북도 경산시 와촌면 불굴사길 205 (와촌면 강학리 5)
- **원효 관련** 원효와 김유신의 석굴 기도처
- **주요 관점** 대적광전, 삼층석탑, 약사여래입상, 홍주암, 아동제일약수

일주문 앞에 서서_「반야심경」 암송

불굴사 약사전 안에는 반야심경의 글자를 목각으로 새겨서 탑의 모양으로
만들어 놓았다. 반야심경은 불경 중의 불경이다. 어려운 한자로 되어 있다.
요즘에는 우리말로 풀어서 쓴 '한글 반야심경'을 더 많이 염송한다고 한다.
얼마 전에 등산을 갔다가 한 노인을 만났는데, 그는 중얼중얼 뭔가를 외우

적멸보궁 삼층석탑, 석등, 배례석이 나란히 보존되어 있다.

삼층석탑(보물) 통일신라시대의 3층 석탑으로 높이는 7.3m, 전형적인 신라의 탑 양식이다.

면서 산을 오르고 있었다.

"무얼 그렇게 외우십니까? 숨차실 텐데."

"반야심경이요. 발걸음과 호흡에 맞춰서 외우면 더 편합니다."

그뿐 아니라 염불하듯 이것을 암송하면 마음까지도 편

원효와 김유신장군이 부처님께 공양 올린 청수라고 한다.

해진다고 한다.

그 후 나도 반야심경을 외우고자 하였다. 처음에는 뜻을 공부하며 사경하였다. 한자도 어렵지만 그 내용은 더 어려웠다. 260자 전문을 매일 같이 한

홍주암의 원효굴 석가여래 부조상을 모셨다.

번씩 사경하며 외우며 공부하였다. 그래도 잘 외워지지 않았다. 나이 탓인지 자꾸 잊어버리는 것은 어쩔 수 없었다. 지금도 자꾸 틀리고 잊곤 하지만 열심히 암송하고자 노력하고 있다.

불굴사 약사전의 반야심경 탑을 보니 글자 하나하나가 낯익고 반가웠다.

절로 가는 길, 절집 이야기

불굴사는 팔공산 자락의 무학산 476m 고지에 있다. 불굴사 옆에 있는 석굴에서 원효가 수행한 것을 계기로, 690년 옥희스님이 창건하였다고 한다. 홍주암은 불굴사 옆 200여 미터 떨어진 높다란 바위 중턱에 있는 석굴이다. 원효가 17세에 이곳에서 신인으로부터 공부했다고 전한다. 김유신이 이곳에서 삼국통일을 염원하며 수련했는데, 원효보다 22세가 많으니 아마도 김유신이 선답자일 것이다.

불굴사는 창건 당시에 50여 동의 전각과 12개 부속 암자가 있는 대가람이었다. 1736년(영조 12) 큰비로 사찰이 무너져 매몰되었다. 순천 송광사의 한 노승이 약사여래 현몽을 꾸고는 이곳에 와서 석조약사여래입상을 발견하여 중건하였다고 한다.

주요 전각으로는 적멸보궁, 약사전, 선방, 종무소 등이 있다. 적멸보궁 앞에 있는 삼층석탑은 원효 당시 혹은 옥희스님이 창건한 모습을 간직한 듯 고태를 띠고 있다. 주 불전인 적멸보궁 안으로 들어가면 유리창 너머로 진신사리탑이 보인다. 1988년 인도에서 가져온 진신사리가 봉안되어 있다.

약사전 약사여래입상(문화재자료)은 전각 안에 봉안되어 있다. 족두리를 쓴 여성의 모습이다. 이로 인해 호사가들은 약 6km 떨어져 마주 보고 있는 선본사의 갓바위 부처님을 양(陽)으로 보고, 이곳 약사여래입상을 음(陰)으로 보아 한 쌍을 이룬다고도 말한다.

원효가 창건한 절의 특징②

원효가 절을 창건하고자 선택한 절터의 지형적 특징은 이러하다.

첫째, 산속 높은 절벽 위에 있다. 확보된 조망권을 통해 적의 출몰이나 동태를 미리 알아내고 감시하는데 적합한 지형이다. 보초나 경계 역할을 수행하는 것으로 전쟁 중에는 가장 중요한 역할이라 할 수 있다. 예로써, 금정산 미륵암은 날이 청명하면 미륵암에서 대마도까지 보이고, 미륵봉에 올라가면 낙동강 하구까지 관찰할 수 있다.

둘째, 소수이긴 하나 비교적 낮은 계곡 옆에 있다. 승려들이 집단으로 거주하면서 적의 침략을 저지하고 패퇴시키는 목적이 있기 때문이다. 원효는 이미 지형 지리에 통달한 분으로, 목적에 맞게 활용하고자 한 것이다. 전쟁 시에 훈련된 군인이 필요하듯, 특별한 지형의 터가 필요했다.

셋째, 군사적인 필요와 요구가 아니더라도 수행 또는 수도하기에 적합한 지형을 선택했다. 사람의 왕래가 거의 없는 높고 험한 곳을 택하거나 석굴, 동굴을 이용한 예가 그것이다. 물을 얻을 수 있으면서 비바람으로부터 안온한 곳에 수행터를 잡았다.

원효암(元曉庵), 비구니 스님들의 정갈한 수행처

- **주소** 경상북도 경산시 와촌면 갓바위로 386-73(와촌면 대한리 382)
- **원효 관련** 668년 원효 창건
- **주요 관점** 원효 진영, 원효각, 대안각, 극락전, 마애불, 냉천수각

일주문 앞에 서서_ 벌금 내듯이

원효 관련 사찰 탐방을 시작한 지 1년여 무렵, 팔공산의 오도암과 수도사 탐방을 마치고 와촌면 한적한 냇가에서 차박을 하게 되었다. 다음날은 원효암과 인각사에 갈 계획이었다. 남도 일대로 탐방을 떠날 때 1박 2일은 자주 하는 방법이다. 내가 사는 곳은 경기도 화성이라서 남도까지 왔다가 한두 군데만 탐방하고 올라가기에는 너무 먼 거리고 시간이 아까워서다.

차박을 하다가, 같이 온 친구와 죽이 맞아 밤늦게까지 술을 마시고 말았다. 다음 날 아침에도 숨 쉴 때마다 술 냄새가 풀풀 났다. 그래도 일정상 원효암에 들르게 되었다.

원효 진영 암자 내 보살님의 말씀에 의하면 큰돈을 들여 유명한 화가가 그렸다고 귀띔해 주었다. 진영 중 가장 최근의 것인 듯.

"어서 오세요. 일찍 오셨네요. 차 한 잔 하시지요."

하시며 비구니 스님께서 다탁이 정갈하게 놓인 방을 가리켰다. 손님을 대접하는 방이었다. 우리를 반갑게 맞이해 주셔서 오히려 당황하고 말았다.

"괜찮습니다. 아직 술 냄새가 나서…."

"그러시군요."

스님은 미소를 띠며 합장을 하고 요사채 안으로 들어가시더니, 다시 나오지 않았다. 정말 죄송하였다. 멀뚱히 서 있다가 극락전에 들어갔다. 생전 처음으로 5만원짜리 지

극락전 왼쪽의 원효당

극락전 오른쪽의 대안당
원효성사와 대안대사의 일화를 생각나게 한다.

폐를 복전함에 넣고 서둘러 삼배를 하고 나왔다. 벌금 내듯이.

절로 가는 길, 절집 이야기

선본사(갓바위부처님) 가는 길 중간에 있는 원효암은 문무왕 8년(668년) 원효가 창건하고 수도한 사찰이다. 동쪽 산 계곡에는 원효가 수행한 석굴이 있다. 삼복더위에도 얼음같이 찬 약수가 있어 냉천사(冷泉寺)라 부르기도 한다. 소나무 숲으로 둘러싸여 있는 조그마한 암자이며 절 앞까지 차로 갈 수 있다.

전설에 의하면, 원효가 팔공산 자락 불굴사 자리에서 처음 깨달음을 얻은 후, 원효암에서 더욱 공부를 하고 마지막으로 오도암에서 도를 완성했다고 한다. 거리상으로 보면 원효암에서 불굴사까지는 직선거리로 약 4km, 오도암까지는 약 8km 거리이다. 팔공산 일대에서 도를 닦으며 수행했다고 추정해도 별 무리가 없어 보인다.

1986년 대화재 이후 1988년 극락전, 산영전 등을 조성하였다.

원효암에는 무엇보다 원효를 아주 세밀하게 정성을 들여 그린 진영을 만날 수 있다. 극락전을 중심으로 원효당과 대안당(大安堂)이 마주 보고 있는데 원효와 대안대사의 관계를 떠오르게 하는 국내 유일의 당우 구조다. 마당에 '냉천수각(冷泉水閣)'이 있고 각 안에 우물이 있다. 경내 전각들이 안정되게 조성되어 매우 깔끔하고 정갈하다. 현재는 원효탑 조성을 위한 준비가 한창이다.

사찰 오른편으로 산길을 따라 600여m 정도 올라가면, 바위에 조각한 자그마한 마애불을 만날 수 있다. 불상의 상호가 마멸되어 자세한 모습을 찾기 어려워도, 큰 바위 중간에 둥그렇게 연화대좌와 광배를 양각으로 새겼다. 신라시대 양식으로, 피어난 연꽃봉우리 속에 앉아 있는 모습으로 조성되어 있다.

일연스님의 원효에 대한 찬양

보각국사 일연은 『송고승전』을 비롯해서 당시 원효와 관련된 설화들까지 직접 채록하고 참고하였다. 요석공주와의 인연은 다른 자료에는 없는 이야기다. 원효의 파계 문제를 대중을 위한 무애행으로 승화시켜, 대중 교화의 관점에서 높이 찬양하였다.

일연의 『삼국유사』 '원효불기조(元曉不羈條)'를 보면 기행과 환속 등 극단적이고 파격적인 그의 모습을 볼 수 있다. 불기(不羈)의 '기'는 굴레 또는 고삐라는 의미이므로, 원효는 이에 얽매이지 않는다는 뜻의 제목을 붙인 것이다.

원효를 '성사(聖師)'라는 이름으로 높인 것도 일연스님이 처음이다.

> 각승으로 처음 삼매축을 열었고
> 춤추는 호롱박 마침내 온 거리에 유행했네
> 달 밝은 요석궁 봄의 꿈은 지나가고
> 문 닫힌 분황사 돌아보는 그림자가 공하다
> 角乘初開三昧軸 (각승초개삼매축)
> 舞壺終掛萬街風 (무호종쾌만가풍)
> 月明瑤石春眠去 (월명요석춘면거)
> 門掩芬皇顧影空 (문엄분황고영공)

첫 행은 원효의 앎에 대한 내용으로, '각승'은 소의 두 뿔 사이에서 저술한 『금강삼매경론』을 '삼매축'으로 표현하였다.

둘째 행은 원효의 삶에 대한 내용으로, 대중들 속에 들어가 호롱박을 가지고 노래하고 춤추는 무애행을 통해 불교의 진리를 널리 전하는 모습을 표현하였다. 결국은 원효의 보살행을 담은 '상구보리 하화중생'의 의미다.

셋째 행은 원효가 환속한 것 또한 깨달음의 관점에서 보면 실체가 없는 환영이란 의미로 이를 '봄의 꿈'이라 하였다.

넷째 행에서 분황사에 모신 원효의 소상을 설총이 돌아다보는 것이 마치 석가가 열반에 드는 모습을 연상시킨 것이다.

이를 통해 일연은 삶과 죽음이 둘이 아닌, 생사일여(生死一如)의 경지를 우리에게 제시하고 있다.

초개사(初開寺), 불교를 열고 유교를 세운 곳

- **주소** 경상북도 경산시 유곡길 230(경산시 유곡동 279)
- **원효 관련** 650년경 창건. 원효스님의 속가 또는 초막터
- **주요 관점** 화쟁문, 극락보전, 원효좌상, 설총비

🪷 일주문 앞에 서서_ 불교와 유교가 조화를 이룬 곳

2021년 11월에 '불교사상과 유교사상의 소통과 조화'라는 주제로 공동학술 세미나를 개최한다는 뉴스를 들었다(성철사상연구원과 성균관대학교 유교문화연구소 주관).

개최 의의를 보면, "불교와 유교의 대화를 모색하는 것은 갈수록 우리 사회는 대립과 갈등이 높아가고 있지만 이를 극복할 수 있는 마땅한 사상적 대안

극락보전 단아하면서 화려함이 돋보인다.

이 부재하기 때문"이라고 하였다.
또 성철스님 예를 들어, "불교와
유교는 한국 사상의 뿌리이며, 현
대 한국불교의 대선지식인 성철
스님 역시 유교 집안에서 태어나
유학을 공부하며 한학을 익혔다."
고 말하며, "성철스님 법문에서도
왕양명을 비롯해 유학자의 가르
침을 소개하며 유교와 불교를 아
우르셨다."라고 발표하였다.

원효성사 좌상 아미타삼존불 옆에 모셔져 있다.

원효는 살던 집에 초개사를 세우고 불교의 대중화를 위한 길을 열었다. 아
들 설총은 이곳에서 태어나 우리나라 초기 유학의 길을 세웠다. 경내에는
고려 현종이 추증한 '홍유후신도비'가 서 있다. 불교와 유교가 아버지와 아
들의 관계처럼 절묘하게 조화를 이룬 곳이 이곳 초개사이다.
요즘처럼 극우와 극좌가 대립하는 불행한 시대에 한 번쯤 초개사를 방문하
는 것은 매우 뜻깊은 일일 것이다. 원효가 보내는 너털웃음과 설총이 예의
바르게 인사하는 모습을 상상해 본다.

절로 가는 길, 절집 이야기

원효가 7살이 되자 산에 있기 좋아하여 조부가 초막을 지어 주었다. 그 초
막을 초계사(草係寺)라 하였다는 일설이 있다. 또 『삼국유사』에는 출가한 뒤
속가집을 '초개사(初開寺)'라 하였다고 전한다. 설총(655-?)의 탄생지이기도
하다.
지금의 초계사 위치는 옛 집터가 있던 곳이라기보다는, 초막이 있던 곳에

가까워 보인다. 마을에서 산으로 한참 올라간 중턱에 있어 일반 가옥이 있던 곳은 아닌 까닭이다. 일설에는 "삼성산 한 줄기가 마을로 내려오다 마지막 용트림을 하는 곳이 유곡리이고, 드디어 꼬리를 심는 곳이 하대리이다. 유곡리는 초개사요, 하대리는 도동재이다. 따라서 불교의 처음을 연 곳과, 유교의 길을 세운 곳이

극락보전 앞 오른쪽에 오층석탑 탑신 일부만 보존하고 있다.

그렇게 한 아버지와 아들에 의해 이어져 있다."라고도 한다.

현재의 초개사가 있는 곳은 오래된 암자터로 조선시대에는 금당사, 신림사로 이어오다가 화재로 소실되었다. 1907년 폐허가 된 절에서 100일 기도를 하던 청풍스님이 지금의 극락보전 자리에 칠보가 가득 쌓이고 오색 광명이 비추는 것을 보고 절을 세웠다. 초개사 원래 이름을 되찾았다.

1913년 지역의 유림들이 전해오던 이야기를 모아 만든 설총의 행적과 탄생지임을 기록한 유허비 '홍유후설선생신도비(弘儒侯薛先生神道碑)'를 세웠다. '홍유후'는 고려 현종이 설총에게 추증한 시호이다. 『홍유후실기』에 의하면, 요석공주는 시댁 동네를 물어물어 찾아와 원효의 탄생지인 이곳 유곡(油谷)에서 설총을 낳았다. 설총은 불지촌(佛地村)인 유천(柳川)에서 자랐다고 한다.

설총 신도비
'홍유후'는 고려 현종이 추증한 것이다.

꧁

『송고승전』과 원효

『송고승전』은 이미 원효의 오도처에 대한 글에서 많이 언급하였다. 중국 송나라의 승려인 찬녕(贊寧 919-1002)이 저술한 책으로, 송나라 태종 칙명으로 8년 동안 집필해 완성했다.

우리나라의 고승 전기도 일부 수록되어 있는데, 이중 원효에 대한 부분을 요약한다.

> 총각의 나이에 흔쾌히 불법에 입문하여 스승을 따라 학업을 받았다. 다니는 곳이 일정함이 없었다. 의해(義解)의 세계를 용맹히 격파하고, 문장의 진영을 씩씩하게 횡행하여, 굳세고 흔들림 없이 정진하여 물러남이 없었다.
>
> 일찍이 의상과 함께, 현장법사가 인도에서 돌아왔음을 알고 그를 흠모하여 당나라에 들어가려 했으나, 해골물을 마시고 오도한 그는 당나라에 갈 생각을 그만두고 여기저기 돌아다녔다.
>
> 말하는 것이 사납고 함부로 하였으며, 행적을 나타냄이 어그러지고 거칠었으니, 거사들과 함께 주막이나 기생집에 드나들었다. 금속으로 된 칼이나 쇠로 된 석장을 가지고 있으면서, 혹은 소(疏)를 지어 화엄경을 강론하기도 하고 혹은 거문고를 어루만지며 사당에서 즐기기도 하였으며, 혹은 여염집에 기숙하기도 하고, 혹은 산이나 강가에서 좌선을 하기도 하였으니, 마음 내키는 대로 하여 도무지 일정한 법식이 없었다.

이상은 원효의 무애행에 대한 말이기도 하고, 대중 교화의 말씀이기도 하다. 『송고승전』은 주로 금강경 강론에 대해 말했는데, 대안대사 이야기와 백고좌법회에서 행했던 원효 이야기를 자세히 소개하고 있다.

원효스님, 그 마음을 찾아서

제석사(帝釋寺), 1400년 전부터 여전히 여기 계신

- 주소 경상북도 경산시 자인면 북사안길 18(자인면 북사리 226-1)
- 원효 관련 632년 창건. 원효 탄생지.
- 주요 관점 원효성사전, 원효 소상, 원효보살팔상탱화, 제석사 우물

🪷
일주문 앞에 서서_ 원효 팔상도

팔상성도는 석가모니의 일생을 여덟 가지로 압축하여 그림으로 나타낸 것
이다. 이와 같이 원효의 일대기를 역시 여덟 가지로 그린 것이 '원효성사팔

제석사 입구 도천산 제석사 현판과 금강역사가 양쪽에 그려져 있어 금강문 역할을 한다.

상도'이다. 제석사에 가면 원효성사전이 있는데 안에 원효의 좌상을 모시고 있으며, 뒤에는 바로 '원효성사팔상탱화'가 조성되어 있다.

탄생, 출가, 득도, 무애, 설법, 요석과의 인연, 교화, 열반의 순서로 그려졌는데 아래 사진이 그것이다.

좌, 수하탄생상(樹下誕生相)
　불지촌 사라수 나무 아래에서 태어나는 모습.
우, 출가수학상(出家修學相)
　출가하여 수행 공부하는 모습.

좌, 고총오도상(古塚悟道相)
　오래된 무덤에서 오도하는 모습.
우, 가두만행상(街頭萬行相)
　거리에서 무애무를 추며 교화하는 모습.

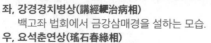

좌, 강경경치병상(講經梗治病相)
　백고좌 법회에서 금강삼매경을 설하는 모습.
우, 요석춘연상(瑤石春緣相)
　요석궁에서 새로운 인연을 만난 모습.

좌, 척반구중상(擲盤求衆相)
　소반을 던져 대중을 구하는 모습.
우, 혈사입적상(穴寺入寂相)
　혈사에서 입적하는 모습.

절로 가는 길, 절집 이야기

제석사는 자인면 소재지 한가
운데에 있는 도심형 사찰이다.
이 마을은 예부터 불당골이라
불렀기에 제석사를 '불당절'이
라고도 한다. 제석사는 원효가
태어난 곳에 지었다는 옛 사라
사를 계승한 절이다.

대웅보전에는 신라시대 것으
로 보이는 석조 연화무늬 좌대
가 있다. 400여 년 전 농부가
밭갈이 중 불상과 탑신을 발견
하여, 1625년 유찬이 절을 중
건하게 되었다고 전한다. 계속
중창과 중수가 있었으나 1940
년대 쇠락하여 빈터로 남아 있

석조연화무늬 좌대
400여 년 전 농부가 밭에서 발견하였다.

원효소상 뒤에는 원효의 일생을 8폭으로 담은 원효
보살팔상탱화가 그려져 있다.

던 것을 1962년 이후 대웅전, 삼성각 등을 건립하여 현재에 이르고 있다고
한다.

오늘날 제석사는 그 규모는 작지만 정갈하게 정비해 놓은 도량이다. 2003
년 불교계 최초로 '원효성사전'을 건립하였다고 한다. 원효성사전에는 원
효의 소상과 생애를 부처님의 팔상도 형식으로 조성한 '원효보살팔상탱화'
가 봉안되어 있다.

해마다 음력 5월 4일, '원효성사 탄생다례제'를 봉행한다. 지역의 유지들

및 경산시 관계자, 신도 등 많은 이들이 원효성사전에서 '차(茶)'를 올린다.

❁
원효와 요석공주의 만남

원효 하면 그의 사상이나 저술보다는 대체로 '해골물 일화' 또는 '요석공주와의 인연'을 우선 떠오르게 한다. 왜냐하면 흥미진진하고 극적인 이야기인데다 낭만적이기도 하여 세간의 관심을 끌기에 충분한 스토리텔링이기 때문이다.

요석공주와 만나 설총을 낳았다는 일화는 『삼국유사』에만 실려 있다. 김원중 박사의 해석문을 그대로 옮겨 본다.

대사가 어느 날 일찍이 상례를 벗어난 행동을 하며 거리에서 노래를 불렀다.

> 誰許沒柯斧 我斫支天柱 (수허몰가부 아작지천주)
> **그 누가 내게 자루 없는 도끼를 주려는가?**
> **내가 하늘을 떠받칠 기둥을 찍어 보련다.**

> 고영섭 교수는 좀 더 현대적인 감각으로 해석하였다.
> 누가 자루 없는 도끼를 내게 주리오?
> 내가 하늘 떠받칠 기둥을 깎으리.

> **사람들은 모두 그 의미를 알지 못하였다. 이때 태종 무열왕이 그 말을 듣고는 말하였다.**
> **"이 대사가 아마 귀한 부인을 얻어 어진 아들을 낳고 싶어하는 것 같구나. 나라에 위대한 현인이 있으면 그 이로움이 막대할 것이다."**

이때 요석궁에 과부 공주가 있었다. 왕은 궁리를 시켜 원효를 불러오게 하였다. 궁리가 왕명을 받들어 원효를 찾아보니, 이미 남산을 거쳐 문천교를 지나고 있었다. 원효는 궁리를 만나자 일부러 물속에 빠져 옷을 적셨다. 궁리는 원효를 요석궁으로 인도하여 옷을 말리고 그곳에서 머물고 가게 하였다. 공주는 과연 태기가 있어 설총(薛聰)을 낳았다.

- 중략 -

원효가 계율을 어겨 설총을 낳은 이후부터는 속인의 의복으로 바꾸어 입고 스스로 소성거사(小姓居士)라 불렀다. 우연히 광대들이 굴리는 큰 박을 얻었는데, 그 모양이 기피하였으므로 그 형상을 따라 도구를 만들었다. 『화엄경』의 "일체 무애인(無碍人)은 한 번에 생사를 벗어난다."라는 구절을 따서 '무애'라 이름 짓고 노래를 지어 세상에 유포시켰다.

일찍이 원효는 이것을 지니고 수많은 부락을 돌아다니면서 노래하고 춤을 추며 교화시키고 읊다가 돌아왔다. 그래서 뽕나무 농사짓는 늙은이와 옹기장이나 무지몽매한 무리에게도 모두 불타의 이름을 알고 나무아미타불을 부르게 하였으니, 원효의 교화가 컸다고 할 수 있구나.

반룡사(盤龍寺), 어린 설총을 만나던 왕과 왕비

盤龍寺

○ **주소** 경상북도 경산시 용성면 용전1길 60(용성면 용전리 118-1)
○ **원효 관련** 661년 원효 창건
○ **주요 관점** 원효 진영, 설총 진영, 반룡사지 부재

일주문 앞에 서서_ 설총, 유학의 기틀을 잡다

설총은 어린 시절을 경산에서 보냈으며, 이곳 반룡사에 살 때는 무열왕 내외가 딸 요석과 외손자 설총을 보러 경주에서 구룡산 왕재를 넘어와 만났다고 한다.

원효가 소요산에 머물면서 수행하고 있을 때도 요석공주는 아들 설총을 데리고 소요산을 찾아갔다. 산 아래에 별궁을 짓고 아침저녁으로 스님이 수도하는 자재암을 향해 설총과 함께 절을 했다고 한다.

대웅전 위에서 내려다 본 만세루와 아랫마을

원효스님, 그 마음을 찾아서

설총이 어린 시절 공부에 얼마나 힘을 쏟았는지 그가 땀을 흘리며 공부했다는 유곡리 나무 부근에는 지금도 개미가 살지 못할 만큼 땅이 짜다는 재미있는 설화도 있다.

설총은 말년의 관작이 나마(奈麻)라고 기록되어 있다. 나마는 골품제 17등급 가운데 11번째 등급으로 5두품 이상이 오를 수 있는 벼슬이었으니, 그가 신라에 남긴 업적을 생각하면 매우 초라한 벼슬이다.

원효에게 평생 도반인 의상이 있었다면, 설총에게는 스승이면서 동료였던 강수가 있었다. 강수와 설총은 신라에서 유학이 널리 퍼지던 시기에 동시대를 살며 함께 유학의 기틀을 잡았다. 두 사람은 우리나라에서 유학을 학문으로 시작한 최초의 학자들이라 한다. 이전에도 유학적 소양을 지닌 사람이 있었지만, 학문의 경지에 이른 학자는 이들이 처음이라는 것이다.

절로 가는 길, 절집 이야기

반룡산 자락에 넓게 자리잡은 반룡사는 뭔가 허전한 느낌이 든다. 반룡사 누각에서 내려다 보이는 용전리, 용천리의 들판도 허전하다. 왜냐하면 이 넓은 터에 대웅전과 천불전, 이름 없는 누각, 산령각이 전부이기 때문이다. 아마도 대사찰로서 수많은 당우와 부속 암자가 많던 시절이 그리워서 그럴 것이다.

반룡사는 661년(문무왕1) 원효가 창건하였다. 이 무렵 압량주 경산은 백제와 큰 전쟁을 치루고 난 이후여서 전장에서 돌아온 병사들과 부상병이 유난히 많았을 것이다. 특히 압량주는 신라군의 모병훈련소가 있는 전략적 요충지였다. 군사주둔지이자 병력의 이동 통로였다.

원효가 662년 '난새와 송아지' 그림을 해독하여 준 이야기는 반룡사에 머물 때의 일이다.

반룡사는 원효의 주석처로도 알려져 있다. 요석공주가 남편을 만나기 위하여 어렵게 수소문하여 반룡사까지 찾아왔다고 한다.

원효와 설총의 진영 다례제 때만 대웅전에 내놓고 평소에는 따로 보호하여 모신다.

무열왕 내외도 이때 몰래 경주에서 산내 지역과 지금의 반룡사까지 와서 딸 요석과 손자 설총을 만났다고 한다. 신라 왕 내외가 경주와 경산을 잇는 지름길인 이 산을 넘어왔다 하여 왕재란 지명도 유래되었다.

현재 반룡사에 현존하는 전각들은 1950년대 이후 중건한 것으로 대웅전, 천불전, 만세루, 산령각과 승방, 그리고 석탑과 석조관음입상 등이 있다. 대웅전 안에는 원효와 설총의 진영이 있다.

🪷
요석공주는 누구이며 원효와 만난 때는?

『삼국사기』 열전에는 요석공주의 전남편 김흠운(金歆運)에 대한 기록이 있다. 진골 출신인 김흠운은 고구려와 백제 연합군이 침범해 온 일을 분하게 여겨 전투에 참여하였으나, 백제의 조천성(현재의 옥천)에서 기습을 당하여 장렬히 전사하였다고 그의 성격과 함께 자세히 기록하고 있다(655년).

태종 무열왕의 딸인 요석공주는 이렇게 과부가 되었다. 소생으로 두 딸이 있었다고 전한다. 그중 둘째 딸이 훗날 31대 국왕 신문왕의 왕비인 신목왕후(神穆王后)이다.

그 후 알려진 대로 요석공주는 원효와 만났으나, 두 사람이 만난 정확한 시기를 알 수 있는 자료는 없다. 무열왕 때가 아닌 문무왕 때로 보기도 하고, 원효가 무덤 안에서 득도 후 당나라 유학을 포기하고 돌아온(661년) 뒤로 보기도 하는 이유가 그것이다.

다만 "태종이 성사가 길거리에서 부르는 노래를 들었다."는 기록으로 미루어 무열왕 집권기인 655년부터 660년까지 6년 사이에 있었던 일로 추측한다. 이 시기는 원효의 나이 39세에서 44세에 해당하는데 무열왕 말년이다.

그 증거로 볼 수 있는 것이 경산의 반룡사 설화다. 신라 무열왕 내외는 경주에서 지금의 반룡사까지 와서 딸 요석공주와 손자 설총을 만났다고 한다. 신라 왕 내외가 "이 산을 넘어왔다." 하여 '왕재'란 지명이 지금까지 전한다. 왕재는 용성면 육동지구의 용천 1동과 용전리를 경계하는 구룡산의 지산인 반룡산 깊은 계곡을 오르는 오솔길 중 하나로 과거에는 경주와 경산을 잇는 지름길이었다.

즉, 무열왕이 661년에 죽었으므로 그 이전의 일로 보아야 한다는 것이다.

또 하나는 원효가 수도했다는 소요산 자재암의 이야기다. 창건 연대는 657년 경(무열왕 4년)으로 여겨지는데, 이곳은 자재암 외에도 원효샘, 원효굴, 원효바위, 공주봉 등 스님과 관련된 흔적이 곳곳에 남아 있다.

절 근처에는 요석공주의 전설이 얽힌 요석궁지가 있고, 여기서 설총을 키웠다는 전설이 있다. 어린 설총을 키우며 원효를 가까이서 그리워했다는 설화는 역시 자재암 창건과 비슷한 시기라는 추정을 가능하게 한다.

불령사(佛靈寺), 천불로 탑을 이룬 뜻은

- **주소** 경상북도 청도군 매전면 용산3길 99-8(매전면 용산리 산 93)
- **원효 관련** 645년 원효 창건
- **주요 관점** 용왕각, 천불전탑

일주문 앞에 서서_ 불령(佛靈)

초라한 절. 불령사의 첫 느낌은 그러하였다.

'절'이라는 분위기나 고풍스런 느낌이 전혀 없는 그저 초라하다는 느낌으로 절에 들어갔다. 원효가 창건했다고는 하나 뚜렷한 특징이나 흔적은 보이지 않았다.

인법당에 들어서니 50대 연세로 보이는 스님께서 우리 일행을 반갑게 맞이해 주셨다.

맨 앞 건물은 2000년까지 인법당이었다가 대웅전을 바로 위에 지은 뒤 요사채로 쓰이고 있다.

원효스님, 그 마음을 찾아서

우리에게 차를 대접해 주시고 세상 얘기도 하며 소소한 일상 얘기도 하며 정겨운 시간을 보냈다. 이 절에는 수달이 있어 같이 산다는 얘기, 전탑에 서린 이야기, 오시는 보살님들의 얘기 등, 스님의 쾌활한 웃음과 유머, 그리고 세속 생활보다 더 진지한 일상 이야기들.

무엇보다 천진한 표정과 해맑은 웃음, 무심한 듯 풀어내는 재미있는 이야기에 시간을 잊게 하였다.

아, 참으로 해맑구나.

아, 참으로 편안하구나.

아, 참으로 유쾌하구나.

이날 불령사를 나오며, 해탈의 모습과 행복의 조건을 곰곰이 생각해 보았다.

불령(佛靈)!

절로 가는 길, 절집 이야기

불령사는 경산시와 밀양시 중간 지점의 동쪽 편에 있다. 원효의 고향인 경산에서는 약 40km 남쪽이다.

호랑산 비룡계곡이 빼어난 절경을 이루는 좁은 계곡 위에 절이 있다. 절에 대한 자세한 내용은 없으나, 645년 성사가 창건하였다고 전할 뿐이다.

그 뒤의 연혁은 알 수 없다. 낡고 허물어진 사찰을 1912년에

계곡 맨 위쪽에 자리한 전탑으로 흙을 구어서 만든 벽돌로 쌓았다.

봉주스님이 중건하였다. 이후 폐사 지경에 있던 것을 1985년 지선스님이 요사와 산신각을 새로 지으며 사찰의 면모를 갖추었다. 2000년에, 퇴락한 인법당이었던 대웅전을 위쪽으로 올려 새로 짓고 원래의 인법당은 종무소로 사용하며 오늘에 이르고 있다.

연꽃받침 위에 앉아있는 불상과 석탑이 서로 교차하여 돋을새김 되어 있다.

사찰 경내 위편 좁다란 골짜기의 절벽길 옆 공터에는 통일신라시대의 탑으로 추정되는 경북도 문화재인 전탑이 있다. 전탑은 흙으로 구워 만든 벽돌로 쌓아 올린 것으로, 땅 위로 5단의 바닥돌을 놓아 만든 1층 기단 위에, 다시 5층으로 탑신을 쌓아 올렸다.

불상과 3층 석탑 문양이 있는 벽돌을 사용한 것이 이 탑의 특징이다. 길쭉한 벽돌의 옆면마다 연꽃 받침 위에 앉아 있는 불상 3구와 석탑 2기가 서로 교차하여 돋을새김 되어 있다. 이러한 까닭에 이 탑을 '천불탑(千佛塔)'이라 부르기도 한다.

원효와 요석, 그리고 태종 무열왕

원효와 요석공주의 일화를 다른 관점에서 보기도 한다. 원효가 "자루 없는 도끼를 빌려달라"는 노래를 의도적으로 퍼뜨리고 다닌다는 것은 매우 대담한 행동이다. 이러한 적극적인 행동을 무열왕이 파악한 것으로 보인다. 원효를 궁궐로 불러들이는 과정에서 문천교 아래에 빠지고, 이에 무열왕은 그를 요석궁으로 보내 요석공주와 사랑을 나누게 하였다. 이는 이미 무열왕과 요석공주가 사전에 합의한 일이 아닐까 하고 상상하게 된다.

요석공주는 진골이었고 원효는 6두품이었는데, 왕실이 6두품과 혈연관계를 맺은 이유는 무엇일까. 여기에는 무열왕의 정치적 배경이 있다고 볼 수 있다. 원효와 요석의 사랑을 승인하고 허락한 주체가 바로 자신이기에, 이미 신라 사회에서 유명하고 대중적인 원효를 포용한다는 그의 정책적 의도가 있다는 것이다.

원효 입장에서는 당시 불교가 귀족적이고 권위주의적이기 때문에 이를 타파하기 위해서는 왕족과 연계가 된다면 훨씬 수월하게 자신의 사상을 펼칠 수 있으리라 계산했을 가능성도 추측할 수 있다.

'자루없는 도끼'는 사랑 노래가 아니다

일찍이 어느 날 원효가 상례를 벗어난 행동을 하며 거리에서 다음과 같이 노래를 불렀다.

> **누가 자루 없는 도끼를 빌려주겠는가.**
> **내가 하늘을 받친 기둥을 찍으리라.**
>
> 誰許沒柯斧 我斫支天柱
> 수허몰가부 아작지천주

『삼국유사』의 이 유명한 글에 대해서 전혀 다르게 해석하기도 한다.

대개 이를 설명할 때는 "하늘을 받칠 기둥을 깎으련다. 깎으리, 찍으리." 등으로 말하는데, 원효가 한가하게 이런 노래나 부르며 사랑을 구했을까 하는 것이다. 사랑 노래로 착각하여 원효를 파계승으로 폄하한다는 것이다.

위를 달리 해석하면 하늘을 받친 기둥을 "찍어 버리리, 찍어 버리겠다."라는 의미도 가능하다는 해석이다. 왜냐하면 무열왕이 살던 당시에는 수많은 전쟁를 치르며 나라의 존망을 염려하던 시대이기 때문이다. 이런 상황에서도 기득권을 지키려는 신분 중심의 귀족정치와 전쟁에 시달리는 민중들의 어려움은 가중되는 혼란한 사회였다. 이런 현상을 지켜보던 원효가 의식의 혁명을 요구한 노래는 아닐까 하는 추측이다.

'하늘을 받친 기둥'이 사회를 이끌어가는 사회 규범이나 사회 구조를 의미한다면 이것이 낡고 썩었으니 이를 바꿔야 한다는 주장이다. 역설적으로 비록 지혜(자루)는 부족하고 능력(도끼)이 없더라도 누군가(誰: 깨어있는 자)가 동조한다면(許) 깨부숴야 한다는 의미는 아닐까.

적천사(磧川寺), 유구한 은행나무는 말이 없지만

○ **주소** 경상북도 청도군 청도읍 원동길 304 (청도읍 원리 981)
○ **원효 관련** 664년 원효가 토굴로 창건
○ **주요 관점** 적천사 괘불탱, 대웅전, 천왕문, 무차루, 명부전, 은행나무

일주문 앞에 서서_ 몸은 해가 가듯 쉽게 가고

며칠 전 친분이 있는 시조시인 한 분이 돌아가셨다. 집수리와 인테리어를 주로 하는 영세한 사업자인데, 일과 함께 시조창작 활동을 꾸준히 해 오신 선배이다.

돌아가시기 전 병문안을 가서 얘기할 때, 선배는 자꾸 회한에 가득 찬 말만 하였다.

"무슨 말씀을…, 열심히 살았잖아요."

"그려, 앞만 보고 열심히 살았지. 남은 건 후회밖에 없어. 참 덧없는 세월…"

말문을 잇지 못하셨다. 무슨 말을 어떻게 해 주어야 할지 경황이 없었다. 병원을 나서면서 '후회'라는 말, '세월'이라는 말이 자꾸 겹쳐 떠올랐다. 누구나 늘 생각하는 말이고 누구나

적천사 괘불탱화 (보물) 사진으로만 볼 수 있다.

실감하는 말이면서도 바쁘게 사는 현실에 묻히면, 이 또한 쉽게 망각하고 지내게 마련이다.

문득, 1400여 년 전에 백제 귀족이 남긴 '사택지적비문'이 생각났다. 이 비석은 우연히 발견하였는데, 현재 부여박물관에 있다.

'사택지적'이란 백제 귀족이 말년에 불교에 귀의하면서 세운 탑비의 일부는 이러하다.

「몸은 해가 가듯 쉽게 가고, 달이 가듯 돌아오기 어려움을 슬퍼하여….」
(慷身日之易往慨體月之難還)

🪷
절로 가는 길, 절집 이야기

사기(寺記)에 의하면, 664년 원효가 수도하기 위해 토굴을 지음으로써 창건되었다.

고려시대에는 지눌이 크게 중창했으며, 당시 참선하는 수행승이 언제나 500명이 넘었다고 한다. 지눌의 중창 직전, 이 절에는 많은 도적 떼가 살고 있었는데, 지눌이 가랑잎에 '범 호(虎)' 자를 써서 신통력으로 호랑이를 만들어 도적 떼를 쫓아냈다는 전설이 있다.

임진왜란 때 건물의 일부가 소실되었다. 1664년(현종 5) 왕의 하사금으로 중수하였고, 이때 사천왕상을 조성하였다. 1694년(숙종 20) 태허대사가 크게 중건하여 대찰의 면모를 갖추었으나, 한 말에 의병들이 이 절을 중심으로 활동하게 되자 관병들이 이 절의 누각과 요사채 등 일부 건물을 소각시켰다.

현존하는 당우로는 입구에 있는 천왕문을 들어서서 조계문을 지나면 중앙에 남향한 대웅전이 있다. 그 좌우에 적묵당과 명부전이 있으며, 대웅전 뒤쪽으로 좌우에 조사전과 영산전이 있다. 그 밖에 요사채와 부목방 등이 있다.

절 앞에는 보조국사가 심었다는 은행나무가 있는데, 흔히 볼 수 없는 유주

은행나무(천연기념물) 나이는 약 800년으로 추산되며 높이는 25.5m이다.

발달의 특징을 보여주고 있다. 오랜 세월 동안 조상들의 관심과 보살핌 가운데 살아온 나무로 생물학적·민속적 자료로서의 가치가 높아 천연기념물로 지정·보호하고 있다.

무열왕과 김유신 그리고 원효

김춘추는 진골 신분으로는 최초로 왕위에 오른 인물이다. 성골은 선덕, 진덕여왕을 끝으로 사라지고 바야흐로 진골끼리 왕위를 다투며 경쟁하는 시대가 된 것이다.

김춘추는 자기를 지지해 줄 세력이 필요했다. 그래서 김유신의 여동생(문희)을 부인으로 맞아들여 혈연관계를 맺음으로서 김유신과 같은 무시할 수 없는 가야 세력을 얻게 되었다. 물론 김유신도 정복 당한 금관가야의 왕손이지만 신라에서는 핍박 받는 처지이니, 서로가 뜻이 맞은 것이다.

또 6두품을 비롯한 토착민 세력을 자기편으로 끌어들여 반대파 진골 세력을 정치적으로 견제하고자, 6두품으로 토착민들의 정신적 지주였던 원효까지 사위로 삼아 혈연으로 엮은 것이라는 추측이 가능한 것이다.

원효는 삼국 전쟁의 주역인 장인 김춘추의 명으로 총사령관 김유신을 따라 전장을 함께 다녔다. (난새와 송아지 설화가 유명하다.) 김유신은 신라 최고의 장군이었지만 사적으로는 처외삼촌인 셈이다.

원효도 신라 왕실불교를 혁파하여 민중불교로 발전하기를 기대했을 것이며, 당시 시대 상황으로 볼 때, 왕실을 중심으로 종교적, 사상적 단합이 이루어지는 신라를 꿈꾸었을 것이다.

표충사(表忠寺), 원효스님과 사명대사의 호국 의지

表忠寺

- **주소** 경상남도 밀양시 단장면 표충로 1338(단장면 구천리 23)
- **원효 관련** 654년 원효 창건
- **주요 관점** 삼층석탑, 청동함은향완, 사명대사 유품

🪷 일주문 앞에 서서_ 고단한 민중의 삶에 들어가

표충사는 호국불교의 대표적 사찰이다. 서산대사와 사명당을 모신 표충사
(表忠祠)가 있어 절이 아닌 유교 형식의 사당이 있는 유일한 절이다.

불교 첫 번째 계율인 "살생하지 말라"는 논쟁 속에서도 분연히 일어나 승
군을 조직하고 위기에 처한 나라를 구하고자 일어선 승군. 여기에는 처영
이나 영규대사도 있다. 금산 전투에서 순국했으나 묘총 하나 없이 사라진

표충사(表忠祠)와 사명대사 유물관 청동향완, 사명당 가사와 장삼 등이 있다.

승병도 있고, 이순신을 도와 싸운 이름 없는 수군 의승도 있다. 그 모진 압박과 모멸적 차별에도 나라와 백성을 지키려는 많은 불제자가 있었다. 신분으로는 천민이면서 온갖 박해에 시달렸음에도 불구하고 호국의 길을 갔던 그들이다.

삼국 통일기에 살았던 원효가 조선시대에 살았다면, 이 시대를 얼마나 안타깝고 슬픈 마음으로 바라보았을까. 신라든 조선이든 시대를 뛰어넘어 고단한 민중의 삶에 들어가서, 대중 교화와 위무의 보살행을 하는 모습을 상상해 본다.

🪷 절로 가는 길, 절집 이야기

표충사(表忠寺)는 654년 원효가 창건하여 죽림사(竹林寺)라 하였다. 스님이 지금의 통도사 극락암 자리에 작은 암자를 짓고 수도하던 중 어느 날 재약산 기슭을 바라보니 대밭 속에서 오색의 상서로운 구름이 떠올랐다. 곧바로 하산하여 그 자리에 절을 세우고 죽림사라고 하였다. 지금도 그 흔적이 절 뒤 대밭 속에 남아 있다.

829년에 인도의 승려 황면선사가 현재의 자리에 중창하여 진영사라 이름을 고치고 3층 석탑을 세워 부처의 진신사리를 봉안한 것으로 전한다. 1286년에는 보각국사 일연이 1,000여 명의 승려를 모아 불법을 일으키기도 하였다.

임진왜란 중 큰 활약을 했던 사명대사에게, 선조는 출생지인 경남

청동은입사향완 (국보) 의식을 하거나 향 피우는 데 사용된 공양구로 고려의 대표작이다.

밀양군 무안면 산강리에 사당을 세우고 스님의 영정을 봉안하고 이 전각을 「표충사」라 사액했다. 사명당 유정을 본향으로 하고 청허당 서산대사와 기허당 영규대사를 배향으로 하여 매년 봄과 가을에 제향하고 있다.

주요 문화재 및 건물로는 국보인 청동함은향완(靑銅含銀香垸)을 비롯하여 보물인 삼층석탑이 있다. 석등, 표충서원, 대광전 등의 지방문화재와 건물 25동, 사명대사의 유물 300여 점도 보존되어 있다.

원효의 성(聖)과 속(俗)을 아우르는 행화(行化)

고분에서의 깨달음을 통한 첫 번째 전회에 이어 원효가 맞은 또 한 차례 마음의 전회는 그의 광범한 교학연구가 다시 한 단계를 넘어서고 있을 때였다. 즉 "분황사에서 『화엄경소』를 찬술하던 중 10회향품에 이르러 절필했다." 함이 그것이다. 이는 그동안 오직 교학연구와 저술로 독자적인 길을 개척해 온 원효가 대중교화라는 새로운 실천과제를 깊게 인식하게 되었음을 말한다. 이제 원효에게 있어 중요한 것은 사상이나 이론이 아니었다. 그보다는 대중과 함께 하는 진리의 현재화(現在化), 그 실천이 무엇보다도 중요한 과제로 떠오르게 된 것이다.

회향이란 자기가 닦은 선근공덕을 중생에게로 돌림을 말한다. 중생들이 번뇌에서 벗어나 깨달음을 얻도록 하는 구제의 행이 곧 회향이다. 그런 뜻에서 화엄경의 열 가지 회향 내용은 그 하나하나가 중생들과의 만남을 통해서 그렇게 살고 실천해야 할 과제였던 것이다

성(聖)과 속(俗)을 함께 아우르는 원효의 무애행화(無碍行化)가 이로부터 시작된다. 원효는 성의 자리에서 속으로 내려왔다. 그러나 이미 성과 속이 따로 없음을 통찰해 온 그에게 속은 바로 그대로가 성이기도 한 것이었다.

원효가 접하는 대상이 위로는 왕실의 인물이나 귀족에서부터 아래로는 가

난하고 몽매한 사람들에 이른 것처럼, 그가 돌아다닌 천촌만락 또한 이미 망국(亡國)한 옛 고구려이며 백제의 고토였고 통일을 이룩한 새로운 신라의 땅이었다. 일체에 걸림이 없이 성속을 함께 아울렀던 원효의 이 같은 행화야말로 이 땅의 모든 계층 모든 사람들을 평등하게 구제하려는 그의 보살적 염원이었고 실천이었던 것이다.

8

부산·경남권역

범어사(梵魚寺), 수많은 고승이 계시던 호국명찰

○ **주소** 부산광역시 금정구 범어사로 250 (청룡동 546)
○ **원효 관련** 678년 의상 창건, 원효 수도
○ **주요 관점** 조계문, 진신사리, 삼층석탑, 대웅전, 원효 진영

일주문 앞에 서서_ 범어사를 폐허로 만든 까닭

신라 말기에 태어나 고려 초기에 활동한 도선국사는 풍수지리를 널리 퍼뜨린 스님이다. 고려 태조 왕건도 그의 풍수지리에 매료되어, 「훈요십조」 2항에 "사원을 함부로 세우면 나라의 운수가 오래가지 못한다."고 도선이 말했으니, 도선이 산수의 형세를 살펴서 세운 사원 외에는 마음대로 사원을 창건하지 못하도록 하라고 말할 정도였다.

그래서 전국의 유명 사찰들은 풍수지리에 맞게 절을 지었고, 풍수지리를 모르는 사람이 보아도 '절의 위치가 참 좋다.'라고 느껴지는 것이다. 이후 조선에서도 풍수지리가 널리 유행하여 사찰, 집, 묘소 등에도 큰 영향을 주었다.

풍수지리는 일본에까지 유행하였으며 근세에 이르기까지 그 영

원효 진영 국내에서는 가장 오래 된 조선 말기 (1863년)에 봉안된 진영이다.

조계문(보물)**에서 회원들과 함께** 일주문이면서 해탈문이기도 한 조계문은 4개의 자연석 기둥으로 받친 독특한 모양이다.

향력이 대단하였다. 임진왜란 때나 일제 강점기 때에는 풍수지리를 이유로 일본이 훼손한 사찰이 한두 군데가 아니다. 범어사도 예외는 아니었다.

왜군이 동래성을 함락하고 진격하면서 범어사가 그 지역 백성에게 큰 정신적 지주라는 것을 알게 되었다. 또 범어사는 대마도를 바로 보는 곳에 자리 잡고 있어 일본에 나쁜 영향을 준다고 믿었다. 그래서 완전히 불태워 버려 폐허로 만들고 말았다.

절로 가는 길, 절집 이야기

범어사(梵魚寺)는 부산 금정산 기슭에 자리한 사찰로 유학에서 돌아온 의상 대사가 창건한 화엄종 10찰 중 하나다. 원효·표훈·낙안·영원·매학·묘전스님 등 많은 고승들을 배출하였고, 많은 당우와 전각을 갖춘 명실상부한 대명찰(大名刹)이다.

대웅전(보물) 삼존불과 영산회상도

범어사는 지역사회 종교 중심지로서의 한정된 기능만이 아닌 국가적 차원에서 동해안의 안위를 책임지고 있던 국가비보사찰(國家裨補寺刹)의 기능을 가졌다. 일례로 임진왜란 때는 서산대사가 범어사를 사령부로 삼아 승병 활동을 하였으며, 3.1운동 때는 이곳에서 공부하던 학생들이 '범어사 학림 의거'라는 독립 만세운동을 일으켰고, 전국에서 사용할 태극기를 범어사 암자에서 만들기도 하였다. 또한 서울과 동래, 김해 등에 포교당을 세우는 등 불교 진흥 운동과 근대 교육운동에 앞장섰다.

임진왜란 때 모두 불타 버려 10여 년을 폐허로 있다가 1602년 중건하였으나 또다시 화재를 당하였고, 1613년(광해군 5)에 중창하여 법당, 요전, 불상과 시왕상, 그리고 필요한 모든 집기를 갖추었다.

현재 보물로 지정된 대웅전을 비롯하여 3층석탑(보물), 당간지주, 일주문, 석등, 동·서 3층석탑 등의 지방문화재가 있으며 이 밖에 많은 전각, 요사, 암자, 누, 문 등이 있다. 조사전에는 원효, 의상 등 많은 고승들의 진영을 모셨다.

영산회상도를 이운하는 과정에서 발견한 진신사리

원효스님, 그 마음을 찾아서

🪷 중국에까지 널리 알려진 그 이름①

화쟁국사 원효를 중국에서는 '구룡(丘龍)'이라 불렀다. 구룡이란 청구(靑丘), 곧 우리나라의 용이란 뜻이다. 용은 중국 사람들도 상서롭게 여기는데, 그들이 원효에게 '용' 자를 붙인 것이다.

또 원효의 학설을 원효종(元曉宗), 해동종(海東宗), 분황종(芬皇宗)이라 하며 별도의 지위를 인정해 주었다. 자존심 강한 중국에서는 드문 일이다.

화쟁이란 쉬운 말로 화합한다, 아우른다는 뜻으로 모든 논쟁을 아우른다는 말이다. 원효는 『대승기신론별기』에서 이렇게 말한다.

"백 가지 논쟁을 아우르지 못할 것이 없다(百家之爭無所不和)."

이에 의천국사는 「화쟁론」을 지어 그를 기렸다.

> 사람 마음은 남쪽과 북쪽이 다르나
> 부처 법은 예나 지금이나 똑같다.
> 참된 것을 깨뜨리지 않고서도 속된 것을 밝히며
> 빛깔(물질)에 의해서도 다시 빈 것을 풀이한다.
> 그윽함을 살펴서 오직 모습을 없애며
> 뜻을 잃지 않고도 어린아이를 깨우친다.
> 집착함이 있는 것, 이것은 다툼거리가 되나
> 생각(뜻)을 버리면 스스로 통하는 것이다.

🪷

원효의 존칭은 참으로 많다. 대사, 법사, 성사, 대성, 보살, 교주, 구룡 등.

대각국사 의천은 원효를 마명보살*이나 용수보살*의 수준으로 보았다.

> 논을 짓고 경을 풀이하며 큰 법을 드러냈으니
> 마명보살 용수보살의 공적, 그들의 무리로구나.
> 오늘날 학문이 게을러 (원효를) 도무지 알아보지 못하는 것이,
> 마치 (공자가 누구인지 모르는 옆집 사람이)
> 우리 집 동쪽에는 공구라는 사람이 살지요 라고 하는 것 같구나.
>
>   - 의천, 『대각국사문집』-

한편 고려시대에 유교적 학문이 뛰어났던 임춘(林椿)은 원효를 유마거사*
에 비유하며 기렸다.

> 일찍이 거사를 늙은 유마라고 들었는데
> 길을 가면 능히 허공에 만 리를 간다.
> 이미 글 구절과 와서 묻는 것도 버려서
> 응함 없고 일함 없이 사는 곳을 훌쩍 나온다.
> 이를 테면 (이 분이) 원효이다.
>
>   - 임춘, 『서하집』-

* 마명보살은 『대승기신론』의 저자로 학문이 뛰어나고 지혜와 변론이 뛰어나서 백행이 구비된 사람이라고 알려졌다. 그를 대승 불교의 시조라고 한다.
* 용수보살은 대승불교의 모든 학파에서 제2의 붓다로 추앙될 만큼 불교사에 커다란 족적을 남겼다. 인도의 대승불교를 연구하여 그 기초를 확립했고 대승불교를 크게 선양했다. 『중론』·『대지도론』·『십주비바사론』 등 많은 저술을 남겼다.
* 『유마경』의 주인공으로 등장하는 유마거사는 재가 불자임에도 불구하고 세속을 뛰어넘는 출가의 길을 걸어간 거사이다. 유마는 '청정무구로 불리는 자'라는 뜻이다. 원효처럼 출출가(出出家)의 정신을 읽을 수 있다. 출출가란 속박의 상징인 집을 버린 뒤, 그 탈속의 경지에서 다시 집으로 돌아가 세상과, 집안 식구와 함께 어울리는 진속불이(眞俗不二)의 경지를 말한다.

원효스님, 그 마음을 찾아서

원효암(元曉庵), 홀로 숨어 있는 고요한 수도처

- **주소** 부산광역시 금정구 범어사로 256 (청룡동 525)
- **원효 관련** 678년 원효 창건
- **주요 관점** 원효석대, 동편 서편 삼층석탑

일주문 앞에 서서_ 해탈의 경지로 바라볼 듯

금정산 원효암으로 오르는 길은 그냥 숲길이다. 등산로처럼 좁고 잘 닦여
있지도 않았다. 가는 중간에 통나무로 기둥을 세우고, 목어를 걸고 목어에
'원효암'이라고 썼는데 이게 일주문이다.

동편 삼층석탑 신라말이나 고려초에 세워진 것이라고 한다.

경내로 들어서니 조용하기만 하다. "수행 중이니 출입을 금합니다."라는 안내판이 덩그러니 서 있을 뿐. 저 산 아래로는 회동저수지와 부산 금정구 시내가 바라보인다.

이곳은 나이가 많으신 노스님이 계신 곳이라고 들었다. 서산대사의 유명한 임종게 중, "천만 가지 온갖 생각들일랑 붉은 화로 위에 한 점 눈송이로다." 라는 구절이 생각난다. 여기에 계시다는 노스님도 저 아래 도시를 모두 해탈의 경지로 바라볼 듯하다.

원효암 분위기에 어울리는 서산대사의 선시(禪詩)를 소개한다.

> 깊은 산속 암자, 붉은 꽃 비처럼 흩날리는데
> 긴 대나무 숲속, 푸른 안개 흩어지네
> 흰 구름은 산 고개에 엉기어 잠을 자고
> 푸른 학은 스님 벗 삼아 졸고 있네.
>
> 深院花紅雨 長林竹翠烟 白雲凝嶺宿 靑鶴伴僧眠
> 심원화홍우 장림죽취연 백운응령숙 청학반승면

🪷
절로 가는 길, 절집 이야기

원효암은 부산시 금정산에 자리한 범어사의 말사로, 678년에 원효가 금정산 미륵암과 함께 창건한 것으로 알려져 있다. 의상이 670년 당나라 유학에서 돌아와 낙산사와 부석사를 세운 뒤 금정산을 찾아 범어사를 창건하던 같은 시기이다.

범어사를 지나 오르는 길이 가장 무난하나, 길을 아는 사람은 북문에서 출발하면 가깝다.

법당의 처마 밑에는 특이하게 글씨체가 다른 편액이 셋이나 걸려 있다. 가

서편 삼층석탑

운데 원효암(元曉庵)을, 좌우에 제일선원(第一禪院)과 무량수각(無量壽閣)을 걸고 있다. 그중에서 기름진 예서로 쓰인 '無量壽閣' 편액은 한눈에 봐도 해남 대흥사 백설당에 걸려있는 추사의 글씨체로 보인다.

암자 뒤편에는 원효가 참선했다는 원효석대(元曉石臺)가 있는데, 원효암 바로 뒤편 산봉우리 위에 있다. 주변 일대는 부드러운 육산으로 흙과 나무뿐인데 유독 이 석대만 암봉으로 치솟아 있다. 좌측에는 범어사를 창건한 의상대사의 수행처인 의상대가 있어 원효와 의상의 관계를 엿볼 수 있다.

경내에는 건립연대가 신라말기 또는 고려초기로 추정되는 부산시 유형문화재인 원효암 동편 삼층석탑과 원효암 서편 삼층석탑이 자리 잡고 있다.

원효의 호리병 이야기

신라 신문왕 때, 왜구가 쳐들어와서 약탈하는 사건이 매우 많았다. 이로 인해 원효가 많은 고민에 빠져 있었는데, 왜구를 모두 죽일 것인가 아니면 이렇게 계속 당하고 있어야 할까 고민을 하고 있었다. 결국 두 가지 모두 사람이 죽는 일이다 보니 더욱 고심에 빠지게 되었다.

이러던 차에 시간이 지나고 어느 날 왜구들의 배가 나타났다. 스님은 사미승에게 호리병 다섯 개를 구해 오라고 하였다.

우리 백성으로 가장한 왜구 두 명을 만나게 되었으나 스님은 모르는 척 말했다.

"왜군을 보셨나요?"

"아니오. 못 봤습니다."

"너희 자신을 못 봤다고. 이 왜놈들!"

하며 스님은 호리병 중 두 개의 목에 붓으로 선을 둘렀다. 그러자 그들은 목에 피멍이 둥글게 생기면서 아파했다. 그러자 나머지 세 개에도 붓으로 선을 그은 후 그들에게 주면서 말하였다.

"가서 너희 대장에게 알려라. 이대로 돌아가지 않으면 죽음을 면치 못할 것이다."

그들은 대장에게로 달려가 이런 사실을 말하였더니 대장은 분노하여 칼로 그 호리병을 베어 버렸다. 그 순간 대장은 목이 꺾어지며 피를 토하고 죽어 버렸다. 왜구들은 깜짝 놀라 곧장 뱃머리를 돌려 돌아가고 말았다.

원효가 가진 영향력과 존재감으로 인해 이런 이야기가 생긴 것이다. 왜구의 침입이 많았던 시절인 만큼 백성들에게 희망을 주고 결집하게 하는 역할을 했던 이야기다.

미륵사(彌勒寺), 원효스님이 미륵불은 아닐런지

○ **주소** 부산광역시 금정구 북문로 126 (금정구 금성동 1-10)
○ **원효 관련** 678년 원효 창건
○ **주요 관점** 염화전, 독성각, 미륵전

일주문 앞에 서서_ 미륵사 좌선바위에 앉아

금정산에서 가장 높은 곳에 위치한 절. 그리고 절에서 가장 높은 독성각에서 내려다보이는 풍경은 고즈넉한 절간의 분위기와 어울려 환상적인 금정산의 절경을 보여 준다.

미륵사 염화전과 미륵전은 웅장한 바위 아래에 단아하게 앉아 있다. 그 모습이 편안하고 친근하게 느껴지는 이유는 무엇일까. 바위 밑이면서 바위와 함께한 길고 긴 '세월'이라는 그 불가항력에 순응한 모습은 아닐까, 라고 생각해 본다.

'순응'이란 무능력하고 무기력하고 자포자기한다는 부정적 의미도 있지만, 원만한 적응과 순리에 따르는 화합이라는 함의도 담겨 있다.

이 높은 산속으로 힘겹게 들어와 미륵사와 그 앞에 펼쳐진 금정산을 보니, '탁!'하고 죽비가 어깨를 때리는 듯하다.

독성각의 나반존자
미륵불과 함께 영험이 많다고 알려져 있다.

좌선바위에 앉아 미륵사를 내려 보다

- 이경렬 -

한때 신열로 들뜨던 불덩이
깊게 깊게 가라앉힌 사랑을 본다

깎이고 부서지던 상처
견디고 다듬는 세월의 흔적을 본다

저렇듯 아래로 아래로만 앉은 자태
아름답다, 하늘을 찌르는 오만은 없구나

✿
절로 가는 길, 절집 이야기

금정산 산성마을 종점에 하차, 도보로 북문까지 간 후 북문에 있는 쉼터이
자 약수터인 세심정을 끼고 왼쪽 산허리를 감아 오르다 보면 미륵사에 닿
을 수 있다. 또는 범어사로부터 시작되는 등산로를 따라 북문까지 가는 길
도 무난하다.

미륵사는 678년 원효가 세운
절이다. 스님은 미륵암에 주석
하면서 『미륵상생경종요(彌勒
上生經宗要)』를 썼다.

미륵사는 나반존자 기도 영험
으로도 이름난 사찰이다. 미륵
사 가장 높은 곳에 독성각이 있

욕심을 버리라는 교훈을 주는 쌀바위 전설은 전국
여러 곳에 있다.

염화전 대웅전과 같이 석가모니불을 문수보살과 보현보살이 협시하고 있다.

고 원효가 손톱으로 그렸다는 마애불이 있다. 이곳 모서리 뒷편 자연 암석에는 미륵불의 장삼자락을 양각한 흔적이 지금도 남아 있다. 스님의 자취가 어린 미륵사는 이와 같이 미륵불과 독성불을 모셔서 첫손 꼽히는 기도 도량으로 이름이 높다.

왜적 첩자를 유인하기 위해 대사가 장군기를 꽂았다는 바위구멍이 지금도 독성각 옆에 그대로 남아 있다.

이곳의 좌선바위는 거대한 바위로 스님이 좌선하는 모양을 하고 있어 신기하다.

원효의 진속무애행화(眞俗無碍行化)의 현재적 의미

진속무애행화를 표현할 수 있는 원효의 사회적 실천은 곧 그의 깨달음과 사상으로부터 나온다. 중생을 위한 회향, 즉 보살의 실천행으로 구체화시키고 있다.

백제와 고구려를 정복하고 신라가 통일을 이룩했다지만, 영토나 정치적 통합만으로는 완전한 통일일 수 없다. 그것은 강제된 외형 만의 통합이며 불완전한 통일일 뿐이다. 여기서 원효는 진정 하나가 되는 통일을 위해 저술하던 붓을 던지고 일어섰다고 보아야 한다. 동지와 적, 분열과 통합, 지배자와 피지배자가 둘이 아닌 그러한 통일을 원효는 진정한 통일로 여겼을 터이다. 그리하여 저마다 일심(一心)의 근원으로 돌아가 화쟁회통하여 서로 가슴을 열고 함께 사는 통일을 이루기 위해, 그는 성(聖)과 속(俗)에 구애되지 않는 무애의 행화(行化)를 유감없이 펼쳐간 것이다.

원효의 행화를 염두에 두고 오늘의 현실로 눈을 돌렸을 때, 우리는 이 시대의 가장 절실한 문제로 민족의 통일문제를 들지 않을 수 없다. 반세기 가까이 남과 북이 대치해 있는 우리의 현실상황은 신라시대 원효가 겪었을 그 어려움과 갈등보다 결코 덜하지 않다. 시대와 국제적 정치환경의 변화에도 관계 없이 남과 북의 상호 몰이해와 적대감의 골은 여전히 깊다. 그럼에도 불구하고 남과 북이 하나가 되어야 함은 이 시대의 대 명제이자 필연적인 과업이다.

- 설악산 영혈사 홍선스님의 글 중에서 -

선 암사(仙巖寺), 도시 안에 정좌한 수양처

o **주소** 부산광역시 부산진구 백양산로 138 (부암동 628)
o **원효 관련** 675년 원효 창건
o **주요 관점** 원효, 의상, 윤필 진영. 대웅전, 명부전, 조사전, 화랑바위

일주문 앞에 서서_ 더할 것도 덜할 것도 없지 않느냐

백양산은 부산진구의 서쪽 산으로 도시민들에게는 훌륭한 휴양지이면서,
등산인들이 선호하는 해발 641m의 산이다. 이 산자락에 자리한 선암사에
는 재미있는 일화가 하나 전해져 온다.

넓은 뜨락에 소나무가 어우러진 선암사 전경

선암사에 혜월스님(1861~1937)이 계실 때 이야기다.

혜월스님은 논 만들고 밭 일구는 일에 매우 열심이어서 '개간 선사'로 불릴 정도였다. 내원사에 계실 때에는 2000여 평을 개간하여 논으로 만들기도 하였는데 여기 선암사에서도 개간을 하였다.

그런데, 어렵게 개간한 문전옥답 다섯 마지기를 겨우 두 마지기 값으로 팔았다. 속아서 판 것이다. 제자들은 큰 손해를 보았다고 불만을 말하였다.

이에 혜월스님은,

"이놈들아! 다섯 마지기는 그대로 있고, 두 마지기 돈이 더 생겼으니 좋지 않으냐! 크게 이윤을 본 거 아니냐."

하셨다. 제자가,

"스님, 그런 셈법이 어딨어요."

하자, 스님은 이렇게 답하셨다.

"인간의 마음 속에는 더할 것도 덜할 것도 없지 않느냐."

🪷
절로 가는 길, 절집 이야기

선암사는 675년 원효가 창건하였다. 창건 당시에는 견강사(見江寺)라고 불렀으며, 절 뒷산 절벽 바위 위에서 화랑들이 무술을 닦으면서 절 이름을 선암사로 바꿨다고 한다.

「선암사중수기」에 의하면 선암사가 자리한 산이 금정산의 한 지맥으로 산이 높고 멀리 대마도가 바

삼층석탑 기단과 탑신, 상륜부는 없어졌지만 이 절에서 가장 오래된 탑이다.

조사전에는 원효, 의상, 윤필의 진영을 함께 모시고 있다.

라다보이는 등 아주 빼어난 경관을 자랑하고 있고, 신선이 노닐 만한 곳이어서 선암사라 부르게 되었다고 한다.

1990년대 들어 불교교양대학과 원효합창단, 불교봉사단 등을 세워 오늘에 이른다. 현존하는 건물로는 대웅전, 관음전, 극락전, 산신각, 칠성각, 원효각, 명부전을 비롯하여 종각, 종무소, 요사채가 있다.

극락전에 원효가 인도에서 모셔온 철불과 스님의 초상화가 있었다고 하지만 현재는 그 소재를 알 수 없다. 조사전에 원효, 의상, 윤필의 진영을 모셨다.

원효와 대각국사 의천이 400년 만에

중국의 불교계에서는 원효의 학문을 원효종(元曉宗), 해동종(海東宗), 분황종(芬皇宗)이라 하며 하나의 학파로 여겼다. 모두 스님과 관련이 있음을 바로 알 수 있고 하나의 학파, 또는 종파라고 해도 과언은 아니었다.

고려의 숙종(1101년)은 원효를 알아보지 못하는 것에 대해 너무 안타까워서 '화쟁국사'라는 시호를 내리고 '화쟁국사비'도 분황사에 세웠다. 지금은 분황사 뜰에 받침돌만 남아 있지만.

같은 시대에 대각국사 의천은 일찍이 스님을 알아보고 다음과 같이 칭송하였다. 400여 년 만의 일이다.

> … 전략 …
>
> **오직 우리 해동보살만이 바탕과 모습을 밝게 아우르고**
>
> **옛것과 지금 것을 교묘히 모아서**
>
> **100개 집안이 다르다고 다투는 실마리를 아울러**
>
> **당대의 지극히 공변된 이론을 이루었습니다.**
>
> … 중략 …
>
> **원효성사의 업적을 기리려 해도 참으로 나타낼 말이 없습니다.**
>
> **저 의천은 일찍이 하늘의 도움이 있어서**
>
> **어려서부터 불법을 사모해**
>
> **옛 어진 이들의 모습을 두루 살펴보았으나**
>
> **원효성사의 오른쪽도 벗어날 수 없었습니다.**
>
> … 하략 …

위의 '지극히 공변된 이론'은 모든 종교, 모든 학파, 모든 이론을 아울러서 지극히 공평하고 보편적인 이론으로 당대의 으뜸이라는 말이다. 곧 성사의 '화쟁사상'이 얼마나 넓고 깊은 것인지를 나타내는 말이다.

(강승환 교수의 『이야기 원효사상』 p215-218을 바탕글로 하여 첨삭하였다.)

옥련선원(玉蓮禪院), 잘 가꾸어진 시민의 절

○ **주소** 부산광역시 수영구 광남로257번길 58 (민락동 327-5)
○ **원효 관련** 670년 원효가 백산사로 창건
○ **주요 관점** 대웅전, 사적비, 마애미륵석불, 사리탑, 미륵대불

❀

일주문 앞에 서서_ 우리 집이 얼마나 가난한 집인지를

옥련선원의 불이문에 들어서면 잘 정돈되고 정성스레 가꾼 넓은 마당이 나타난다. 그리고 사천왕 입상이나 모든 당우가 참으로 깨끗하여 여기 스님들이 얼마나 정성을 다하는지 짐작할 수 있다. 우리 일행이 나누는 대화는 이러했다.

국내 최대의 대형 미륵석불 좌상이 바다를 바라보고 있다.

"야하! 우리 집 정원이라면 좋겠다."

"여기처럼 가꿀 자신 있어?"

"글쎄, 어렵겠지?"

"우리에겐 이 세상이 다 정원인 거야. 정원을 소유하지 말고 이렇게 찾아다녀."

일행은 와자지껄 웃으며 이야기하였다.

엄청난 재산을 가진 어느 부자가, 아들에게 말했다.

"너는 가난한 시골 마을로 여행을 다녀와라. 우리가 얼마나 부자인지 깨닫게 될 것이야."

여행을 다녀온 아들은 이렇게 말했다.

"우리 집은 수영장이 있지만 그 집에는 맑은 물이 흐르는 계곡이 있고, 우리 집에는 정원이 있지만 그 집에는 넓은 들판이 있습니다. 우리 집에서는 가정부의 도움을 받지만 그 집은 서로서로 도움을 주고 받고 있었고, 우리 집은 돈을 주고 먹을 것을 사 먹지만 그 집은 손수 농사를 지어서 먹을 것을 얻습니다. 우리 집은 높은 담장만이 우리를 보호하고 있지만 그 집은 이웃들이 서로 보호해 주고 있어요."

그리고 마지막으로 한 마디 덧붙였다.

"아버지, 저는 우리 집이 얼마나 가난한 집인지를 알았어요."

어느 홍콩 작가가 쓴 「너는 꿈을 어떻게 이룰래?」라는 글의 내용이다.

절로 가는 길, 절집 이야기

부산 수영구의 수영강변에 백산이라는 야트막한 산이 있고 이 산기슭에 자리한 절이다. 인근이 조선시대 경상 좌수영의 중요한 군사 기지이기도 하다.

불이문 독특한 양식의 문으로 기둥에 금강역사가 있고 들보엔 용이 있다.

대웅전에 오르기 전 대형 석조사천왕상이 위엄 있게 지키고 있다.

670년 원효가 백산사라는 이름으로 창건하였고, 910년(성덕왕 9)에는 최치원이 이 절에 은둔하여 참선하였다는 유서 깊은 고찰이다. 원효와 관련된 직접적 유적은 없지만, 「백산옥련선원사적비」에 "원효대사가 백산사를 창건하고 수도했다."는 내용이 있다.

1635년(인조 13) 해운선사가 옥련암으로 이름을 바꾸었으며, 1976년 주지 현진(玄眞)이 보현전을 중창하면서 옥련선원으로 이름을 바꾸었다.

1992년 화강석 1,500톤으로 제작한 약 15m 높이의 미륵대불이 있다. 석조 사천왕상도 볼 만하다. 이밖에 임진왜란 때 죽은 무명고혼(無名孤魂)의 명복을 빌기 위해 세운 임진왜란 천도비가 있다. 유물로는 삼국시대의 마애미륵석불이 있다.

원효와 최치원의 같은 점, 다른 점

원효는 삼국통일기에 태어난 한국불교 사상의 태두라고 할 수 있으며 숱한 이야기를 남겼다. 이후 의천, 지눌, 휴정 그리고 경허로 이어지는 우리 불교 사상의 거목으로 지금도 한국인의 가슴속에 많은 영향을 주고 있다.

원효가 탄생한 후 240년 후에 최치원이 탄생한다. 그는 한국 유학 사상의 태두로서 나말여초의 전환기에 문학과 사상으로 뚜렷한 자취를 남겼다. 일찍이 당나라에 유학해 문명을 떨쳤을 뿐 아니라, 신라에 돌아와서 사회개혁을 모색했던 실천적 지식인이다.

그런데, 두 사람은 여러 점에서 다르게 비교된다.

첫째, 원효가 승려라면 최치원은 유학자이다.

둘째, 원효가 삼국통일 후 발전하는 시기에 활동했다면, 최치원은 통일신라가 고려로 넘어가던 암울한 시대를 살았다.

셋째, 원효가 이른바 국내파 지식인이었다면 최치원은 유학파 지식인이다.

그렇지만, 동시에 공통점도 존재한다.

첫째, 두 사람은 모두 6두품 출신이다.

둘째, 두 사람의 지적 활동은 신라에 국한되지 않고 중국, 일본에 상당한 영향을 미쳤다.

셋째, 두 사람의 사상은 새로운 시대정신의 추구를 보여줬다. 사회통합을 위한 통불교가 원효 사상의 핵심이었다면, 전환기의 사회개혁, 불교와 유학의 통합은 최치원의 사상적 실천적 활동의 핵심이라는 것이다.

안적사(安寂寺), 지금 천녀(天女)는 나타나지 않아도

- **주소** 부산광역시 기장군 기장읍 내리길 461-16 (기장읍 내리 692)
- **원효 관련** 661년 원효 창건
- **주요 관점** 원효 진영, 진신사리탑, 천녀 탱화, 수신문

일주문 앞에 서서_ 교만한 마음을 일깨우는

원효와 의상은 조금 떨어진 곳에 토굴을 지어 살면서 서로 피나는 정진을 하였다.

의상은 하루에 두 끼 식사를 하는 데, 자신이 직접 밥을 지어 먹지 않고, 식사 때마다 하늘에서 천녀(天女)가 가져오는 음식을 받아먹었다. 이를 천공(天供)이라 한다.

진신사리탑 재일불자 신수일님이 고향인 탐라 관음사 향운스님께 3과를 증정한 것이다.

이를 자랑하고 싶은 마음으로 원효를 초청하였는데, 이날에는 천녀가 나타
나질 않아 원효는 기다리다 말고 그냥 처소로 돌아가고 말았다.

원효가 돌아간 뒤에 천녀가 천공을 가지고 나타났다.

의상이,

"어째서 늦었는가?" 묻자,

"이곳 가람 주위에 화광(火光)이 가득 차 들어올 수가 없었습니다."

라고 하였다.

"하늘의 군사들이 이곳을 에워싸고 있어서 들어올 수 없었다."

라는 이야기도 있다.

이를 두고서 원효가 의상의 교만한 마음을 일깨우기 위해 금강삼매화(金剛
三昧火)를 놓았다고도 하고, 원효의 법력이 높아 하늘의 군사들이 항상 스님

원통문 이곳을 지나서 계단을 올라야 일주문을 만난다.

원효스님, 그 마음을 찾아서

을 수호하였다고도 말한다.
'천녀가 바친 하늘의 공양' 이
야기로, 이 설화는 전국의 절
에 벽화로 많이 그려져 있다.

천공설화 탱화 천녀를 기다리며 담소를 나누고 있으나
천공은 들어오지 못하고.

절로 가는 길, 절집 이야기

안적사는 661년에 원효가 창
건하였다. 원효와 의상이 함께
수도의 길을 찾아 명산을 순

방하며 정진에 전념하던 시절, 이곳 동해가 훤히 바라보이는 장산 기슭을
지나갈 때였다. 숲속에서 난데없는 꾀꼬리 떼가 날아와 두 스님의 어깨와
팔에 안기는 것을 보고, 이곳이 성스러운 곳이라는 것을 알고 지금의 안적
사터에 가람을 세웠다는 창건 설화가 전한다.

꾀꼬리 떼들이 길을 막았다 하여 앵림산(鶯林山)이라 하고 이곳에서 정진
수도하여 안심입명(安心立命)의 경지에 도달하여 적멸상(寂滅相)을 통관하였
다 하여 안적사라 부르게 되었다 한다.

천공(天供) 설화에 의하면, 의상대사는 원효의 도력이 자기보다 훨씬 높다
는 것을 알고 원효를 사형으로 정중히 모셨다고 한다. 그리고 이곳에 큰 가
람을 신축하여 금강삼매론경등일심법계(金剛三昧論經等一心法界)의 진리를
후학에게 설파하고 지도하였다. 그래서 신라의 온 국민에게 화엄 사상으로
구국정신을 고취시켰다고 한다.

해방 후 소실되었던 안적사는 이곳에서 30년간 주석한 덕명스님의 원력으
로 다시 대가람을 이루었다. 경내에는 대웅전, 적멸보탑, 심인당, 보림원, 반
야문, 삼성각, 설현당과 최근 건립한 불보적멸탑실상수신문(佛寶寂滅塔實相

修信門) 등이 있다. 삼성각 좌우 벽에 '천공' 탱화가 각각 1점씩 있으며, 대웅전 후불탱화가 부조 형식으로 조성되어 있다.

🪷
대각국사 의천이 원효에게 올리는 제문

원효의 『대승기신론소』는 너무나 유명한 해설서이다. 당시 당나라에서도 『해동소』라고 불릴 만큼 높은 평가를 받고 있었다.

이후 원효를 재발견한 인물은 고려시대 대각국사 의천(義天)이다.

신라 말에 새로 도입된 구산선문의 선종 세력이 고려시대에 점차 확대되자, 의천은 기존의 교종의 이론과 선종을 조화시키는 방법에 고심하였다. 그러던 중, 스님의 화쟁 사상에 주목하게 되었다.

의천은 분황사에 찾아와 설총이 조성한 원효 소상 앞에서 분향했는데, 이때 '원효성사께 제문'(祭芬皇寺曉聖文)을 지어 올렸다.

> 오직 우리 해동보살만이 본성과 현상을 융합해서 밝히셨고, 고금의 잘못을 바로잡아 모든 논쟁의 단서들을 화합해서 한 시대의 지극히 공정한 이론을 이루셨으니 더욱더 신통함이 헤아려지지 않고 교묘한 작용은 생각하기 어렵습니다.
>
> 비록 세속의 먼지와 함께 했어도 그 참됨을 더럽히지 않았고, 빛이 감춰졌어도 그 본 모습을 바꾸지 않으셨습니다.
>
> 이런 까닭으로 중국과 인도에 명성을 떨쳤고 밝고 어두운 곳에 자애로움으로 감화시켰으니 그 찬양함에 있어서 어떤 주장과도 견주기가 진실로 어렵습니다.

척판암(擲盤庵), 굽이굽이 오르자 만나는

擲盤庵

- ○ **주소** 부산광역시 기장군 장안읍 장안로 490-156 (장안읍 장안리 606-1)
- ○ **원효 관련** 673년 원효 창건
- ○ **주요 관점** 삼층 사리탑, 원효 진영, 척판 벽화, 용왕각

일주문 앞에 서서_ 청빈은 절제된 아름다움이며 미덕

척판암에 도착하니 스님 한 분이 고개를 비죽이 내밀고는 이내 문을 닫고 조용하다. 아마도 암자를 혼자 지키며 깊은 선정에 들어 계신 듯했다. 우리 일행은 조용조용히 스님의 진영도 뵙고, 사리탑을 보고 아미타여래도 뵙고 용왕님도 뵈었다.

가파른 절벽 위에 앉은 암자라서 사방이 탁 트였으나 당우나 주변이 몹시

불광산 바위 절벽의 좁은 공간에 사천왕문을 겸하고 있는 입구

빈궁해 보였다. 우리 일행은 모두 같은 느낌이었는지 무인 판매하는 공양
미를 사서 올리거나 지폐를 올리기도 하였다.

법정스님이 늘 강조하신 '청빈'에 관한 구절을 몇 개 올려 본다.

● 동서고금을 물을 것 없이 그 시대와 후세에까지 모범이 된 신앙인들은
  가난과 어려움 속에서 믿음의 꽃을 피우고 그 열매를 맺었다.

● 불교 경전에도 보면 수도자는 먼저 가난해야 한다고 적혀 있다. 가난하
  지 않고서는 보리심이나 어떤 진리에 대한 자각이 이루어지기 어렵다는
  것이다.

● 청빈은 절제된 아름다움이며 삶의 미덕이다.

● 풍요 속에서는 사람이 타락하기 쉽다. 그러나 맑은 가난은 우리에게 마
  음의 평안을 가져다주고 올바른 정신을 지니게 한다.

절로 가는 길, 절집 이야기

673년 원효가 창건하여 담운사(淡雲寺)라고 했다. 은은한 구름에 묻힌 절을
연상하게 하는 이름만큼 불광산 높은 곳에 있다. 장안사 앞을 지나 척판암

좁은 산속 공간에 있는 용왕각
물이 부족하여도 용왕을 모신다고 한다.

과 백련사로 가는 도로를 따
라 올라가다가 백련암을 앞에
두고 산길로 들어서서 30여
분 가파른 길을 오르면 척판
암에 이른다.

이 암자는 '척판암 설화'의 이
적을 기리기 위해 이름을 척
판암으로 고쳐 부르게 되었
다. 그 뒤에 원효의 이적지로

중요하게 되자 참선을 하는
많은 수행승들이 머물렀다.
그러나 자세한 연혁은 전하지
않는다.

1938년 경허선사가 중수하
여 오늘에 이르고 있다. 근래
까지 장안사의 부속 암자였으
나, 지금은 독립된 절이다. 암
자 내에는 법당(극락전)과 요사
채가 있고, 그 앞에 삼층석탑
이 있다. 법당 좌측 편 방 안에

척판 설화와 관련이 있는 원효 진영

성사 진영을 모셨으며, 건물 벽에 '척판'과 관련된 벽화가 있다.

보운자(普運子)가 쓴 「척반대사적기(擲盤臺事蹟記)」에도 기록되어 있는 것으
로 보아, 이러한 '척판'에 관련된 설화는 북한 묘향산의 척판대, 경북 경주
시 서쪽 월생산(단석산)의 척판암 전설 등 여러 곳에 전하고 있다.

척판암 이야기

척판암에 대해서 『송고승전』에 흥미로운 이야기가 전한다. 원효가 이곳에
암자를 짓고 수도를 할 때였다.

어느 날 멀리 중국 땅 장안성을 투시하였더니, 마침 그곳 종남산 운제사에
서 승려 1천여 명이 공양을 하고 있었다. 이 광경을 보고 합장을 하던 스님
은 대웅전의 대들보가 썩어서 무너지는 것을 보았다. 성사는 위급한 사태
를 알리고자 옆에 있던 소반에 '해동원효척반구중(海東元曉擲盤救衆)'이라는
여덟 자를 적어서 하늘 높이 힘껏 던졌다. "신라의 원효가 소반을 던져 대

중을 구한다."는 내용이다.

던져진 소반은 운제사 대웅전 앞뜰 위에서 윙윙거리며 공중에 맴돌았다. 공양을 하다 말고 승려들은 이 신기한 광경을 구경하려고 모두가 재빨리 대웅전 앞뜰로 나왔는데, 이때 굉음과 함께 대웅전이 폭삭 무너지고 공중을 맴돌던 소반도 땅에 떨어졌다. 깜짝 놀란 승려들은 땅에 떨어진 소반에 적힌 글자를 보고는 자기들의 생명을 구해준 은인이 신라의 원효임을 알게 되었다.

이 설화는 원효의 화쟁 사상이 중국이나 일본의 불교계에 큰 영향을 미쳤음을 보여 준다. 스님의 『십문화쟁론』이 인도로 전해져 범어로 번역되기도 한 역사적 사실이 있으니 그 영향력을 알 수 있다. 이런 연유로 당나라에서 1천여 명의 승려들이 원효의 가르침을 받고자 찾아왔다는 설화가 생겼던 것이다. 이미 국제적으로도 널리 알려진 인물이었음을 반증하는 설화다.

장안사(長安寺), 불교 대중화를 위한 원효의 뜻이

- **주소** 부산광역시 기장군 장안읍 장안로 482 (기장군 장안읍 장안리 598)
- **원효 관련** 673년 원효 창건
- **주요 관점** 대웅전, 삼층 사리탑, 응진전, 석가여래삼불좌상

일주문 앞에 서서_ 가장 아름답게 어울리는 풍경

장안사에 도착하니 저녁 때가 되어 어스름 해가 기울기 시작한다. 불제자인 듯 관광객인 듯 끼리끼리 어우러진 몇 사람들이 경내를 둘러보는 모습이 평화롭고 여유로워 보였다.

사리탑 진신사리 7과를 모시고 있다.

대웅전 앞 포대화상 옆 계단에 부부인 듯한 노인 한 쌍이 앉아 계셨다. 그런데, 뭔가를 이야기하면서도 손을 마주 잡고 계셨다.

"글쎄, 고마울 뿐이예요."

"내가 고맙지, 당신이 다 했잖어."

"아유, 다 당신 덕이라니깐."

할아버지는 오른손으로 할머니의 왼손을 꼭 잡고 있었다. 할아버지가 할머니를 보시는 눈빛과 할머니가 할아버지를 보시는 눈빛은 똑같이 진지하고 정다웠다. 그리고 이분들은 일어서서 천천히, 아주 천천히 구부정한 몸짓 그대로 주차장 쪽으로 걸어가셨다.

내가 엿듣고 본 것은 이것이 전부였다. 앞뒤 상황이나 사연은 전혀 모르지만 그저 아름답게만 보였다. 장안사 평안한 노을이 비취는 지금, 손잡고 걸어가는 이 노부부의 모습은 가장 아름답게 어울리는 풍경이었다.

절로 가는 길, 절집 이야기

673년 원효가 척판암과 함께 창건하여 쌍계사라 부르다가 809년 장안사로 고쳐 불렀다. 『기장현읍지』에는 선여사, 취정사, 안적사, 장안사 등을 원효가 창건한 4대 사찰로 기록하고 있다.

원효는 모든 중생이 부처가 될 수 있는 씨앗을 갖추고 있다는, 즉 여래장(如來藏) 사상을 가지고 불교를 대중에게 알리기 위해 노력하였다. 그래서 경주를 벗어나 지방 각지를 유랑하며 직접 백성들을 만나 당시 어렵게만 인식되었던 불교를 쉽게 이해시키기 위해 노력하였다. 장안사는 원효의 이러한 실천행을 설명하는 중요한 사찰이라고 한다.

장안사는 임진왜란 때 전각이 소실되어 여러 번 중창을 거듭하였고, 1948년에는 각현이 대웅전과 부속 건물을 중수했으며 1987년 종각을 세우고

석조석가여래좌상(보물) 석가모니불을 본존
으로 약사불과 아미타불을 협시불로 모셨다.

불청, 불문, 불견의 모습과 포대화상이 매우
해학적이다.

요사를 중창하여 오늘에 이른다. 보물을 비롯한 수많은 문화재를 간직하고
있는 매우 중요한 사찰이기도 하다.

경내에 대웅전을 중심으로 명부전, 응진전, 산신각과 부처님 진신사리 7과
를 모신 3층석탑이 있는데 보물과 유형문화재를 많이 보유하고 있다.

극락전에는 금동 와불상(臥佛像)이 봉안되어 있다. 와불 복장에는 2001년
미얀마 마웅매이사(寺)의 승려 우뚜리야 사야도우가 기증한 진신사리 3과
가 봉안되어 있다.

🪷

설중업과 「서당화상비」

설중업(薛仲業)의 가계는 잉피공-담날-원효-설총-설중업으로 이어진다. 원
효가 입적한 때가 686년으로 100년의 세월이 흐른 뒤의 일이므로 원효의
손자라기보다는 현손 정도가 아닐까 추측한다.

설중업은 김유신의 현손인 김암(金巖)과 함께 신라 사신단으로 일본에 다녀
왔다. 신라 애장왕 때로 779년 10월의 일이다.

『삼국사기』 '설총전'에 의하면 일본국 진인이 「증신라사설판관시(贈新羅使

薛判官詩)」를 지어 주었다. 그 머리말에, "일찍이 원효거사가 지은 「금강삼매경」을 보고 그 사람을 보지 못한 것을 깊이 한(恨)하였는데, 신라국사 설(薛)이 곧 거사의 포손(抱孫)임을 듣고 그를 만난 것을 기뻐하여 이에 시를 지어준다."고 하였다.

신라에서보다 일본에서 더 유명하고 인기 있음을 보여주는 증거다. (지금도 일부 학자들이 아쉬워하기를 우리나라보다 일본에서 더 연구가 활발하다고 한다.)

서당화상비는 일본에서의 일에 매우 기뻐하며 후손들이 '고선사서당화상비문'을 써서 세운 비석이다. 원효를 추모하기 위하여 당시 실권자인 각간 김언승(金彦昇, 훗날의 헌덕왕)의 후원으로 건립하였다.

비의 하단부는 1915년에 일본인이 고선사 옛터에서 3편으로 조각난 채 발견하였고, 현재 국립중앙박물관에 보관 중이다. 그리고 비신의 상단부는 1968년 옛날 동천사(東泉寺) 터로 전해지는 경주시 동천동 부근 농가에서 발견되어 현재 동국대학교 박물관에 있다.

비문 내용은 결락이 심하지만 원효의 탄생과 학문 태도, 『십문화쟁론』의 성격과 신이한 행적, 대사의 명성이 일본에까지 알려졌다는 내용 등을 포함한다. 원효 일대기를 정리한 최고의 자료다. 현재 원효 연구에서 매우 귀중한 사료로 활용되고 있다. 원효가 입적한 연월일과 장소를 고증할 수 있는 유일한 사료로서 686년 3월 30일에 혈사(穴寺)에서 입적한 것을 알 수 있다.

옥정사(玉井寺), 시원한 물이 솟는 약왕각

- **주소** 부산광역시 기장군 일광읍 달음길 101 (일광면 원리 산 95)
- **원효 관련** 원효의 관세음보살 친견
- **주요 관점** 감로수각, 진신사리탑

일주문 앞에 서서_ 원효의 신통력과 인기

달음산 서쪽에 있는 취정사에 머물고 있던 원효.스님이 서라벌로 가려고 옥녀봉을 넘어 동쪽 산기슭에 이르렀을 때였다. 동해에서 떠오르는 찬란한 서광을 바라보다가 문득 갈증을 느꼈다. 그때 마침 처녀가 옹달샘에서 샘물을 물동이에 담고 있는 것을 보았다.

매우 정갈한 사찰 경내와 스리랑카에서 모셔 온 진신사리를 봉안한 삼층탑

달음산 옥정사   382 | 383

옥정사 창건 유래비 원효와 관세음보살의 설화가 전한다.

원효가 물을 청하자 처녀는 표주박 가득히 샘물을 떠서 드렸다. 그 샘물을 마시자 온몸이 시원해지면서 무거운 몸이 아주 가벼워져서, 세 번이나 받아 마시고는 '나무관세음보살', 처녀에게 고맙다는 인사를 하였다.

그러자 그 처녀는 몸이 굳어지면서 돌로 변하여 관세음보살상이 되었다. 원효는 그 처녀가 관세음보살의 화신이었음을 알고 오체투지의 예를 올렸다.

원효는 이곳이 관음도량임을 알고 초막을 짓고 잠시 머물면서 동해 용왕에게 이 옥샘을 지켜 주기를 당부하고 서라벌로 떠났다.

이후 동해 용왕이 지켜 주는 옥샘이 있고 관세음보살의 석상이 있는 터라 마을 사람들이 암자를 짓고 옥천사(玉泉寺)라 하였다.

전국 여러 곳에서 보이는 '화신 설화'의 하나다. 물이 귀했던 옥정사와 그 주변의 형편을 원효를 통해 해결하는 방식이다. 신통력과 인기(?)를 여기서도 실감하게 된다.

🪷
절로 가는 길, 절집 이야기

조선 시대에는 억불 정책으로 인하여 옥천사가 퇴락하였는데, 큰 절에 있던 돌부처를 이곳에 모시면서 다시 암자를 짓고 옥정사라고 이름 지었다고 한다. 달음산은 물이 없는 산이지만 기묘하게도 취봉산에 취정(鷲井)이 있고 옥녀봉에 옥정(玉井)이 있으며 이 두 곳에 모두 사찰이 입지하고 있다.

현재의 옥정사는 1923년 박선해 선사가 옛 옥정사 터를 찾아서 새로 창건하였단다. 1954년경 박한봉스님이 많은 불사를 하였는데, 불사 중에 관음보살이 이곳에서 세 번이나 현몽하였다고 전한다. 이후 여러 차례 증개축을 하였다.

대웅전 왼쪽에는 약왕각(藥王閣)이 있는데 약수를 마실 수 있게 수조를 배치하였다. 대웅전 뒤쪽에 산령각이 있고 그 한 단 위에 칠성각이 배치되었다.

1994년에는 스리랑카에서 부처의 진신사리를 모셔 와서 이듬해 3층석탑에 봉안하였다. 이 절에서 가장 크고 현대적인 지장전은 2002년에 건립되었다.

옥수가 솟아 나오는 샘과 약왕을 모신 약왕전 전국 유일의 독특한 당우이다.

원효와 '백고좌법회' 이야기

원효의 무애행은 고지식한 당시의 신라 고승들에게 손가락질 당하는 웃음 거리였다. 황룡사의 백고좌법회에 몇 명의 승려가 원효를 추천하였으나, 계율을 벗어나 괴이한 춤을 추며 떠도는 사람이니까 강단을 오를 수 없고 또 참석도 불가하다는 것이 그들의 중론이었다.

그러던 중, 왕비가 병이 났다. 신하가 치료를 위해 당나라로 약을 구하러 가는데, 중간에 용왕을 만났다. 용왕은 『금강삼매경』을 주면서 이를 황룡사에서 설법하라고 하였다. 이 소식이 왕에게까지 전해지자, 왕은 학식 높은 대안대사를 불러 강론하라고 하였다.

그러나 대사는 고개를 저으며,

"우리나라에서 이 강론을 맡을 사람은 원효 한 사람밖에 없습니다."

하니, 왕명으로 전국 사찰에 통문을 보내 원효를 찾으라는 명령이 떨어졌다.

간신히 그를 찾아낸 곳은 그의 고향인 경산의 초개사였다. 원효는 자신이 파계승이라 하며 사양하였으나, 왕명이라 어쩔 수 없었다. 서둘러 『금강삼매경소』를 탈고하였다.

그런데, 대덕들의 농간으로 원고를 도둑질 당한다. 원효는 『금강삼매경소』를 도난 당하자 이를 국왕에게 보고하여 3일간 연장하게 된다. 3일간 밤낮으로 『약소』 3권을 완성하고, 이에 준비한 황소의 두 뿔 위에 벼루를 얹고 왕성까지 가면서 강론할 약소를 집필하여서 드디어 백고좌법회에 참석한다.

황룡사 대강당에 왕과 문무백관, 전국의 사찰에서 모인 고승들 앞에 『금강삼매경』과 그가 쓴 해설 원고를 들고 천천히 강당에 올라갔다. 이때 원효는 짧은 두루마기에 까만 모자를 쓴 광대 같은 행색이 아니었다. 눈처럼 흰 가사를 어깨에 걸치고 있었다. 의젓한 모습은 먼 서쪽 극락정토에서 보내온 부처님의 제자 같은 모습이었다고 한다.

원효는 이 자리에서 다음과 같이 일갈하였다.

"예전에 백 개의 서까래를 고를 때에는 비록 그 모임에 참석하지 못했으나, 오늘 아침 한 개의 대들보를 놓는 곳에서는 나만이 할 수 있구나."

그 자리에 모인 유명한 고덕들은 얼굴을 숙여 부끄러워하고 진심으로 참회하였다고 한다.

원효가 『금강삼매경』을 쉽게 풀이할 수 있었던 까닭은, 그 책 속에 늘 생각하던 문제가 실려 있었기 때문이다. 무덤 속에서 얻은 진리, 거리로 나와 춤추며 노래한 무애행, 끊임없는 저술과 대중교화의 실천 등이 그것이다.

그 후에도 조용한 절로 옮겨 다니며 여러 가지 불교 경전에 주석을 달아 후세 사람들이 공부하기에 편리하게 하는 일에 열중하였다.

내원사(內院寺), 천 명의 학승이 머물던 곳

- **주소** 경상남도 양산시 하북면 내원로 207 (하북면 용연리 291)
- **원효 관련** 646년 원효 창건
- **주요 관점** 산령각, 청동금고

일주문 앞에 서서_ 왜 그리 여리고 슬퍼 보이는지

내원사 청동금고를 한참 바라보고 있는데, 마침 젊은 비구니 스님께서 지나고 계셨다. 고개를 숙인 채 땅만 보고 조용조용히, 소리 없이, 천천히 걸어가고 있었다. 마치 수도승처럼.

내가 놀란 것은 20살도 안 되어 보였기 때문이다. 이렇게 어린 여승을 본 것은 처음이었다. 묻지는 못했지만 아마도 갓 출가하여 여기 선원으로 공부하러 온 듯 보였다. 무언가 깊은 고뇌가 있어 보이고, 반대로 초탈한 듯한

내원사 경내와 대웅전

원효스님, 그 마음을 찾아서

저 무표정, 그림자처럼 조용조용한 움직임. 도무지 요즘의 젊은 아이들 모습은 아니었다. 나이답지 않게 숙연한 스님 얼굴이 나는 왜 그리 여리고 슬퍼 보이는지. 비구니의 뒷모습을 요사채 문을 열고 들어갈 때까지 바라보았다.

내 모든 분별은 아직도 세속의 차원에 머물러 있겠지만.

문득 조지훈님의 <승무>가 떠올랐다.

"두 볼에 흐르는 빛이 / 정작으로 고와서 서러워라"

秋雨 (가을비)

구월 금강산에 쓸쓸히 비 오는데
빗속에 가을을 울지 않는 잎새가 없다
십 년을 홀로 흘린 소리 없는 눈물
눈물이 옷을 적셔 공허하게 스스로 시름겹다

九月金剛蕭瑟雨 雨中無葉不鳴秋 十年獨下無聲淚 淚濕袈衣空自愁
구월금강소슬우 우중무엽불명추 십년독하무성루 누습가의공자수

혜정(慧定)이라는 어느 비구니 스님의 한시다. 아마도 가을비를 바라보며 출가한 지 십여 년이 되어 되돌아보는 자신을 상상하게 한다. 잎새에 떨어지는 가을비가 눈물이고 아픔이라는 감정 이입에 숙연해 진다.

절로 가는 길, 절집 이야기

천성산 내원사 계곡은 제2의 금강산이라고 불릴 정도로 약 6km의 아름다운 계곡이다. 폭포와 소가 연이어져 있고 숲이 우거져 여름이면 많은 사람

일주문 안쪽의 산령각 여기서 2km쯤 더 올라가야 내원사다.

이 찾는 명소이다.

일주문을 지나 다리를 건너자 바로 왼쪽에 산령각이 있다. 사찰 입구에 산령각이 있는 경우는 국내에서 유일하다. 중국에서 온 천 명의 제자들을 위해서 원효가 이들이 머물 곳을 찾아 나섰는데, 용연리를 지날 무렵 산신이 마중 나와,

"이 산은 1천 명이 득도할 곳이니, 청컨대 이곳에 머무소서."

라고 하였다.

원효가 산신의 인도에 따라 지금의 내원사 산령각 부근에 이르자 갑자기 산신은 자취를 감추었다. 그래서 그 자리에 산령각을 짓게 되어서 유독 내원사 산령각은 절에서 5리 밖에 떨어져 있게 되었다.

원효는 신령이 감응한 것임을 직감하고 마침내 대둔사(大芚寺)를 창건하고 상내원암, 중내원암, 하내원암을 비롯하여 89개의 암자를 세웠다.

1898년에 유성선사가 수선사(修禪社)를 결성하고 절 이름을 내원사로 개칭하였다. 이때 동국제일선원(東國第一禪院)이라 이름을 붙였다. 경허선사의 법제자인 혜월선사가 조실로 주석하면서 운봉선사, 향곡선사 등 한국 선종

사(禪宗史)의 맥을 잇는 많은 선승을 배출한 도량이 되었다.

한국전쟁 때 소실된 것을 1955년에 덕숭산 수덕사의 비구니 수옥(守玉)스님이 5년 동안에 걸쳐 13동의 건물을 재건하여 현재는 독립된 비구니 선원으로 새롭게 중창되었다.

화엄벌 수행도

1,000명의 학승과 화엄벌 이야기

척판암 사건으로 인하여 중국 운제사에 있던 1,000명의 학승들은 길을 떠나 양산군 천성산 석굴에 있던 원효를 만나러 온다. 원효는 상·중·하 내원암을 비롯한 89 암자를 지어 1,000명의 학승을 수도케 했다.

이들은 이곳에서 원효의 오묘한 법문과 가르침을 받고서 모두 성인이 되었으며, 모두가 끝내 이곳에서 열반하였는데 열반한 육신은 그대로 바위가 되었다고 한다.

그래서 이 산을 1천 명의 성인들이 나왔다는 뜻으로 천성산(千聖山)이라 하였다. 학승들을 넓은 산 위에 모아놓고 『화엄경』을 가르친 곳은 화엄벌이라고 한다. 또 높은 봉우리에 북을 달아 암자에 흩어져 머물던 학승을 모을 때 북을 울렸다. 그 봉우리를 집북봉이라 하였다.

재미있는 것은 1,000명의 대중 가운데 988명이 이 산에서 도를 깨달았으므로 원적산은 천성산이 되었고, 잡역에 종사하던 12명 가운데 8명은 대구 동화사로 가서 오도했으므로 그곳 산 이름을 팔공산이라 하고, 4명은 문경 대승사로 가서 오도했으므로 그곳 산 이름은 사불산이 되었다고 전한다.

홍룡사(虹龍寺), 관세음보살님이 폭포에 나투신 듯

- **주소** 경상남도 양산시 상북면 홍룡로 372 (상북면 대석리 1)
- **원효 관련** 673년 원효 창건
- **주요 관점** 관음전과 홍룡폭포, 백의 관음, 무설전

일주문 앞에 서서_ 용에 대한 토착 신앙의 변모

사찰 창건 설화에는 용을 쫓아내고 절을 지었다는 이야기가 많이 있다.
여주 신륵사의 경우, 원효가 7일 동안 기도를 올리고 정성을 들여서 9마리
의 용이 그 연못에서 나와 하늘로 승천한 후에야 절을 지을 수 있게 되었다
는 설화가 있다.

양산 통도사는, 자장율사가 아홉 마리 용과 싸워 그중 8마리는 쫓아냈으나
한 마리가 통도사를 지키겠다고 맹세를 하여 통도사에 남도록 하였다는 이
야기도 있다.

영주 부석사는, 의상대사를 사모했던 선묘낭자가 용으로 변신하여 대사의
수호신으로 당나라에서 신라까지 따라왔으며, 부석사 절터의 이질적 집단
이 대사에게 저항하자 선묘 용이 큰 바위를 들어 그들을 제압했다는 설화
가 전한다.

용은 물을 상징한다. 용신(龍神)은 물의 신을 말하며 불교 전래 이전부터 이
땅에 존재했던 토착신앙이었다. 용신의 최고는 용왕으로, 용신을 섬기는
집단은 불교를 받아들이지 않았다.

용과 싸웠다는 것은 불교가 왕실을 중심으로 통치 도구로 도입되었으나 민
중들에게 쉽게 용인되지 않았음을 보여 준다. 용신이 있던 장소는 토착신

앙의 성소로 그 당시 왕실에 반하는 세력의 중심적 역할을 한 장소였다. 또는 변방의 이질집단이나 백성에게 해악을 끼치는 집단이 모여 사는 장소였을 것으로 본다.

이에 왕실은 용신앙의 세력을 불교도로 포용하기도 하고 저항하면 해체해 버리기도 했다.

용과 관련된 설화를 보면, 삼국통일 전쟁 전에는 용신앙을 섬기는 토착신앙 세력이 강력했으므로 불교를 배척하는 세력으로 나타났으며, 삼국통일 전쟁이 끝나면서 불교가 대중에게 전파되었을 때는 부처님의 수호신으로 변모하는 모습으로 나타나고 있다.

멀리서 보면 용이 비상하는 듯한 모습을 지닌 여기 홍룡폭포도 위의 이야기와 관계가 있어 보인다.

홍룡상단폭포 옆에는 관음전이 있고 아래에 약사여래 대불이 계시다.

절로 가는 길, 절집 이야기

선학원에 속한 사찰로, 신라 673년 원효가 창건하였다. 스님이 천성산에서 당나라의 승려 1천 명에게 『화엄경』을 설법할 때 낙수사라는 이름으로 창건하였는데, 당시 승려들이 이 절 옆에 있는 폭포에서 몸을 씻고 스님의 설법을 들었다 하여 이름을 낙수사라고 하였다. 또한 홍룡폭포에서 원효와 의상이 관음보살을 친견했다는 설화도 있다.

영남제일선원으로 납자들의 선불장이 되어왔던 홍룡사는 천성산 제일 가람이었으나 임진왜란 때 소실되어 폐사되었다고 한다. 수백 년 동안 절터만 남아 있다가, 1910년대에 통도사 승려 법화(法華)가 중창하였다.

관음성지답게 무설전에 모신 천수천안관음

절 이름 홍룡(虹龍)은 옛날에 천룡(天龍)이 폭포 아래에 살다가 무지개를 타고 하늘로 올라갔다는 전설에서 유래한다. 홍룡폭포는 제1폭포와 제2폭포가 있는데, 이 폭포는 상중하 3단 구조로 되어 있어 물이 떨어지면서 발생하는 물보라가 사방으로 퍼진다. 이때 물보라 사이로 무지개가 보이는데 그 형상이 선녀가 춤을 추는 것 같고 황룡이 승천하는 것 같다고 하여, 홍룡폭

홍룡하단폭포 모두 3단으로 상층은 높이가 24m, 중층은 14m, 하층은 10m라고 한다.

포라고 한다.

1970년대 말 우광스님이 주지로 부임한 뒤 중건과 중수를 거듭하여 오늘에 이른다.

모든 허물과 갈등을 둘러보고

언제부터인지는 모르겠지만 대동여지도의 원적산은 원효산과 천성산으로 각각 독립했다. 현재의 천성산 정상과 화엄벌 일대는 '원효산', 천성산 2봉 (855m)은 '천성산'으로 불렀다. 그런데 2000년 양산시에서 정부 지명위원회의 심의를 거쳐 원효산과 천성산을 하나로 묶어 천성산으로 부르기로 했다.

천성산에서 1,000명의 성인이, 그것도 중국의 수도자들이 와서 오도를 했다는 이야기는 단지 설화일 뿐인데, 왜 이런 이야기가 만들어졌을까? 생각해 보면 원효가 있었기에 가능했을 것이다.

화엄(華嚴)의 문자적 의미는 '꽃으로 장엄한다'는 것이지만 진정 꽃은 보살의 실천이다. 보살의 실천은 곧 우리들 자신일 수밖에 없고 화엄벌에서 원효의 『화엄경』 강론을 듣던 1,000명의 수도자는 곧 우리 자신이다.

원효가 화쟁으로 피우려 했던 화엄의 꽃은 아집과 독선을 버린 자리에서 피우는 꽃으로 원효는 스스로 화쟁의 꽃이 되었다. 출세간에서 머물지 않은 것이다.

이 넓은 화엄벌에 서서, 저 아래 인간 세상의 모든 허물과 갈등을 둘러보고 요즘 말로, "서로 사랑하라! 서로 화합하라! 우리 모두는 하나다!"라고 말하는 것만 같다.

원효암(元曉庵), 천 명의 학승이 염불하던 여기에

○ **주소** 경상남도 양산시 상북면 천성산길 727-82 (상북면 대석리 1-1)
○ **원효 관련** 646년 원효 창건
○ **주요 관점** 마애아미타삼존불, 석조약사여래상

일주문 앞에 서서_ 머슴처럼 키우면 머슴이 될 수밖에

아주 먼 옛날 산골, 찢어지게 가난한 집에 아이가 하나 있었다. 아이는 배가 고파 온종일 우는 게 일이라서 아기의 부모는 우는 아이에게 회초리로 울음을 멎게 하곤 했다.

그날도 부모는 우는 아이에게 매질을 하였다. 마침 집 앞을 지나던 노스님이 그 광경을 물끄러미 보다가 갑자기 매를 맞고 있는 아이에게 넙죽 큰절

대웅전 그 앞으로는 깎아지른 절벽이다.

원효스님, 그 마음을 찾아서

을 올렸다.

이에, 놀란 부모는 스님에게
연유를 물었다.

"스님! 어찌하여 하찮은 아이
에게 큰절을 하는 것입니까?"

"예, 이 아이는 나중에 정승이
되실 분이기 때문입니다."

라고 답하고 스님은 홀연히
자리를 떴다.

사성각에 모셔져 있는 원효와 의상의 진영
개산조원효성사지진(開山祖元曉聖師之眞)

그 후로 아이의 부모는 매를 들지 않고 공들여 아이를 키웠다. 훗날 아이는
정말로 영의정이 되었다. 부모님은 그 스님을 찾아 물었다.

"스님, 스님은 어찌 그리도 용하신지요. 스님 외에는 어느 누구도 우리 아
이가 정승이 되리라 말하는 사람이 없었거든요."

빙그레 미소를 띠던 노승은 말문을 열었다.

"모든 사물을 귀하게 보면 귀해지고 천하게 보면 천해지는 법이지요. 마찬
가지로 아이를 정승같이 귀하게 키우면 정승이 되지만, 머슴처럼 키우면
머슴이 될 수밖에 없지요."

「불심일생」 중에서 요약한 이야기다.

🪷
절로 가는 길, 절집 이야기

양산 상북면 대석리에서 산길을 따라 무려 약 8km를 차로 올라가야 한다.
능선을 따라가는 길이지만 험하지 않고 편안한 숲길이다. 천성산의 7부 능
선인 해발 750m까지 오르면 주차장이 나오고 여기서 500m 거리에 있는
원효암에 다다른다.

내원사의 부속암자로, 646년 (선덕여왕 15)에 원효가 창건하였다. 많은 고승들이 머물면서 수행했던 유서 깊은 사찰이다. 1905년에 효은이 중창했다고 하며, 현재의 건물은 1980년대 초반에 경봉 대종사가 완공하였다.

현재 원효암이라는 편액이

마애아미타삼존불입상(경남유형문화재)
좌우에 관음보살과 대세지보살이 협시하고 있다.

걸려 있는 중심 법당을 비롯하여 미륵전, 산령각, 범종각, 용화전 등이 있다. 중심 법당은 공포가 없이 둥글게 깎은 도리를 얹은 굴도리 식으로 겹처마 팔작지붕 건물임에도 불구하고 단순하고 소박하다.

석조약사여래좌상은 근래에 발견된 불상조성기에 의하면 1648년(인조 26)에 조성된 것으로 밝혀졌다. 약사전에는 천광약사여래불이 있는데, 낙뢰의 흔적이 '약사여래불'이 되었다고 전한다. 근래에 범종을 안치했는데, 경봉 (鏡峯)스님이 쓴 '護國獅子吼鐘閣(호국사자후종각)'이란 편액이 걸려 있다. 법당의 동편의 석벽에는 마애아미타삼존불이 새겨져 있다.

🪷
일본에서 널리 알려진 원효와 의상

일본의 불교는 6세기에 백제로부터 전래되었고, 7세기에는 화엄종이 일본에 전파되어 일본 불교에 큰 영향을 끼치게 된다.

일본 승려들은 원효와 의상의 사상과 저술에 많은 영향을 받았고, 둘을 일본 화엄종의 조사로 흠모하였다. 특히 원효가 지은 많은 저술이 일본으로 건너간 뒤 이를 바탕으로 하여 '원효스님의 불교'가 크게 일어나게 되었다.

원효와 의상을 흠모한 일본 승려 묘에쇼닌(明惠上人, 1173-1232)은 고잔지(高山寺)라는 절을 크게 키웠다.

고잔지는 나라(奈良)시대에 창건했다고 전해오는데, 1206년 고토바 천황이 묘에쇼닌에게 내린 '일출선조고산(日出先照高山)'이라는 화엄경에 나오는 비유가 적혀 있는 현판이 걸려있다. 천황의 격려를 담은 현판으로 이 현판을 하사받고 절의 이름을 현재의 '고잔지(高山寺, 고산사)'로 바꾸었다.

이 사찰에서 소장하고 있는 일본 국보 '화엄종조사회전(華嚴宗祖師繪伝)/화엄연기(華嚴緣起)'는 신라에서 일본으로 전래된 화엄종의 영향을 보여 준다. 그리고 의상과 원효의 초상화를 소장하고 있다. 이것은 묘에쇼닌의 제자이자 화승이었던 조닌(成忍)스님이 그린 두루마리 그림인데, 두 분의 일대기를 6권의 두루마리에 그렸다. 치밀하면서도 대담한 화법을 구사한 두 고승의 초상화는 현재 남아 있는 초상화 중 실제 이미지에 가장 가깝다는 평을 듣고 있다.

일본의 어느 학자는 "두 분의 얼굴을 직접 보고 그린 것이 아니라 한국에 있던 원본을 일본 화가들이 베껴 온 것으로 추정된다."고 말했다. 현재 초상화 원본은 유실되어 남아 있지 않다.

이 두루마리 그림은 일본 국보로 지정되어 현재 교토국립박물관에 보관되어 있다.

미타암(彌陀庵), 미타굴에서 지금도 수도하시는 듯

- **주소** 경상남도 양산시 주진로 379-61 (소주동 1238)
- **원효 관련** 646년 원효 창건
- **주요 관점** 아미타불입상, 미타굴

일주문 앞에 서서_ 거지 옷으로 바꿔 입고

혜월혜명(慧月慧明, 1862-1937)스님은 열두 살 때 수덕사가 있는 덕숭산 정혜사로 출가하였다. 집안이 몹시 가난하여 친척인 혜안스님에게 부모가 맡겨 놓은 것이다. 글을 몰랐던 스님은 염불 외에는 수행 방법을 몰랐다고 한다.

대웅보전에서 굴법당 가는 길 아래는 절벽이라 길이 매우 좁다.

원효스님, 그 마음을 찾아서

몇 년 후 수덕사 근처 천장암에 계신 한국불교의 거목이신 경허선사에게 보내졌는데, 우선 글을 깨우치도록 도와주었다. 그후 경허선사로부터 깨달음을 얻고 혜월이라는 법호를 받았다.

이러한 일화가 있다.

혜월스님이 마을에 나타나면 동네 거지들이 뒤를 따라다녔

아미타여래입상(보물) 9m 정도의 깊은 석굴에 모셔져 있는데 불상, 광배, 대좌가 하나로 되어 있다.

다. 마음 좋기로 소문난 스님이 무슨 일이든 다 들어주기 때문이었다. 옷을 달라면 옷을 주고, 먹을 것을 달라면 먹을 것을 주니, 거지들에게 스님은 부처님이나 마찬가지였다.

승복을 벗어준 스님은 더럽고 낡은 거지 옷으로 갈아입고 절로 돌아오는 일이 한두 번이 아니었다.

"신도들이 스님 옷 대주기 바빴다."는 이야기가 지금도 전해오고 있다.

일제가 수탈을 일삼던 시기로 먹고 사는 일이 너무 어려워 많은 사람이 유랑하던 시절, 중생의 아픔을 보듬어 준 스님은 '보살'이었을 것이다.

여기 미타암이 혜월스님이 주석한 곳이다. 거지 옷으로 바꿔 입고 미타암을 오르내리던 모습을 상상해 본다.

🪷 절로 가는 길, 절집 이야기

미타암은 천성산 동북쪽의 웅상읍 방면의 절벽에 있다. 주진소류지를 지나서 불광사를 만나는데 여기서부터 매우 가파른 산길이다. 일반 차량으로는

오르기에 너무 가팔라서 중간에서부터는 걸어서 올라가야 한다. 포장길과 산길을 약 1시간 올라가야 한다. 2022년 7월 현재 도로 공사를 하고 있으나 언제 완공될지 기약이 없다는 스님의 말씀이다.

646년 원효가 창건한 것으로 전하며, 스님이 창건한 89암자 가운데 하나이다. 몇 번의 중창이 있은 후 구한말에 우리나라의 선사상을 부흥시킨 경허(鏡虛)의 제자 혜월스님이 주석했으며, 현재 그의 비석이 남아 있다.

미타암의 미타굴은 천연동굴에 인공을 가해 조성한 석굴사원으로, 신라 문성왕(839~856) 대에 있었던 석굴법당의 영험담이 전한다. 당시 왕비가 병이 들어 백약이 듣지 않았는데 한 스님의 말을 따라 석굴법당에 와서 정성스럽게 백일기도를 드리자 병이 나았다는 일화다. 그 은덕을 갚고자 문성왕비가 아미타불을 봉안하였는데 오늘날 전해지는 석불이 그것이라고 한다.

굴법당 암봉 아래에 굴이 있고 들어가면 아미타불이 있다.

원효스님, 그 마음을 찾아서

현재 미타암은 아미타불 영험처로서 뿐만 아니라 관음기도처로서도 유명하다. 현존하는 당우로는 대웅전, 산신각, 요사채 등이 있으며, 미타굴에는 석조아미타여래입상(보물)이 모셔져 있다. 높이는 205㎝이며 이 불상은 입구에서 9m 정도 들어간 석굴 속에 안치되어 있다. 불상·광배·대좌가 모두 한 돌로 조각되었다.

🪷
일본 불교에 영향을 준 원효의 저술서

일본 불교에서 원효의 영향력은, 신라시대부터 현대에 이르러 지금까지도 대단하다.

8세기 일본에서 서사된 원효의 저서는 47종이다. 원효의 제자 심상(審詳,?-742)의 『경소록』에도 저술서 32종이 있다. 심상은 화엄종을 널리 알릴 목적으로 일본에 가서 화엄경을 처음 강연하기도 했다. 원효의 모든 저서가 일본에 전해져 유포되었을 것으로 보인다.

실제로 선주(善珠, 723-797), 원효(願曉, 728-798), 상등(常騰, 740-815), 수영(壽靈, 757-791), 장준(藏俊, 1104-1140), 응연(凝然, 1240-1321), 양충(良忠, 1199-1287), 요혜(了慧, 1203-1290) 등의 저술에 원효 학설이 많이 인용되어 있다고 한다. 원효의 저서를 읽고 그 설을 인증한 경우는 18세기에 이르기까지 40여 명이 더 확인되고 있다.

12~13세기경 일본에는 전기류인 『원효화상연기』와 『원효사초』가 유통되고 있었다. 특히, 『원효사초』는 장편의 전기였고, 원효보살이라는 존칭을 사용하였다고 전한다.

고잔지(高山寺)를 크게 키운 묘에쇼닌(明惠上人)은 원효와 의상을 무척 흠모했으며 46세 때 원효스님의 『보살계본지범요기』를 강의하기도 했다.

9

경상·경주권역

오어사(吾魚寺), 중생 교화를 위해 삿갓을 쓰고

- **주소** 경상북도 포항시 남구 오천읍 오어로 1 (오천읍 항사리 34)
- **원효 관련** 진평왕 때 자장율사 창건. 원효와 의상, 혜공이 수도한 곳
- **주요 관점** 오어설화, 원효 진영, 원효 삿갓

일주문 앞에 서서_ "둥!" 하며 일깨우고

저녁 무렵, 오어사에 늦게 도착한 우리 일행이 경내를 서둘러 둘러보고 유물전시관을 관람하였다. 원효가 쓰고 다녔다는 풀뿌리로 엮은 삿갓, 그리고 숟가락이 있었다.

"1300년 전인데 진짜일까? 돌도 아닌데."

"글쎄, 보관 상태가 좋던데…."

진짜일까 하는 약간의 의심 어린 표정들이었다.

그때, 전시관 바로 근처의 범종각에서 범종소리가 들려오기 시작했다. 저녁 예불 시간.

우리는 그 종소리에 빠져들어 갔다. 둔중이 가라앉을 듯 일어날 듯, 다시 "둥!" 하며 일깨우다가 부드럽게 번지는 소리, 긴 여운을 남기다가 다시 "둥!" 하며 일깨우고…. 사위가 조용해지고 차분히 내려앉는 분위기가 된다. 우리나라 범종은 금속을 금속으로 치는 서양종과는 달리, 나무로 금속을 치기 때문에 은은하고 부드러운 소리를 낸다. 원효도 혜공스님도 여기서 이런 종소리를 들으며 중생구제의 원(願)을 키웠을 것이다. 더욱 마음이 평안해 진다.

삿갓의 진위가 무슨 의미가 있겠는가.

절로 가는 길, 절집 이야기

오어사를 품은 운제산은, 원효암과 자장암의 가는 길이 너무 험준해서 스님들이 구름을 사다리 삼아 서로 왕래하였다는 설화가 있다. 그래서 산 이름을 구름 운(雲), 사다리 제(梯) 자를 써서 운제산(雲梯山)이라 했다고 한다.

신라 진평왕 때 자장율사가 창건한 이래 혜공, 원효, 의상 등이 주석하였다. 처음에는 '항사사(恒沙寺)'라 하였다. 오어사란 이름은 원효와 혜공의 이야기에서 유래하게 되

오어사 범종(보물) 오어지 호수 바닥에서 발견한 것으로 종의 변천 과정과 고려시대 주조 기술을 밝히는 중요한 자료로 평가한다.

었다. 기록에 따라 조금씩 다르게 이야기가 전해 온다.

『삼국유사』에는 이렇게 전한다.

"혜공스님이 만년에 이곳에 머무를 때에 원효는 여러 가지 불경의 소(疏)를 찬술하면서 언제나 혜공스님에게 가서 물으며 함께 놀았다. 어느 날 둘이 시내를 따라가면서 물고기와 새우를 주어 삼키고는, 돌 위에서 대변을 보았다. 혜공스님이 그것을 가리키며 놀리길, '그대는 똥이고, 난 물고기다[汝

삿갓과 숟갈 종이와 실로 연결해서 만든 것인데 안에 솜을 넣고 겉에는 풀뿌리로 엮어서 만들었다.

屎吾魚].'고 하였다. 이를 계기로 오어사(吾魚寺)라 부르게 되었다."

여러 이설도 있으나, 어느 이야기가 됐건 뱃속에 들어갔던 물고기를 다시 살려내는 스님들의 법력을 보이고 있다. 여시오어(汝屎吾魚)의 의미는 생과 사, 성과 속, 미와 추가 다르지 않다는 것을 의미하는 것이다.

오늘날 오어사 대웅전은 영조 17년(1741)에 중건된 것으로, 정면 3칸 옆면 2칸에 다포형식의 팔작지붕을 갖췄다.

주요 유물로는 원효 삿갓과 범종, 오어사 사적 등이 있다. 신라 범종 양식을 계승하여 고려 고종(1216년) 때에 제작된 범종(보물)은 1995년 오어지 호수 바닥에서 발견한 것으로, 국립경주문화재연구소에서 보존처리 과정을 거친 뒤에 오어사 유물전시관에 보관되어 있다.

바다는 다 받아들이고도

푸른 산 푸른 물이 나의 참 모습이니

밝은 달 맑은 바람의 주인은 누구인가.

본래부터 한 물건도 없다 이르지마라.

온 세계 티끌마다 부처님 몸 아니던가.

靑山綠水眞我面 明月淸風誰主人 莫謂本來無一物 塵塵刹刹法王身
청산녹수진아면 명월청풍수주인 막위본래무일물 진진찰찰법왕신

옳다 그르다 길다 짧다 깨끗하다 더럽다

많다 적다를 분별하면 차별이 생기고

분별하면 집착이 생기게 되는 것이다.

옳은 것도 놓아 버리고 그른 것도 놓아 버려라.

긴 것도 놓아 버리고 짧은 것도 놓아 버려라.

하얀 것도 놓아 버리고 검은 것도 놓아 버려라.

바다는 천 개의 강 만 개의 하천을 다 받아들이고도

푸른 빛 그대로요 짠맛 또한 그대로이다.

- 원효스님 -

- **주소** 경상북도 포항시 남구 오천읍 항사리 166 (남구 오천읍 항사리 166)
- **원효 관련** 644년경 원효 창건
- **주요 관점** 원효 진영, 극락전, 석조좌대

일주문 앞에 서서_ 무엇보다 소중하다는 것

원효암과 같이 작고 소박한 절에 오면, 여기 스님들은 매우 궁핍할 것이라는 선입견이 있다. 올라오기가 너무 불편하니 신도들이 적을 것이라는 판단이다. 그래서 무엇보다 먹을 식량이 부족할 것 같은 느낌이 든다. 절에서는 공양물을 매우 소중하게 여긴다.

공양물을 아껴야 하는 이야기가 많은 절에서 전해 온다.

소박하고 간결한 원효암 관음전과 요사, 삼성각이 전부다.

원효스님, 그 마음을 찾아서

구산스님이 송광사에 계셨을 때, 수챗구멍의 밥풀 이야기는 유명하다. 어느 날 스님이 보니까 수챗구멍에 밥풀이 몇 알 떨어져 있었단다. 스님은 바늘로 밥풀을 하나하나 찍어 꺼내서 물에 헹구어 드셨다.

원효암 가는 길 오어사의 해수관음상 뒤로 난 다리를 건너 협곡을 따라 20분쯤 올라간다.

구산스님의 은사였던 효봉스님도 비슷한 일화가 있는데, 구산스님도 이를 본받고 제자들이나 공양간의 보살님들께 귀감을 보인 것이다.

성철스님의 수박 이야기도 유명하다.

어느 날 하안거 해제 중 수박을 먹었는데, 벌건 속살이 그대로 있는 수박 찌꺼기를 그냥 쓰레기통에 버린 것을 성철스님이 보시고,

"기도하지 말고 싹 다 가든지, 쓰레기통에 처박아 놓은 수박을 다시 꺼내서 먹든지."

라고 호통을 치셨다.

신도들은 쓰레기통에서 다시 꺼내서 씻어 먹을 수밖에 없었다. 보시로 받은 시물(施物)은 무엇보다 소중하다는 것을 일깨우는 이야기다.

🪷
절로 가는 길, 절집 이야기

644년 무렵 원효가 창건한 것으로 알려져 있다. 원효는 원효암에 거처하면서 운제산의 구름을 타고 자장암을 건너다니며 혜공스님과 교유하였다고 전한다. 오어사 위쪽의 기암절벽에는 자장암이 있고, 계곡 건너편에 원효암이 있다.

신라 2대 남해왕의 왕비였던 운제 부인 성모단이 있어서 가뭄 때 기우제를 지내면 비가 온다고 하여 운제산이라 부른다고도 한다.

관음상 협시불은 석조좌상과 소조좌상이다.

원효암 가는 방법은, 오어지 상류에 놓인 원효교를 건너서 가거나 오어사 뒤쪽 해수관음상 옆에 60여 년 된 다리를 건너는 방법이 있다. 600여 미터 한적한 소롯길이고 뒤돌아보면 오어사와 기암절벽 위의 자장암이 뛰어난 경치로 절벽 위에 떠 있는 듯하다.

1937년 산불로 전소되었는데 1954년 중건하여 현재 요사채로도 사용하는 선방을 지었다. 1984년에 삼성각을, 2000년에는 관음전을 세웠다. 관음전에는 관음보살상 옆으로 조그마한 석조좌상(돌)과 소조좌상(흙)이 있다. 돌을 양각하여 신체를 표현했다. 배경은 광배로 처리하였고, 옷주름과 장식은 간결하면서도 굵은 선으로 선각하였다. 최근에 조성된 원효 진영이 모셔져 있다.

🪷
원효와 도통골 이야기

울산의 대운산과 불광산(佛光山)은 붙어 있다. 골짜기들이 많다. 그중 경치가 수려한 대운산 자락에 '도통골'이라 부르는 곳이 있다.

원효는 이곳 '도통골'에서 주로 수련하였다고 한다. 도통골에서 가까운 장안사에 '척판암'이라는 암자를 지어 놓고, 제자들과 함께 기거하였다.

원효가 척판암에 거주하고 있을 때, 하루는 한 제자에게

"가서 체를 가지고 오너라."

라고 하였다. 스님의 말을 들은 제자가 체를 가져오자, 이번에는

"그 체에 물을 떠 오너라."

라고 하는 것이다. 제자는 의아한 생각이 들어, 다시

"그 체로 물을 뜰 수 있겠습니까?"

라고 하자, 제자에게

"그래도 떠 오너라."

라고 하였다.

아무리 스승의 말이지만, 제자는 가능하지 않을 것 같았다.

그래도 스승이 시킨 일이라, 일단은 '옥련정(玉蓮井)'에 가서 체로 물을 떠 보았는데 신기하게도 체에 물이 가득 담기는 것이었다.

제자는 그 길로 체에 물을 담아 원효에게로 갔다. 체를 받아 든 원효는 북쪽을 향해 주문을 외우며 체에 담긴 물을 뿌렸다. 그 순간 하늘에서 오색구름이 일어나더니 북쪽으로 가 버렸다.

이때 불국사 대웅전에 불이 나고 있었다. 갑자기 남쪽에서 오색구름이 몰려오더니 소나기를 내려 불국사 대웅전의 불을 껐다. 바로 원효가 부린 조화였던 것이다.

그 후 마을 사람들은 원효가 수련한 곳을 도를 통한 골짜기라고 해서 '도통골(道通谷)'이라 부르게 되었다.

기림사(祇林寺), 국화 향기 그윽한 불연국토

- **주소** 경상북도 경주시 문무대왕면 기림로 437-17 (문무대왕면 호암리 417)
- **원효 관련** 광유선인 창건. 643년 원효 중창
- **주요 관점** 진남루, 응진전, 대적광전, 삼천불전, 삼층석탑, 건칠보살상

일주문 앞에 서서_ 신라의 불연국토설(佛緣國土說)

황룡사 장륙존상은 진흥왕 때 조성된 높이 1장 6척(약 379cm)의 석가여래 좌상을 말한다.

인도의 아육왕(阿育王, 아소카왕)은 불상을 만들려고 하였으나 세 번이나 실패하자, '부디 인연 있는 나라에 이르러 장륙의 존상이 이루어질 것'을 기원하며 금과 철을 배에 실어 보냈다.

기림사 일주문의 가을

원효스님, 그 마음을 찾아서

이 배는 1300여 년간 크고 작은 여러 나라와 팔만 취락을 떠돌아다녔지만 모두 주성에 실패하였다. 그러나 신라에서는 한 번에 성공하였다. 이런 설화는 아육왕의 염원이 신라 땅에서 이루어진다고 하는 신라의 불연국토설로 이어진다.

거대한 비로자나불과 그 협시불의 장엄함이 돋보인다.

신라에 비바시불(毘婆尸佛)부터 석가모니불에 이르는 과거7불을 모셨던 7처(處)의 절터가 존재하고 있었다는 불연국토 사상이 내재된 것이다. 이 사상이 신라불교 부흥에 기여한다. 신라 왕실이 부처와 같은 일가라고 하며 정치적 이념과 수단으로 이용하게 된다.

🪷 절로 가는 길, 절집 이야기

함월산 기림사는 천축국에서 온 광유선인(光有聖人)이 창건하여 임정사(林井寺)라고 불렀다. 특히, "절 마당에는 오색의 꽃이 피는 우담바라화가 산재하고, 다섯 곳에서 흐르는 샘이 언제나 넘쳐나며, 꽃과 대나무가 서로 밝게 빛나니 극락이 바로 이곳이다."라는 이야기는 기림사가 불연국토 사상과 연관이 있다는 걸 알려 준다.

기림사 중창기 선덕여왕 때(643) 원효가 사찰을 크게 확장하면서 기림사로 이름으로 바꾸었다고 한다. 석가모니 부처님께서 가장 오래 머무셨던 기원정사의 '기'자와 옛 임정사의 '임'자를 따서 기림사라 이름하였다.

현재의 대적광전, 비로자나 삼존불상, 유물전시관에 모셔져 있는 건칠보

살상 등이 모두 보물로 지
정되어 있다. 또 응진전 앞
삼층석탑은 신라 말기 석탑
양식을 나타내는 귀중한 문
화재다. 대적광전에서 불사
리와 함께 발견된 고려시대
금은자사경(金銀字寫經)은
기림사의 오랜 역사를 나타
내는 성보이다.

기림사 오방에는 다섯 가
지 맑은 샘이 있었다. 동쪽
샘(오탁수), 남쪽샘(명안수),
서쪽샘(화정수), 북쪽샘(감로
수), 중앙샘(장군수)이 그것

건칠관세음보살반가상 (보물)

인데 맛도 다 달랐다. 이를 오정수라 한다. 하지만 지금은 다 끊어지고 화
정수만 나오고 있다. 오정수를 길어 차를 달여 부처님께 바치는 것을 '급수
봉다'라고 한다.

불연국토설과 원효와의 관계

신라에서는 불연국토설을 믿었다. 신라는 석가모니 부처님뿐 아니라 그 이
전의 과거불인 가섭부처님 등이 설법하셨던 터가 그대로 남아 있어 본래부
터 부처님의 인연이 깊은 땅이라는 것이다. 불교를 단지 수입 종교로서가
아니라 민족의 주체적인 종교로까지 승화시킨 대단히 질 높은 신앙의 한
면모를 엿볼 수 있다.

한국불교의 본질적인 특징이라고 한다면 통불교(統佛教) 즉, 회통(會統)의 전통을 들지 않을 수 없다. 회통이란 화회소통(和會疏通)을 줄인 말로서 서로 다른 교학상의 주장들을 정리해서 융합시키는 것을 말한다.

중국불교는 종파불교로서 나름대로 불교의 본질을 추구하던 치열한 교학 연구를 하며, 무수한 갈래로 나뉘어 서로 간의 논쟁을 일삼는 종파들로 발전하였다. 이에 반해 한국불교는 그 같은 종파불교를 계승하면서도 다시금 그들 사이의 화해와 융합을 시도했던 것이다.

이러한 회통의 전통은 제일 먼저 원효의 교학 사상에서 나타난다. 화쟁의 논리를 세워 소승과 대승의 수많은 대표적 경론을 일관된 논지로 해석하고 정리해 냈다. 중국불교의 한계를 극복하는 위대한 과업을 성취한 것이다.

이와 같은 전통은 다시 고려시대 지눌스님의 정혜쌍수(定慧雙修)와 조선시대 휴정스님의 교선일치(教禪一致) 사상으로 이어진다. 오늘날의 한국불교가 통합불교로서 선과 교, 염불, 진언 등을 별다른 무리 없이 아울러서 수행하고 있는 원인도 여기에 있다.

골굴사(骨窟寺), 원효스님이 입적했다는 혈사

- **주소** 경상북도 경주시 양북면 기림로 101-5 (안동리 산304)
- **원효 관련** 기림사 창건 이전에 창건, 원효 입적 혈사
- **주요 관점** 12개 혈사, 마애여래좌상, 선무도

일주문 앞에 서서_ 내가 소멸되는 모습

골굴사의 분위기는 왠지 무거우면서도 신비하다. 회색빛 바위와 어스름 응달진 굴에서 뿜어 나오는 묘한 기운이 느껴진다. 그래서인지 원효가 이곳에서 입적했을 것이라는 추측이 강하게 다가온다.

누구나 나이가 들면 육체는 늙고 허물어진다. 중요한 건 어떻게 늙어야 하는지, 어떤 마음으로 살아야 하는지, 남은 인생을 어떻게 보내야 하는지 하는 바람직한 태도와 마음가짐이 요구된다.

원효는 말년에 이르러 이 절에 와서 무얼 했는지 궁금하다.

이 절에서 입적했다는 아무

마애여래좌상(보물) 응회암으로 이루어져 있어 풍화에 약하기 때문에 보호시설을 하였다.

런 근거가 없지만. 어쩌면 근거를 남기지 않으려 했을지도 모르는 일이다. 근데, 입적하기 전에 어떤 마음, 어떤 생각을 했을지….

새벽 북한산에서 잔멸하는 불빛을 내려보다

- 이경렬 -

내가 소멸되어도

무심한 산빛은 오늘도 바뀌듯

골짜기와 암릉이 어우른 저 단단한 경관도

아무렇지 않은 듯 변해 가느니

저 아래 도시의 미망(迷妄)을 닮은

지나온 세월의 기억이

미명(微明)으로 아슴푸레한 지금

내가 소멸되는 모습, 모습들

골굴사 전경 마애불과 대적광전, 그리고 여러 석굴이 어우러져 있다.

절로 가는 길, 절집 이야기

기림사 사적기에 의하면, 인도에서 온 광유성인 일행이 이곳에 이르러 12개의 석굴에서 불법을 수행하기 시작하면서 우리나라 최초의 석굴사원이 형성됐다는 기록이 있다. 기림사 또한 골굴사에 거처하던 인도의 승려들이 창건했다는 기록으로 보아, 기림사보다 골굴사의 역사가 깊다고 추측할 수 있다.

사적기에는, 매우 험하여 "돌을 갈아 발 디딜 자리를 만들고 굴 안으로 들어가게 된다. 그 속에 돌이 펀펀하여 방처럼 생긴 곳이 있어 돌을 베개하고 누우면 차지도 않고 훈훈하며 병자가 거주하면 병이 낫기도 한다." 등의 내용을 기록하고 있다.

원효가 혈사에서 입적했다는 기록이 전하고 있지만, 아직 그 혈사의 위치

선무도 대학 건물 한국 선무도의 총본산으로서 해마다 수천 명의 내·외국인이 방문하고 있으며, 템플스테이를 하며 선무도를 체험할 수 있다.

원효스님, 그 마음을 찾아서

를 정확하게 설명하는 보고서는 없다.

『삼국유사』에는 "원효가 일찍이 살던 혈사(穴寺) 옆에 설총이 살던 집터가 있다."고 전한다. 원효가 골굴사에 머물렀다는 증거로 볼 만한 대목이다. 혈사는 곧 굴[穴]로 된 절[寺]이다. 혈사에 원효가 머물렀고, 여기에서 입적하자 아들 설총이 아버지를 기려 골굴사에 와서 살았다는 해석이다.

1933년 박석조스님이 인법당을 신축하여 법당과 요사채로 사용했다. 1972년 태고종 사찰로 등록돼 1989년까지 박석조스님의 후손들이 지켜오다 현재 원효의 후손인 설적운스님에 의해 조계종으로 변경 등록하였다. 새로운 부흥기를 맞아 세계적인 사찰로 이름을 알리고 있다.

근래에 이르러 골굴사에는 불가의 전통 수행법인 선무도 수련원이 개설되어 내국인은 물론 수많은 외국인들이 불교 전통 무예를 배우는 도량으로 자리 잡았다.

원효와 설총, 가을 이야기

가을이 깊어진 어느 날, 설총은 아버지 원효에 대한 그리움에 못 이겨 아버지가 계신 절을 찾아갔다. 마침 원효는 절 마당을 쓸고 있었는데, 절에 살면서 시봉을 하는 듯한 소년이 말했다.

"대사님, 감이 열려있는데 스님들이 못 따 먹게 합니다. 따 먹고 싶은데."

"왜 안 되겠느냐. 따 먹어라."

소년이 신나서 감나무로 가자 원효는,

"애야, 까치란 놈이 먹을 것 두어 개는 남겨 놓아야 하느니라."

하며 껄껄 웃었다.

이때 설총이 다가와 아버지께 인사를 하였다.

"인사 올립니다. 그간 강령하셨는지요."

"그래, 많이 자랐구나."

원효는 마당을 쓸고 있던 빗자루를 설총에게 주면서,

"먼저 마당을 쓸거라."

하고는 방으로 들어갔다.

설총은 마당 한 구석에 낙엽이 수북이 쌓이도록 쓸어내어 마당엔 낙엽 한 장 없이 깨끗하게 해 놓았다. 잠시 후 방에서 나온 원효는,

"낙엽 하나 없이 깨끗이 잘 쓸었구나."

하고는 쌓아 놓은 낙엽 더미에 가더니, 낙엽을 한 움큼 집어서 다시 뿌렸다. 원효가 웃으며 말했다.

"가을마당엔 낙엽이 이렇게 뒹굴어야 가을답지 않느냐?"

설총이 쓴 마당은 '깨끗한 마당'이었지만 원효의 마당은 진정한 '가을마당' 이었던 것이다.

흥륜사(興輪寺), 이차돈과 신라 10성의 숨결이

- **주소** 경상북도 경주시 국당3길 5 (경주시 사정동 281-2)
- **원효 관련** 544년 진흥왕 때 창건. 682년 원효 주석
- **주요 관점** 흥륜사 전경과 석재

일주문 앞에 서서_ 신라 불교의 효시와 대중화의 터

『삼국유사』권3 탑상편(塔像篇)에 실려 있는 이야기다.

신라 제54대 경명왕 때, 흥륜사 남문과 좌우 건물이 불타서 시주를 모집하여 수리할 계획을 세웠다.

마침 제석이 절에 내려와 10여 일을 머물렀다고 알려지자, 절의 건물이며 탑, 그리고 초목 토석에 이르기까지 향기가 나고 오색구름이 절을 덮었으

흥륜사 넓은 마당 조선시대에 화재로 소실되었다가 1980년대에 혜해선사가 중창하였다.

며, 남지(南池)의 어룡들이 기뻐 뛰놀았다고 한다. 이 소식을 듣고 사람들이 몰려들어 감탄하고 비단과 보물이며 곡식을 자진하여 바쳤으며, 공장(工匠) 들이 자진하여 공사를 서둘러 하루 만에 복구를 다 하였다.

제석이 환궁하려 하자 두 승려가 진용(眞容)을 그려 천은을 기리겠다고 하니 보현보살의 상을 그려 걸고 공양하라고 하여, 이때 그려 건 것이 흥륜사의 보현상이라 한다.

이 설화는 흥륜사 보현 벽화를 두고 생긴 설화이지만, 절 중수 비용을 마련하기 위하여 일부러 제석을 꾸며 소문내었을 가능성도 있다. 여섯 이빨을 가진 흰 코끼리를 타고 계신 보현보살을 그리기로 한 것은, 아마도 불교의 진리와 수행의 덕을 맡아 실천행을 하는 보살이기 때문일 것이다.

석당기 "흥륜 염촉 순교석당기"라고 쓰고 아래에 "고대광명 이차돈 성자"라 썼다.
(박염촉은 이차돈의 본명이다.)

원효스님, 그 마음을 찾아서

하나의 설화로 남아있지만, '실천행'의 대명사인 보현보살을 등장시킨 이야기로 보면 당시 스님은 대단한 추진력을 갖췄을 것이다. 복원한 흥륜사는 이차돈의 순교에 의해 창건된 절이다. 또한 150여 년 후 원효가 주석한 절이기도 하다.

선방(참선하는 방)으로 쓰고 있는 금당

신라 불교 천 년의 효시가 된 절, 신라 불교가 대중화를 이루기 시작한 터, 바로 흥륜사다.

절로 가는 길, 절집 이야기

미추왕(재위 262~284) 3년에 성국공주의 병을 아도화상이 고쳐 준 것이 계기가 되어 창건하였으나 이내 잊혔다가, 이차돈의 순교(527년)로 하여 비로소 국가적 사업으로 흥륜사를 창건한다.

법흥왕 때 천경림에 터를 닦고 크게 공사를 시작하여, 진흥왕 때(544년) 완공하여 대왕흥륜사(大王興輪寺)라 하였다. 동경흥륜사, 혹은 대흥륜사라고도 불렀다. 이후 흥륜사는 나라의 대표 사찰로, 대법회를 주관하는 도량이 되었다.

원효는 682년경 흥륜사에 주석하며 『화엄경소』를 썼다. 금당에 신라 10성을 모셨다. 신라 10성은 아도(我道), 위촉(厭觸, 이차돈), 혜숙(惠宿), 안함(安含), 의상(義湘), 표훈(表訓), 사파(蛇巴, 사복), 원효(元曉), 혜공(惠空), 자장(慈藏)을 가리킨다.

오늘날 흥륜사는 새롭게 재건되어 매우 정갈한 모습을 보여준다. 석조와 배례석 등이 남아 있다. 출토된 유물은 현재 국립경주박물관에 보관되어 있다. 이곳에서 출토된 인면문(人面紋) 와당은 미소 짓는 얼굴을 기와에 조각한 것으로, 일제 강점기 반출되었다가 1972년 국립경주박물관으로 옮겨 보관하고 있다.

원효의 사상에 따른 사찰 방향

원효는 중국에서도 보살로 추앙받았다. 대승불교에서 보살은 부처님의 덕을 현상계에서 구현하는 존재로 중생성을 가지고 있다. 숭배의 대상임과 동시에 신앙의 구심적 역할을 하였다. 『대승기신론소』와 『금강삼매경론』과 같은 저술은 천재성과 보살로서의 경지를 나타내 주는 역작임은 이미 잘 알려진 사실이다. 『금강삼매경론』 주석서를 쓸 수 있는 사람은 신라에서는 원효가 유일하다는 『송고승전』 기록을 보면 잘 알 수 있다.

원효의 일심사상, 화쟁사상, 무애사상은 신라가 백제와 고구려, 당과의 전쟁을 승리로 이끄는데 실질적으로 활용되었다. 민중을 정신적으로 결합하여 하나뿐인 임금을 중심으로 단합하고, 서로의 환경과 배경을 인정하여 신라인과 백제인, 고구려인이 모두 부처 앞에서는 평등하다는 원효의 가르침은 민중불교가 성공하는 거름이 되었던 것이다.

대체로, 사찰의 방향은 주불에 따라 아미타불과 비로자나불은 동향, 석가모니불은 남향, 미륵불은 북향, 약사불은 서향을 원칙으로 한다. 그러나 원효가 창건한 사찰은 어느 한 방향으로 고정되지 않고 사방을 모두 활용하고 있다.

잘 알려진 바와 같이 원효는 신라 왕실이나 귀족을 위한 불교로 고착된 것을 민중을 위한 불교로, 대중화에 힘썼다. 민중불교로서 계율을 지키는 것보다 민중에게 부처를 알게 하고 부처에게 귀의하게 하는 보살행이 더 중요했다고 판단했다. 계율을 지키는 것보다 민중의 깨우침을 우선으로 하였다.

전쟁 중이었던 당시 여건상 사찰의 경계 기능은 매우 중요하였다. 그래서 원효는 절을 지으면서 경계 방향에 따라 동향(천성산 미타암, 여수 향일암), 서향(백양산 운수사), 남향(금정산 원효암, 남해 용문사), 북향(불광산 척판암) 등 다양하게 지었다. 즉 주불에 따른 전각 방향에 얽매이지 않았다는 것인데, 이는 원효의 무애사상과도 통한다고 볼 수 있다.

분황사(芬皇寺), 원효스님의 법향이 넘치는 곳

- **주소** 경상북도 경주시 분황로 94-11 (경주시 구황동 312)
- **원효 관련** 634년 창건. 원효의 저술활동처, 원효소상 설화
- **주요 관점** 보광전, 모전석탑, 원효 진영, 호국룡변어정, 화쟁국사비부

일주문 앞에 서서_ 지금은 아련한 흔적일 뿐이지만

분황사는 원효의 으뜸가는 성지다. 자장율사가 당나라에서 대장경의 일부와 불전을 장엄하는 물건들을 가지고 귀국하자 선덕여왕은 그를 분황사에 머무르게 하였다. 원효는 분황사에 머물면서 많은 불경을 접했을 것이다.

분황사 모전석탑(국보)
대가람이었으나 고려 때의 몽고 침입, 임진왜란을 거치면서 모두 소실되고 작은 사찰로 남아 있다.

원효스님, 그 마음을 찾아서

또 원효가 입적한 뒤, 그의 아들 설총은 아버지의 유해와 흙을 섞어 소상을 만들어 이 절에 모셔 두고 죽을 때까지 공경하였다. 그 소상은 일연이『삼국유사』를 저술할 때까지도 있었다고 한다. 원효를 흠모하는 이들은 소상 앞

본전인 보광전 광해군 때 새로 조성하였고 약사여래를 모시고 있다.

에 몸과 마음을 낮추고 자신들의 비원을 풀어놓았을 것이다.

시련이 계속 닥쳤다. 고려 때 몽고 침입으로 황룡사가 불에 타고 분황사도 온전하지 못했다. 조선시대에 이르러 임진, 정유 왜란 때 경주가 유린당하면서 절은 황폐해졌다. 분황사는 폐사 상태에 빠지고, 화쟁국사비는 산산조각이 나고 만다. 그렇게 분황사의 대표적인 원효의 흔적들은 차츰차츰 허공으로 흩어져 버렸다.

현재 분황사 뜨락에는 화쟁국사비의 비부(碑趺, 받침돌)가 남아 있다. 군데군데 깨져 온전치 못하고 몸돌(비신)은 어디론가 사라져 찾을 수 없다. 화쟁국사비는 임진왜란 이전까지는 온전했단다. 여러 기록으로 보아 상당히 웅대하고 호사스러운 모습이었을 것으로 판단한다.

지금은 아련한 흔적일 뿐이지만, 여전히 많은 사람이 찾아오는 원효 법향이 넘치는 곳임에는 틀림없다.

절로 가는 길, 절집 이야기

선덕여왕 3년(634)에 건립된, 가장 오래된 신라 사찰 중 하나이다. '芬皇(분황)'은 '향기날 분', '황제 황' 자로 향기 나는 황제의 절이란 뜻이다. 신라 최

보광전의 약사여래입상 1609년에 주조된 청동 불상이며 키가 3.5m의 거대불상이다.

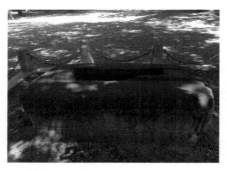

화쟁국사비부 고려 숙종은 '대성화쟁국사'라는 시호를 내리고 추모하는 비석을 세웠는데 그 받침돌이다. 옆면에 추사 김정희가 이를 고증 하였다는 글귀를 남겨 놓았다.

초로 여왕에 올라선 것을 내외에 알리는 상징적인 절임을 알 수 있다. 원효의 다른 이름 중에 '분황'이라 한 것도 여기에서 오래 머물렀기 때문이다.

보광전에는 약사여래입상과 원효 진영이 있다. 뜨락에 있는 화쟁국사비는 고려 때(1101년)에 세워졌는데, 현재 비석은 없고 받침돌인 비부만 있다. 『대동금석서』에 화쟁국사비의 탁본 단편이 남아 있다. 『삼국유사』에 의하면 경덕왕 14년(755)에 분황사의 약사여래불 동상을 만들었다고 하나, 현재의 약사여래입상은 영조 50년(1774)에 조성된 것이라 한다.

분황사 모전석탑(模塼石塔)은 돌을 벽돌 모양으로 다듬어 쌓아 올린 석탑으로 가장 오래된 것이다. 모전석탑은 한국만의 고유한 양식으로 삼국시대 이후 조선시대까지 꾸준히 제작되었다. 석탑은 불상을 석탑 안에 안치하기 위함이다. 그 때문에 내부의 감실로 들어가는 출입문이 달려 있다. 1915년 해체 수리되었는데, 7층 혹은 9층탑이었을 것으로 추정한다.

분황사에는 신라시대부터 있던 돌우물이 있다. 우물의 외부는 팔각으로 팔정도를 나타내고, 내부는 원형으로 조각하여 진리를 표현했다고 한다.

원효는 이 절에 머물면서 『화엄경소』·『금광명경소』 등 수많은 저술을 남겼다. 그 연구 범위도 대·소승불교의 모든 부문을 망라하고 있어, 초인적 저술 활동이었음을 알 수 있다. 그 가운데서도 그의 대표적 저술이라 할 수 있는 『대승기신론소』와 『금강삼매경론』에서 보인 탁월한 이해와 견해는 중국 석학들까지도 찬탄과 경이를 아끼지 않을 정도였다. 그러나 안타깝게도 오늘날 그의 저술은 20부 22권만이 남아 있다.

🪷 화쟁국사비와 추사 김정희, 매월당 김시습의 인연

『고려사』에 보면, 고려 숙종(1101년)이 조서를 내렸는데,

"원효와 의상은 동방의 성인으로 비기(碑記)와 시호(諡號)가 없어 그 덕이 드러나지 않았다. 내가 이것을 깊이 슬퍼하여 원효는 대성화쟁국사로, 의상은 대성원교국사로 추증하니 즉시 그들이 살던 곳에 비를 세우고 덕을 기록하여 무궁하게 전하도록 하라."

했다고 기록하고 있다.

화쟁국사비는 분황사 경내 우물 옆에 세워진 것으로 낮은 직육면체 모습을 하고 있는데, 네 모서리가 떨어져 나가는 등 많이 훼손되었다. 윗면에는 비를 꽂아두기 위한 홈이 파였고, 옆면에는 엷은 안상(眼象)을 새겼다.

이 비석은 1597년 정유재란 때 분황사가 소실되면서 파괴된 듯하며, 조선시대 억불정책 아래 돌보는 이가 없어 망실되었다.

이후 비석의 대좌만 남게 되었는데 조선 말기에 이곳을 찾은 추사 김정희가 고증하여, 이것이 원효 비석을 세웠던 받침돌임을 밝혔다. 추사는 받침돌에 '차신라화쟁국사지비적(此新羅和諍國師之碑蹟)'이라는 글귀를 새겨 놓았다.

비문 일부가 탁본으로 『대동금석서(大東金石書)』에 실려 전하며, 1976년 분

황사 경내에서 발견된 비편(크기 16㎝×14㎝)이 동국대학교 박물관에 소장되어 있다.

매월당 김시습은 경주 남산 금오봉 근처의 절에서 7년간 승려생활을 하면서 『금오신화』를 썼다. 분황사는 지척의 거리이니 당연히 오고 갔을 것이다. 원효의 행적에 대해서도 잘 알고, 그에 의해 불교가 백성의 생활 속으로 번져 나간 사실도 잘 알고 있었다. 이 비석을 보고 「무쟁비(無諍碑)」라는 제목의 시를 남겼는데 앞부분 일부를 소개한다.

> 그대는 알아보지 못하는가!
> 신라의 신이한 승려 첫 아침[元旭]을,
> 삭발하고 신라의 저잣거리에서 도(道)를 행하였네.
> 입당하여 진리를 공부하려다 돌이켜 고향으로 돌아와
> 출가와 재가 구분 없이 마을 곳곳을 유행하였네.
> 거리의 아이와 부인들까지 뜻을 쉽게 얻으니
> 누가 누구집 아이인지 다 가리킬 정도였네.

부록

부 록

남겨진 절터, 원효의 숨결은 남아 있건만

황룡사지(皇龍寺址), 구층목탑의 환영이 서린 곳
경상북도 경주시 구황동 786-3

보문관광단지 내 황룡원

황룡사는 원효가 출가한 절이다. 특히 황룡사 '백고좌법회'는 참석조차 거부되던 원효가, 아무도 설하지 못하는 『금강삼매경』을 최초로 강론하여 신라 불교계의 거목으로 우뚝 선 법회이기도 하다.

'백고좌법회'는 내란과 외우를 막아내고 해결하기 위해서, 100구의 불상과 100구의 보살상, 100좌의 사자좌를 마련하고 100명의 법사를 초청하여 『인왕반야경』을 강독하는 호국불교 신앙의 대표적인 법회였다.

553년 진흥왕이 월성 동북쪽에 새로운 궁궐을 지으려다, 황룡이 나타나 승천하므로 궁궐 건립을 중지하고 그 자리에 황룡사를 창건하게 되었다. 진평왕 6년(584)에는 장육존상을 모실 금당이 중건되었다. 선덕여왕 14년(645)에 자장율사의 권유로 백제 아비지를 초청하여 구층목탑을 완성하였다.

황룡사 탑은 성덕왕 17년(718) 벼락을 맞아 불에 탄 이래 몇 차례에 걸쳐 중수되었으나 고려 때(1238년) 몽고 침입으로 완전히 소실된 뒤로 아직 복원되지 못하고 있다. 성보로 금동불상, 치미(鴟尾)를 비롯하여 4만여 점이 출토되었다.

학계는 황룡사 탑의 높이가 80m에 이른 것으로 추정한다. 이 탑에 직접 올랐던 체험을 바탕으로 쓴 고려시대 김극기(金克己)의 시나, 현대에 제작한 여러 복원 모형을 보면 황룡사 탑은 사람이 올라갈 수 있는 구조였음을 짐작할 수 있다.

그런데, 당시 모습에 가깝게 재현한 건물이 들어섰다. 경주시 보문관광단지 내(신평동)에 불교문화에 바탕을 둔 문화공간으로 지은 '황룡원'이 그것이다. 1970년대 초부터 불교의 대중화, 불교 후원에 크게 이바지한 동국제강그룹 창업자인 고 장경호 회장의 은공과 중도사상을 기리기 위해 건립한 보문관광단지의 랜드마크이다.

황룡원은 지하 1층 지상 9층, 건물 높이 68m, 연건평 5411㎡의 탑으로 황룡사 구층목탑의 모습을 거의 비슷하게 재현했다.

고선사지 삼층석탑

고선사지(高仙寺址), 박물관에 삼층석탑만 남아

경상북도 경주시 보덕동 암곡리 덕동호 (수몰)

고선사는 원효가 주지로 있던 절이다. 지금은 한 장의 사진으로만 남은 고선사터. 덕동댐 건설로 물에 잠기게 되어 1975년 고선사지 삼층석탑 등이 경주박물관으로 옮겨졌다. 일제 강점기의 미술사학자 고유섭의 답사 기록에 의하면, 1914년 5월 삼층석탑 주변에서 원효 비석인 서당화상비 조각이 발견되었다고 한다. 이는『삼국유사』 관련 기록에 신뢰성을 더한다.

발굴조사단이 금당구와 석탑구 등 일대의 유구를 발굴, 조사하여 금당지·강당지·중문지·회랑지 등 많은 유적지를 밝혔다. 금동불상·와전류 등 상당한 유물도 수습하였다.

고선사지 삼층석탑은 신라 석탑의 원형을 잘 보여주는 양식으로, 건립 연대는 최소한 686년 이전으로 추정된다. 전탑에서 전형적인 석탑 양식으로 변모하는 초기 과정을 잘 보여 주고 있다. 이러한 양식은 이 탑과 함께 경주 감은사지 동·서 삼층석탑(국보)에서 시작되어 이후 경주 불국사 삼층석탑(국보)에서 그 절정을 이루게 된다.

고선사는『삼국유사』에 전하는「사복불언」이야기의 배경 무대가 되는 장소이기도 하다.

그밖의 관련 사지(寺址)

원효스님과 관련이 있는 사찰 중에서 사라지거나 흔적만 남아 있는 절터는 위의 두 곳을 포함해 13곳이 있다. 폐사 원인은 화재가 대부분인데, 여기에는 임진왜란 당시 소실된 것이 많다. 서산대사가 중심이 되었던 승병들이 전투에서 크게 활약하자, 이어진 정유재란 때 승병의 본거지가 되었던 사찰을 불태워 버린 것이다. 대부분의 사찰은 이때 소실되었다. 기록이 없는 '미상'도 사실은 이때로 추정된다. 물론 조선시대 억불정책의 영향으로 폐사된 경우도 많다. 남아 있는 유물도 당연히 썩거나 타지 않는 석조의 탑, 불상, 주춧돌 등뿐이다.

원효 관련 사찰 중 폐사지 현황

절 터	폐사 원인	시 기	유 물	지 역
봉복사 터	화재	구한 말	삼층석탑	강원 횡성
화장사 터	-	-	삼층석탑	경북 문경
미면사 터	불명	미상	적석탑, 석재	경북 문경
천량암 터	-	임진왜란	석축	경북 울진
경복사 터	화재	-	경시	전북 완주
원효암 터	불명	미상	없음	경남 통영
윤필암 터	-		없음	경남 통영
신림사 터	화재	임진왜란	부도, 석조유물	경북 경산
반고사 터	불명	미상	석조여래좌상	경북 울주
법광사 터	화재	조선말	삼층석탑, 불상대좌	경북 포항
고선사 터	불명	미상(수몰)	삼층석탑, 서당화상비 받침	경북 경주
황룡사 터	화재	몽고침입	금당터, 구층탑 심초석	경북 경주
흥륜사 터	-	미상	서재, 배례석	경북 경주

이 책에서 소개하지 못한 이들 절터의 구체적인 주소는 다음과 같다.

- **화장사지(花藏寺址)** 경상북도 문경시 산북면 내화리 47-1 화장사터
- **미면사지(米麵社祉)** 경상북도 문경시 산북면 소야리 산85번지 부근 (종곡산)
- **천량암지(天糧庵祉)** 경상북도 울진군 근남면 구산리 산30 선유산 (성류굴)
- **경복사지(景福寺址)** 전라북도 완주군 구이면 평촌리 1
- **원효암터(元曉庵址)** 경상남도 통영시 광도면 안정1길 363 안정사 산내
- **신림사지(新林寺址)** 경상북도 경산시 점촌동 259 (유물: 경산시립박물관)
- **반고사지(磻高寺址)** 경상남도 울산시 울주군 두동면 천전리 산 210
- **법광사지(法廣寺址)** 경상북도 포항시 북구 신광면 상읍길 290 (신광면 상읍리 875)

원효스님 연보 및 시대 상황

자료의 한계로 인하여 연구자에 따라 약간의 이설과 다른 주장이 있다. 참고 자료로는 원효학 연구원 자료, 중앙승가대학 불교사학 자료, 동국대 고영섭 교수의 여러 저서, 강승환의 저서 『이야기 원효 사상』 등을 종합하여 정리하였다.

편년	시대상황
595년 (진평왕 17)	김유신 출생
600년 (진평왕 22)	원광이 수나라에서 귀국
608년 (진평왕 30)	고구려와 전쟁이 자주 일어나자 원광이 걸사표(乞師表)를 지어 수나라에 보냄.
612년 (진평왕 34)	수양제가 113만 대군으로 고구려를 2차 침공. 7월 을지문덕의 살수 대첩.
617년 (진평왕 39)	**원효가 압량군 남쪽 자인땅의 불지촌(지금의 경북 경산시 자인면)의 밤나무골에서 출생. 신분은 6두품. 할아버지는 잉피공, 아버지는 담날 내말. 어릴 적 이름은 서당(誓幢). 설씨(薛氏) 족보에 의하면, 아버지는 내옥(乃玉)이고 어머니는 갈산 용씨(龍氏)이다. 둘째 아들로 이름은 사(思)이다.**
618년 (진평왕 40)	원효 2세. 3월에 수나라 멸망, 5월에 당나라 건국.
625년 (진평왕 47)	원효 9세. 의상이 출생.
632년 (선덕여왕 1)	**원효 16세. 이 무렵 출가하여 자신이 살던 집을 초개사(初開寺)라는 이름의 사찰로 고쳐 지음.**
634년 (선덕여왕 3)	분황사 창건.
636년 (선덕여왕 5)	원효 20세. 자장이 제자 10명과 함께 당나라로 유학.

642년 (선덕여왕 11)	원효 26세. 7월 백제 의자왕이 신라의 40여 성을 공격. 8월에는 고구려와 함께 당항성을 치고, 신라의 당나라 교통로를 차단하였음. 10월 고구려에서 연개소문이 영류왕을 죽이고 보장왕을 세우는 쿠데타가 발생.
643년 (선덕여왕 12)	원효 27세. 자장이 왕의 명에 따라 귀국. 부처님 사리 100과, 부처님의 금란가사, 경론 4백함 등을 가지고 옴.
645년 (선덕여왕 14)	원효 29세. 의상이 출가. 9월에 안시성 전투. 현장이 인도 유학(629년부터 645년까지 17년간)을 마치고 장안으로 돌아옴.
647년 (선덕여왕 16)	원효 31세. 첨성대 건립. 비담과 염종의 반란을 김유신이 진압. 반란 중에 선덕여왕 서거. **이 무렵 낭지화상에게 사사한 원효는 자신의 처녀작인 『초장관문(初章觀文)』과 『안신사신론(安身事身論)』을 저술하여 낭지화상에게 바침.**
649년 (진덕여왕 3)	원효 33세. 김춘추와 자장의 건의로 당나라 관복을 받아들여 중국의 의관(衣冠)을 입기 시작.
650년 (진덕여왕 4)	**원효 34세. 의상과 함께 당나라 유학을 시도하였으나 요동에서 실패 후 돌아옴. 6월 고구려가 도교를 우대하자, 보덕이 백제 완산주 고대산으로 망명. 이 무렵 원효는 보덕에게서 『열반경』 등을 배움.**
654년 (무열왕 1)	원효 38세. 진덕여왕이 죽고 김춘추가 즉위.
655년 (무열왕 2)	원효 39세. 9월 요석공주의 남편인 김흠운이 조천성(충북 영동) 전투에서 전사.
660년 (무열왕 7)	원효 44세. 백제 멸망.
654-661년 (무열왕대)	**원효 38-45세 무렵. 요석궁 공주와 인연이 되어 설총을 낳음.**

661년 (문무왕 1)	원효 45세. 의상과 함께 당나라 유학을 시도했으나 지금의 화성시 당성 인근에서 유학을 포기하고 돌아옴. (해골물 득도 설화) 원효는 오어사에 머무르며 보살행을 행하는 혜공과 사귀면서 여러 경론에 관해 토론을 벌이며 많은 영향을 받음 의상(37세). 당나라 화엄종 지엄(智儼) 문하로 유학에 성공.
667년 (문무왕 7)	원효 51세. 신라의 승려 순경(順璟)이 제자를 당나라에 보내서 원효가 밝힌 현장법사의 논리적 모순을 지적.
668년 (문무왕 8)	원효 52세. 2월 원효가 김유신의 고구려 원정에 종군하여 당나라 장수 소정방이 보낸 '난새와 송아지' 그림을 해석하여 위기를 넘김. 나당연합군에 의해 고구려 멸망. 중국 화엄종의 지엄 입적.
670년 (문무왕 10)	원효 54세. 의상이 당나라에서 귀국.
671년 (문무왕 11)	원효 55세. 원효가 행명사에서 『판비량론』을 저술. 오어사 혜공(惠空)을 찾아가 깊은 교문을 맺음. 고선사에 머무르고 있을 때 사복(蛇福)을 만남. 대안(大安)법사와 교분을 맺음.
672년 (문무왕 12)	원효 56세. 이 무렵부터 분황사에서 『십문화쟁론』·『법화경종요』 『미륵상생경종요』·『무량수경종요』 등을 저술.
673년 (문무왕 13)	원효57세. 7월 김유신(79세)이 죽음.
675년 (문무왕 15)	원효59세. 이 무렵 사복의 모친이 죽자 고선사에 있던 원효가 축원을 해줌. 광덕과 엄장이 원효에게 사사함.
676년 (문무왕 16)	원효 60세. 2월 의상이 왕명을 받들어 영주 부석사를 창건. 11월 신라가 당나라 군대를 격파하여 완전히 축출. 삼국통일을 완성.
661-681년 (문무왕대)	원효 45세-65세 무렵. <금강삼매경론>을 저술하고 강설하였음. 염불법으로 광덕, 엄장 등을 교화함.
681년 (문무왕 21)	원효 65세. 분황사에서 저술 활동. 문무왕이 죽고 신문왕이 즉위.

682년 (신문왕 2)	원효 66세 이후. 이 무렵부터 대안법사와 교분을 맺으면서 『금강삼매경론소』를 짓고, 백고좌법회에 초청되어 사자후를 토함. 저술에 전념하다가 『화엄경』 「십회향품」에서 붓을 꺾음. 만년에는 궁월에서 떨어진 혈사(穴寺)로 거처를 옮겨 유유자적.
686년 (신문왕 6)	원효 70세. 3월 30일 혈사에서 입적. 설총이 유해를 부수어 소상을 조성하여 분황사에 모심.
702년 (신문왕 12)	의상 입적.
779년 (혜공왕 15)	원효의 현손 설중업이 일본에 사신으로 가서 극진한 대접을 받음. 이때 이미 원효의 『무량수경종요』가 일본에 전해졌음.
785년 (원성왕 1)	원효 열반 100주기를 기념하여, 설중업이 건의하고 김언승(훗날 헌덕왕)이 후원하여 고선사에 '서당화상비'를 건립.
935년	신라 멸망 고려 건국.
1101년 (고려 숙종 6)	대각국사 의천(1055-1101)의 건의로 원효를 화쟁국사(和諍國師)로 추증.
1171-1197년 (고려 명종대)	분황사에 원효의 화쟁국사비를 건립.
1830년 무렵 (조선 현종대)	추사 김정희가 분황사에 들러 '신라 화쟁국사비'임을 확인하고 음각으로 남김(此新羅和諍國師之碑蹟)
1967년	서울 효창공원에 원효동상 건립. 매년 음력 3월 30일 경주 망월사에서 대재를 봉행함.
1981년	서울 한강에 용산구 원효로와 영등포구 여의도동을 잇는 원효대교 설치
1995년	저술 성지인 경주 분황사에 원효학연구원을 개원하고, 매년 원효 입적일(음력 3월 30일)을 기해 원효문예대전을 열기로 함.
1996년	원효학회를 발족하고 학술대회를 열어 학회지 『원효학연구』를 발간함.
1998년	국제원효학회에서 원효전서 영역(英譯) 작업을 시작함.

원효성사 진영

원효스님 진영
일본 교토의 고산사(高山寺)

의상스님 진영
일본 교토의 고산사(高山寺)

일본 교토의 고산사(高山寺)에는 원효와 의상의 초상화가 있다. 일본 승려 묘에(明惠, 1173-1232)가 원효를 존경해서 신라시대 원본 초상화를 보고 모사하였다고 한다. 신라의 원본이 남아 있지 않으므로 당대의 원효 진영에 가장 근접한 초상화로 볼 수 있다. 실제로 화풍에서 일본풍이 아닌 한국의 초상화 양식을 따르고 있어 원본을 충실하게 따라 그린 것으로 추정한다.

1762년에 한 번 수리했다고 하니 원본과 다름이 없을 것으로 추정한다.

진영을 보면 두 스님의 상반된 풍모를 느낄 수 있다. 원효는 머리나 수염을 제대로 깎지 않았고 구레나룻이 텁수룩하다. 이마의 주름이며 눈꼬리가 올라가 있어 무언가 꿰뚫어 보는 활달한 힘이 있는 표정이다. 그런가 하면 의상은 머리와 얼굴은 말끔하고, 부드러운 표정을 하고 있다. 점잖고 귀족다운 신분을 보여준다.

당시의 일본에서도 역동적이고 자재무애한 원효의 이미지, 수행과 스승의 풍모를 지닌 의상의 이미지가 형성되어 있었던 것으로 볼 수 있다.

필자가 조사한 바로는 우리나라 절에 모신 진영은 23점이다. 이중 고산사와 같은 자세, 표정, 시선을 하고 있어 모사로 추측되는 것은 9점이고, 시선을 달리한 것까지 보면 13점이 해당된다. 근·현대에 이르러 이제는 일본의 '고산사 원효성사 진영'을 거꾸로 모사해 오는 실정이 되었다. 국내의 진영으로는 조선시대(1863)에 그린 것으로 전해지는 범어사 진영이 가장 오래되었다.

참고 문헌

강승환, 『이야기 원효사상』, 도서출판 운주사, 2014.

경기관광공사, 『경기도 원효성지 순례』, 진디자인, 2014.

경기관광공사, 『행복을 찾아서 원효대사』, 진디자인, 2014.

고영섭, 『분황 원효』, 박문사, 2015.

고영섭, 『분황 원효의 생애와 사상』, 도서출판 운주사, 2016.

고영섭, 『원효』, (주)웅진싱크빅, 2010.

고준환, 『누가 불두에 황금똥 쌌나?』, 도서출판 본각선교, 2014.

김봉렬, 『가보고 싶은 곳 머물고 싶은 곳』, 안그라픽스, 2003.

김부식, 『알기 쉬운 삼국사기』, 바른사, 2001.

김부식, 이병도 역주, 『삼국사기』, 을유문화사, 2022.

김선우, 『발원』, (주)민음사, 2015.

김세중, 『역사가 보이는 불교 이야기』, 휘닉스, 2019.

김임중, 「명혜가 추앙한 원효대사」, 『화엄연기연구』, 도서출판 보고사, 2015.

김현준, 『사찰, 그속에 깃든 의미』, 교보문고, 1991.

낙산사, 『당신이 있어 행복합니다』, 窓 , 2021.

대한불교신문, 『한국의 사찰』, 대한불교신문출판사업부, 1994.

대한불교조계종 제석사, 『원효사상과 Covid-19 극복을 위한 대안』,
　　　　　　　　　　　　　　　 대구 학원사, 2021.

대한불교조계종포교원, 『불교입문』, 조계종출판사, 2017.

삼성현역사문화관, 『시대를 앞서간 고승 원효』, 도서출판 온샘, 2021.

서산대사, 법정 옮김, 『선가귀감』 (깨달음의 거울), 동쪽나라, 2003.

선묵혜자, 『마음으로 찾아가는 108 산사』, 화남, 2007.

수산, 『불교와의 만남』, 도서출판 마하야나, 2006.

신정일, 『한국의 사찰답사기』, 푸른영토, 2019.

심재열, 『元曉思想 2 倫理觀』, 홍법원, 2002.

이광수, 『원효대사』, (주)비전비엔피, 2014.

일연, 김원중 옮김, 『삼국유사』, (주)을유문화사, 2002.

정경환, 『원효강의』, 도서출판 이경 , 2015.

정목스님, 『원효의 새벽이 온다』, 경서원, 2013.

정재헌, 『삶의 지혜 229』, 북스데이, 2021.

정진권, 『한시를 읽는 즐거움』, 학지사, 1997.

정훈교, 『산사의 풍경소리』, 도서출판 해암, 2016.

최완수, 『명찰순례』, 대원사, 2000.

최정희, 『한국불교전설99』, 우리출판사, 2000.

태산스님, 『반야심경』, 효원출판사, 2009.

한국문원, 『명찰』, 한국문원편집실, 2000.

홍사성, 『佛敎常識百科』, 불교시대사, 1996.

화성지역학연구소, 『원효성사 대각처는 화성에 있다』, 프롬디, 2021.

시인 이경렬의 구도자적 탐방 이야기

원효스님, 그 마음을 찾아서

초판 1쇄 발행 2024년 9월 3일

지은이 이경렬

디자인 미디어이든

펴낸이 김동금

펴낸곳 우리출판사
서울시 서대문구 경기대로 9길 62
02. 313. 5047

블로그 http://wooribooks.com

메 일 wooribooks@hanmail.net

ⓒ 이경렬, 2024

ISBN 978-89-7561-360-9(03220)

이 책은 저작권법에 따라 보호받는 저작물이므로,
저작자와 출판사 양측의 서면 허락 없이는
어떠한 형태나 수단으로도 이 책의 내용을 이용할 수 없습니다